기독교 2천년 역사
**초유의 선교사건**

땅끝까지 가는 교회 상

| 신화석 지음 |

Q 쿰란출판사

## 서문

책 제목을 무어라 할까? 《독종들의 행전》? 너무나 원색적이라고 해서 《땅 끝까지 가는 교회》로 정했다.

나는 촌놈보다 더 낮은 섬놈이다. 나를 지으신 이는 여호와, 나를 부르신 이도 여호와 나는 그분의 부르심 앞에 꼼짝할 수가 없었다. 15세 때 세례받기 전 내 눈을 열어 골고다 언덕의 십자가에 달려 고통스러워하시는 예수님의 모습을 동영상처럼 보여주시고 나를 굴복시키셨다. 목사로 헌신케 하시고 또 다시 1999년 1월 키베라에서는 전 세계 모든 국가에 가서 복음운동을 일으키도록 부르셨다. "너는 전도자다"라고 말씀하셨고 "이것이 너의 정체성이다"라고 하셨다.

섬놈에서 홀어머니의 자식으로, 부요함에서 찢어지는 가난으로 내모시고 날마다 전도하게 하시고 남한일주 전도사역을 하게 하시더니 두 개척교회를 세우게 하셨다.

여섯 번 죽음 앞에 세우시고, 영양실조로 실명위기에 빠지게 하시고, 지독한 고독의 길을 걷게 하심이 나를 "복음의 독종"으로 만들기 위한 아버지의 계획이었나 보다.

세계일주선교사역을 두고 "가족끼리 안식년 받아 여행갔다더라", "세계선교여행 뭐 그렇고 그런 거지" 같은 소리들 귓전으로 흘리고 독종들의 행전은 시작되었다.

5년의 준비 과정이 있었다. 나는 메시지 준비와 전략 세우기, 그리고 드럼 연습, 아내는 가정 주치의로 수지침을 배우고 싱어로 연습, 혜화는 통역, 출입국 관리, 선교사 관리, 신시사이저 연주, 필름 카메라 촬영 연습, 석영이는 교육, 비디오 촬영, 편집, 인터넷 방송, 기타 연주, 빛나는 통역, 신시사이저 연주, 타이핑, 재정 관리, 신영이는 교육, 비디오 촬영,

편집, 인터넷 방송, 기타 반주를 맡았다. 그리고 1년간 남한을 일주하며 집회를 열고 실전처럼 모든 것들을 실행해 보았다.

1년 17일의 대장정. 매주 기독교 TV에서 30분씩 우리의 선교 사역을 방송하기로 했다. 그리고 그 작품을 우리 팀이 제작해서 DHL로 보내야 방송 사고를 막을 수 있었다. 극동방송은 매주 수요일 아침 생방송으로 보도했다. 모든 대본을 써서 메일로 보내야 했다. 국민일보는 미션투데이 한 면을 할애해서 보도했다. 매주 글을 쓰고 사진을 준비해서 CD로 구어 DHL로 보내야 했다.

그리고 월요일은 국가 간 이동, 화요일은 오전 10부터 저녁 10시까지 그 나라 역사, 문화, 정치, 경제, 사회, 교육, 종교, 기독교, 선교 현황의 아홉 과목에 대해 전공교수나 석학을 초청해서 강의를 들었다. 가기 전에 교회 선교팀이 30~40개 웹사이트에 들어가서 아홉 과목의 자료를 뽑아 책으로 만들어 주면 선교팀은 그 나라로 가는 비행기 안에서, 대합실에서 공부를 하였다. 모든 강의와 집회는 녹화하여 선교 자료로 준비하였다.

수요일은 그 나라 각 교단 총회장, 신학교 총장 또는 학장들을 초청해서 잘 대접해 드리고 내가 한 시간 강의한 뒤 그 나라 복음화에 대한 좌담회를 가졌다. 저녁에는 파송된 한국 선교사 가족들을 초청, 잘 대접해 드리고 내가 한 시간 세미나 인도한 후 그 나라 민족 복음화를 위한 좌담회를 가졌다.

목요일은 그 나라 목회자들을 초청해서 잘 대접해 드리고 하루 종일 전도 훈련과 영성 훈련을 하였다.

금요일은 문화센터, 실내 체육관 등을 대여해서 대형 전도집회를 하든지 노방전도를 하였다.

토요일에는 우리 교회에서 그 나라에 세운 예배당 봉헌식과 전도집회를 하고, 주일은 그 도시에서 가장 큰 교회를 중심으로 연합 집회를 하였다.

이 엄청난 일정을 소화하면서 모든 팀원들은 등에 25~30kg의 장비들을 넣은 배낭을 걸머진 채 활동을 하고 저녁 집회 후 숙소로 돌아와 글 쓰고 사진 정리하고 비디오 캡쳐 받은 후 새벽 1시쯤 잠자리에 들었다. 그리고 금요일, 토요일은 잠을 자지 못하고 밤을 꼬박 밝히며 TV, 라디오, 콘텐츠를 만들어 CD에 굽고 월요일에 DHL로 보낸 뒤 다음 나라로 가는 비행기에 탑승했다.

지금 생각해도 끔찍하고 소름이 돋는다. 그래서 '독종들의 행전'이라고 했다. 다시는 이렇게 언론과 함께할 마음이 없다. 너무나 힘들었기 때문이다. 그 이후 짧게 2차, 3차, 4차가 진행되었고, 이제 5차를 올해 11월에 떠나게 된다.

섬겨주신 선교사님들' 대단한 분들이시다. 행정을 담당한 김승호 선교국장, 언제나 기도로 몸으로 물질로 섬기는 안디옥 성도들, 위대한 동역자들이다.

이 책을 통해 한국과 세계교회의 단기선교의 패러다임이 바뀌었으면 좋겠다. 그리고 전 세계 선교전략을 세우는 데 도움이 되었으면 한다. 또 선교동원이 많이 되었으면 좋겠다. 이 소망은 주님의 소망일 것이다.

독종들의 행진, 멈출 수 없다. 죽음의 고비 여러 번 있었지만 그것 또한 하나님의 은혜였다. 모든 나라에 복음의 깃발을 꼽는 그날을 꿈꾸며 오늘도 내일도 복음의 행진은 계속될 것이다.

"땅 끝까지 가는 교회" 안디옥의 모습이 아름답다.

# 땅끝선교사

신화석 작사
신한나 작곡

이 곡의 창작 배경은 제1차 세계일주선교사역 중 터어키에서 사역을 할 때 바울의 선교와 초기 그리스도인들의 고난을 회상하며 지구촌 모든 나라에 가서 복음을 전하라는 주님의 부르심에 감사하며 신화석 목사가 노래말을 만들었다.

마침 미국에 유학하여 바이올리스트로 음악박사 과정중이던 막내딸이 동유럽 선교에 동참하고 수양딸로써 오스트리아에서 성악전공을 하며 석사과정 중인 유성혜가 합류하였다. 작곡은 신한나가 하고 갑바도기아 지하교회 광장에서 유성혜와 선교팀이 첫 시연을 하는 감격이 있었다.

그 이후 땅끝 선교사로 사는 안디옥교회와 신화석 목사는 예배 후 파송의 노래로 "땅끝 선교사"를 부르고 있다.

## 이 시대의 바울, 신화석 목사님

정성구 박사
· 전 총신대 · 대신
  대총장
· 현 칼빈대학교
  석좌교수

제가 신화석 목사님을 처음 만나 뵈온 것은 AFC선교회 이사회 모임에서였습니다. AFC선교회는 1980년대 초에 정흥기 목사님(당시 신학생)에 의해서 시작되었고, 부족하지만 제가 제1대 이사장으로 봉사했습니다. 우리 AFC는 복음적인 초교파적 선교회인지라 여러 교단의 지도자들이 함께 사역을 했습니다. 그래서 우리는 성결교회의 지도자인 신화석 목사님을 이사로 추대하게 된 것입니다. 그리고 얼마 후 제가 AFC선교회 회장이 되었고 2년 후 후임 회장으로 신화석 목사님이 취임하였습니다.

그래서 우리 선교회는 안디옥교회에서 이취임식을 가졌습니다. 저는 그때까지만 해도 신 목사님이 그렇게 큰 그릇인지 몰랐습니다. 그는 선교의 대명을 받은 이 시대의 바울 같은 인물이었습니다. 그의 목회지인 안디옥교회 또한 비전이 대단했습니다.

처음 1차 세계일주 선교여행을 떠나신다고 발표를 하고 자세한 세부 계획을 세운 후에 기도를 부탁할 때만 해도 저는 솔직히 반신반의했습니다. 그런데 제1차 세계선교 여행의 치밀한 계획을 보고 난 후에 점차 제 생각을 바꾸기 시작했을 뿐 아니라, 〈국민일보〉나 주간지로부터 현장에서 보고되는 생생한 선교소식과 자료와 사진들을 보면서, 신화석 목사님이야말로 한국 교회에서 선교의 새로운 이정표를 쓰고 있구나 하고 감탄했습니다.

이제 1차, 2차, 3차, 4차 세계일주 선교여행을 통한 선교사역 팀의 역동적인 현장의 소리와 사진들을 모아 책으로 출판하신다고 하니, 이는 한국 교회의 기념비적 기록이며, 한국 교회 선교운동의 자료집이라고 할 만합니다.
이 책이 선교를 지상목표로 삼는 한국 교회 목회자들과 선교사들과 선교사 후보생들에게 놀라운 가이드북이 될 것을 확신합니다. 제5차 세계일주 선교사역도 성공적으로 이루어지기를 기원하면서 몇 자 적어 추천합니다.

2010년 9월 30일

## 추천사 2

박종순 목사
· 충신교회 담임

안디옥교회 세계일주 선교사역, 교회 이름도 좋고 사역도 아름답습니다. 사도행전의 안디옥 교회가 바나바와 바울을 선교사로 파송하면서 열방 선교의 새 지평을 열었던 것처럼 안디옥교회 역시 선교의 비전을 품은 사람들이 지구촌을 돌며 복음의 씨를 뿌리고 있다는 것은 한국 교회의 자랑이며 효시가 아닐 수 없습니다. 그리고 그 중심에 늘 신화석 목사님이 서 있다는 것도 주목할 일입니다.

선교는 지상 교회에 주신 주님의 절대 명령입니다. 상대적 명령은 여건과 환경을 따라 선택이 가능하지만 절대 명령에는 조건도 환경도 기분도 개입될 수 없습니다. 안타까운 것은 대부분의 교회들이 선교를 선택사항으로 취급하고 있다는 것입니다. 하면 좋고 안 해도 상관 없는 교회 운동으로 치부하기 때문에 80% 넘는 교회들이 선교 사각지대에 둥지를 틀고 있습니다. 이러한 풍토 속에서 고고한 빛을 발하며 선교에 총력을 다하는 안디옥교회에 박수를 보내는 바입니다. 10월에 있는 제5차 세계일주 선교여정에 하나님의 기름 부으심이 함께하시기를 빕니다.

그동안의 세계일주 선교사역에 얽힌 글들과 사진을 모아 펴내는 《땅 끝까지 가는 교회》는 선교 지향적 교회들에게는 격려가 되고, 선교의 비전을 펴기 위해 준비하는 교회들에게는 도전이 될 것입니다. 선교는 결코 중단할 수 없는, 그리고 중단해서는 안 되는 주님의 지상명령입니다. 이 명령에 응답하고 세계선교의 비전을 펴 나가는 안디옥교회 위에 하나님의 은혜와 축복이 넘치리라 믿습니다. 아울러 이 책을 손에 들게 될 독자들이 선교 동역자들이 될 것을 기대합니다.

안디옥교회의 세계일주 선교사역이 10차, 20차로 이어지고 세계를 가슴에 품는 교회가 되기를 기도하며 기쁜 마음으로 추천하는 바입니다.

2010년 9월 30일

## "新 使徒行傳"의 주인공

손인웅 목사
· 덕수교회 담임
· 한목협대표

신화석 목사님은 선교 지향적인 신앙과 신학으로 선교적 몸으로서의 새로운 교회론을 실천하고 계십니다. 순교적인 신앙으로 선교 지향적인 삶을 직접 살아온 현대판 스데반이라 할 수 있습니다. 선교적인 목회를 통해 전 교인을 선교요원화하였을 뿐만 아니라 보내는 선교사의 사명을 실천하는 선교센터로서의 교회를 만들어 왔습니다. 온 가족이 고넬료의 가족처럼 성령으로 충만하여 노아의 가족처럼 구원방주를 만드는 일에 동참하는 가족선교단의 이상을 실현하였습니다.

선교사역을 실천함에 있어서 베드로와 바울의 통합형 모델을 만들었습니다. 베드로는 국내전도를 주도적으로 하였고, 바울은 이방선교에 주력한 해외선교사였습니다. 신화석 목사님은 국내전도와 교회개척, 5차에 걸친 세계 선교여행을 통해서 40개국의 300만 명을 구원하였으며 국내외에 60여 개의 교회를 개척하여 예배당을 신축하였습니다. 이러한 열정은 베드로와 바울을 넘어서는 놀라운 사역이지만 본인은 겸손하게 조용하게 몸을 낮추고 "오직 나의 나 된 것은 하나님의 은혜일 뿐이다"라고 간증하곤 합니다. 평소 선교적 목회로 회심과 양육에 주력하는 제자훈련을 통해서 선교 지향적인 신앙 계승에 성공적인 사례를 창출하고 있습니다. 개인구원과 나홀로 사역, 근본주의적인 사역에 함몰되지 않고 에큐메니칼 정신이 투철하여 연합사업을 통해서 하나님 나라 구현에 전력투구합니다. 교단과 한목협, 미래목회포럼, 한기총 등 연합사업에 적극 참여하여 한국 교회 전체를 섬기며 한국 교회가 선교지향적인 교회로 변모되도록 심혈을 기울여 왔습니다. 개혁의지에 불타는 종교개혁자들의 신앙유산을 계승발전시켜 나가는 웨슬레안의 충실한 제자이시기도 한 신 목사님은 교회와 교단과 한국 교회 갱신을 위해서 앞장서서 한국 교회 갱신 그룹인 한목협의 공동상임회장으로 활약하고 있습니다.

금번에 출간하는 신화석 목사님과 안디옥교회 세계일주 선교사역 팀의 책 《땅 끝까지 가는 교회》는 발로 쓴 신 사도행전이라 할 수 있습니다. 이 책을 읽으시는 모든 독자들은 21세기에 출현한 사도 바울을 만나게 될 것입니다. 이는 하나의 글로 된 책이 아니라 인간 신화석 목사의 목회적 삶을 녹여서 만든 작품입니다. G.C. 뷔퐁은 "글은 사람이다"라는 말을 남겼습니다. 그러한 의미에서 이 책은 '신화석' 목사님 그 자체이며, 인생, 가정, 교회, 사역, 사상, 믿음, 삶의 발자국이 그대로 눈물과 땀으로 기록된 것입니다. 1-4차에 걸친 세계일주 선교사역의 글들은 21세기에 계속되는 하나님 나라의 모습을 생생하게 만나게 할 것입니다. 앞으로도 세계일주 선교사역을 통해 하나님의 선교에 수종드는 신 사도행전의 주인공이 펼치는 대하 드라마를 계속 읽게 될 것을 기대합니다.

2010년 9월 30일

## 추천사 4

## 땅 끝까지 나아가는 안디옥의 선교 대장정

김성영 목사
· 전 성결대 총장
· 시인

안디옥교회 신화석 목사님과 온 성도님들이 함께하는 금세기 최대의 선교 대장정이 소담한 책자로 발간된 것을 축하하며, 마지막 시대에 열방을 향한 선교의 환상을 품은 이 땅의 교회들과 성도님들을 위해 기쁜 마음으로 본서를 추천합니다.

지난 수 년간 안디옥교회가 답파한 60여 국가에 대한 선교 장정은 초대교회 바울 사도의 선교여행 이래, 2천 년 교회사에서 한 교회 단위로는 최초의 본격적인 세계선교 위업이라고 할 것입니다. 게다가 안디옥의 선교여행은 끝난 것이 아니라 앞으로도 계속 전 지구촌의 모든 국가를 방문하면서 그리스도의 복음을 증거하고 교회를 세울 것이기 때문에 이는 교회사에 전무후무한 사건이 될 것입니다. 이처럼 "땅 끝까지 이르러 내 증인이 되리라"(행 1:8), "때를 얻든지 못 얻든지 항상 힘쓰라"(딤후 4:2) 하신 주님의 명령을 좇아 오늘도 선교의 장정에 있는 안디옥교회의 발걸음은 분명 이 시대 한국 교회와 세계 교회에 큰 도전을 주고 있습니다.

특히 이번에 발간되는 《땅 끝까지 가는 교회》는 지난 수 년간 세계 유일의 기독교 일간지인 〈국민일보〉에 기획특집으로 장기 연재된 것으로서, 선교의 전략을 세우는 교회나 '가든지 보내든지' 선교에 대한 거룩한 부담을 안고 기도하는 성도님들께 훌륭한 선교의 현장교재가 될 것입니다. 제가 알기에 안디옥교회 신화석 목사님은 그간 각 나라 선교현지에서 직접 입수한 방대한 선교자료를 데이터 베이스화하여 초교파적으로 한국 교회 목회자들과 성도들이 활용할 수 있도록 선교자료관을 구축하고 있으므로 본서를 읽는 독자들은 책과 자료를 입체적으로 활용, 효과적인 선교의 무기로 활용할 수 있을 것입니다.

모쪼록 본서가 선교의 지상명령을 분부하신 주님께는 영광이요, 그 명령을 수행하는 모든 교회와 성도님들께는 선교의 좋은 반려가 되기를 바라며, 본서를 적극 추천하는 바입니다.

2010년 9월 30일

# 추천사 5

강승삼 목사
· 한국세계선교협의
회 대표회장

신화석 목사님이 이번에 펼쳐낸 책 안디옥 교회 세계일주의 기록인 《땅 끝까지 가는 교회》는 실로 현대판 사도행전 29장입니다. 신 목사님이 선교여행 1차~4차까지의 사역을 사진과 함께 정성 들여 엮어낸 옥고입니다. 신 목사님은 안식년을 반납하시고 친히 선교여행을 하시면서 수많은 선교사님들과 현장 교회지도자들과 신 목사님을 필요로 하시는 분들을 만나고, 교회를 세우시면서 친히 선교 사역하신 내용입니다.

이 책은 목사님들과 선교사님들과 평신도들과 특히 앞으로 안식년을 가지려고 계획하시는 목사님들과 영적 지도자들의 귀감이 될 것입니다.

제가 신화석 목사님을 알고 교제한 지 10여 년이 넘었습니다. 그래서 목사님의 회갑기념집으로 이 책을 내놓는 것은 참으로 의미가 있습니다.

신 목사님은 시간을 의미 있게 보내시는 분입니다. 신 목사님을 사귀고 이 책을 보면서 느끼는 감회가 새롭습니다.

신 목사님은 참으로 귀하고 신실한 하나님의 사람입니다. 한국교계의 중견 지도자이십니다. 주님의 교회를 정말 사랑하는 목회자이며 선교사입니다. 성령의 능력을 받으신 사역자이십니다. 성경의 핵심이 민족과 사람을 살리는 선교임을 꿰뚫어 보는 성경학자이십니다. 그래서 안디옥교회를 선교하는 교회로 헌신케 하셨습니다.

신 목사님은 선교사를 격려하며 다른 사람을 내세우는 바나바같이 폭넓은 지도자이십니다. 모든 것을 이해하려 하고 귀 기울여 들어주고 미소로 대응하는 상담자의 모습을 봅니다. 그러나 필요할 때는 불도저처럼 밀어붙이면서 행동하는 하나님의 종입니다.

다시 한번 신 목사님의 책 《땅 끝까지 가는 교회》를 모든 그리스도인들과 선교사님들과 목회자님들에게 추천합니다. 또한 이 선교여행 책은 안식년 기간을 어떻게 보람 있게 사용할 것인지에 대한 길라잡이가 될 것입니다.

신 목사님, 사랑합니다. 존경합니다. 바울처럼 주님을 사랑하고 주님의 교회를 죽도록 사랑하십시오. 한국교회가 세계선교의 선두주자가 되도록 계속 힘써 주십시오.

## '안디옥 세계선교'의 모형을 기대하면서

조효근 목사
· 들소리신문 대표

몇 년 전 신화석 목사님께서 제1차 세계일주 선교여행을 떠나실 때 그 준비과정과 선교 현지사역에 대하여 보고하시는 것은 보았습니다만 금년 11월에 5차 세계일주 선교사역을 떠나십니까. 장하십니다. 안디옥교회가 총동원되는 세계선교는 참으로 부럽고 자랑스럽군요. '안디옥'을 교회명으로 사용하시는 자격이 있습니다.

그동안 4차에 걸쳐서 이룩한 선교열매들을 위하여 기도하겠습니다. 선교사 한두 명 파송하기도 쉽지 않은데 온 성도들이 현장의 선교사들처럼 동참하시고 마땅한 분량의 봉사와 헌신을 하실 터이니 안디옥교회는 물론 교단과 한국 교회의 모범이요 자랑이 아닐 수 없군요.

신 목사님, 세계선교에 대한 나의 소견을 이 기회를 통해서 몇 줄 이 지면에 보태면 어떨까요? 나는 사도행전 16장 6절 이하를 늘 생각해 왔습니다. 바울 사도의 2차 전도여행 중 늘 함께하시는 성령 하나님과 바울이 충돌하는 대목 말입니다.

본문의 내용은 바울 사도가 아시아 선교를 선택하고 있을 때 하나님의 성령께서 허락지 않으셨던가 봅니다. 바울은 하는 수 없이 마케도니아, 곧 유럽으로 선교 방향을 잡았지요. 그리고 그날 이후 기독교는 유럽에 중심 터전을 두고 아시아와는 일정한 거리를 유지했습니다.

현재 세계선교 현황을 볼 때 기독교의 아시아 선교는 그 기초 절차도 밟지 못했다고 볼 수 있습니다. "무슨 소리냐, 기독교 선교사들이 아시아 곳곳에서 활동하는데……"라고 하는 이가 있겠으나 아닙니다. 부족합니다.

선교는 문화극복까지를 말합니다. 현재 아시아 지역에서 선교가 이루어지고 있지만 중앙아시아를 살펴볼까요? 그곳은 이슬람 중심지역으로 기독교는 정상적인 활동을 못하고 있습니다. 서남아시아 인도는 어떤가요? 그곳의 선교 또한 힌두교의 장벽을 넘지 못하고 있지요. 동남아시아는 어떠냐고 묻는다면 그곳들도 마찬가지, 불교의 벽을 넘지 못하고 있지요. 동북아시아 중국, 일본, 한국은 어떤가요? 중국과 일본에서는 정상적인 선교의 뿌리를 내렸다고 할 수 없지요. 한국은 유럽과 미국의 기독교가 직수입되어 현재 왕성한 세계선교를 하는 것처럼 보이지만 한국의 선교 에너지는 '국제규격'이 되지 못합니다.

신 목사님께 제가 선교학을 말하여 목사님을 설득시키려 하는 마음이 전혀 아니고, 다만 목사님의 선교열정과 선교열매를 향한 애정을 이야기하다가 말이 빗나갔나 봅니다.

아무튼 복음의 '국제규격'을 저는 말하고 있습니다. 유럽이나 미국형 기독교 선교 조건으로는 아시아 선교는 불가하다고 말할 수 있습니다. 우선 기독교는 이슬람 벽도 돌파하지 못하고 있습니다. 셈족의 종파들인 이슬람과 유대교, 또는 로마 가톨릭이나 그리스정교회, 러시아정교회, 범 시리아정교회, 또는 이집트 콥틱 기독교까지 현재의 기독교 힘으로는 극복하거나 상호 이해의 길도 열지 못하고 있는데 이보다 훨씬 어려운 아시아의 불교, 공자, 맹자 그리고 노자와 장자의 철학적 종교 벽을 어떻게 돌파합니까?

그러나 신 목사님의 선교열정이 언젠가는 제2의 바울 시대를 선도해 갈 무한한 선교 에너지를 창출해 낼 수 있으리라 믿고 싶군요. 신 목사님은 겉으로 보기에는 단순한 목회자처럼 보이지만 그가 추구하는 생각의 세계, 그리고 현 상황을 극복해 가려는 탐구력과 함께 현실의 장애를 치고 나가는 돌파력 또한 탁월한 분으로 알고 있으니 저는 '신화석의 안디옥 세계선교'에 대한 선교가 어떤 모형을 만들어내는 날이 곧 올 것으로 믿고 기도합니다.

목회 초기부터 안디옥교회 성도들은 선교훈련을 잘 받으면서 성장했으니 신화석 목사님 가까이에서는 제2, 제3의 신화석, 조금 농스럽게 말하면 선교광 신화석 목사님을 닮은 동역자나 후계자들이 많이 나오게 될 줄을 믿으면서 격려의 마음을 가득 담아 이 글을 올립니다.

2010년 9월 30일

추천사 7

노승숙 장로
· 국민일보 회장

신 목사님 하면 제일 먼저 떠오르는 단어는 선교입니다. 예수 그리스도의 지상 대명령을 수행하기 위해 교회 이름까지 안디옥이라고 한 데서 신 목사님의 한결같은 마음을 잘 알 수 있습니다.

회갑을 맞이해 그동안 네 차례에 걸친 신 목사님의 세계일주 선교사역에 대한 글과 사진을 모아 책으로 출간하신다니 벌써부터 기대가 됩니다. '선교 지향적인 교회'가 아닌 하나님의 비전인 '선교적 교회'의 전형을 보여 주고 계시기 때문입니다. 특히 목사님의 세계일주 선교사역은 〈국민일보〉뿐 아니라 기독교 주간지에 연재돼 수많은 기독인들에게 크나큰 도전을 주었습니다. 〈국민일보〉는 목사님의 첫 세계일주 선교사역을 매주 생생하게 보도하는 영광을 누렸습니다. 저는 당시 매주 목사님의 선교지 소식을 대하면서 사도 바울의 열정을 떠올리곤 했습니다. 하나님 나라의 확장을 위해선 어떤 고난도 마다하지 않았던 사도들의 헌신을 시간과 공간을 초월해 재확인할 수 있는 시간이었습니다. 게다가 안디옥교회 성도들이 선교사역에 직접 참여하거나 무릎을 꿇고 후방에서 기도로, 물질로 후원하는 모습을 대하면서 이것이 바로 초대교회가 누렸던 형제자매의 사랑이라는 확신이 들었습니다.

현재 한국 교회는 세계 제2위의 선교사 파송국가입니다. 하지만 선교를 1순위로 삼지 않는 곳이 전체 한국 교회의 80% 가까이 된다는 통계가 있듯이 한국 교회의 선교동력은 아직 제대로 작동하고 있다고 볼 수 없습니다. 모든 족속에게 복음이 전파될 때만이 예수님께서 다시 오실 수 있다는 성경말씀이 성취되기 위해선 한국 교회가 더욱더 분발해야 합니다.

21세기 들어 한국을 비롯해 아시아 기독인들에 대한 전 세계 교회들의 기대치가 과거와 눈에 띄게 달라지고 있습니다. 올해 에딘버러 세계선교사대회 100주년 기념대회에서도 한국 교회에게 세계선교의 리더십을 요청하는 걸 확인할 수 있었습니다. 이 같은 거룩한 변화 기류 속에서 한국 기독인들은 더 이상 우리 안에만 머물러서는 안 됩니다. 이 땅에만 100만 명이 넘는 외국인들이 거주하고 있다는 의미가 무엇인지 깨달아야 합니다. 왜 이들을 우리 안에 보내 주셨을까요? 선교는 결코 선택사항이 아닙니다. 이 땅의 외국인들에게 복음을 전해 그들을 모국 선교사로 파송할 뿐 아니라 탁월한 한국인 선교사들을 세계 곳곳에 보내 '선교적 교회'를 세우고 모든 족속과 계층을 초월해 복음을 전할 수 있도록 해야 합니다.

이를 위해 신 목사님의 선교행전은 수많은 교회에 선한 영향력을 제공할 것이라고 기대합니다. 특히 목사님의 책은 아직도 전심으로 선교에 참여하지 못하는 목회자들과 성도들에게는 '한번 해보자'라는 믿음을 심어 줄 것이라고 확신합니다. 모든 독자들의 마음을 울릴 뿐 아니라 하나님이 가장 좋아하시는 책으로 기억되기를 바랍니다. 아울러 신 목사님과 안디옥교회는 '영원한 선교적 청량제'로 한국 교회사에 기록돼 주시기를 바랍니다.

2010년 9월 30일

▲▲▲▲▲▲▲▲▲▲

땅 끝까지 가는 교회(상)

# 목차

서문_02
땅끝 선교사 악보_05

추천사  1. 정성구 박사_06
　　　  2. 박종순 목사_08
　　　  3. 손인웅 목사_10
　　　  4. 김성영 목사_12
　　　  5. 강승삼 목사_14
　　　  6  조효근 목사_16
　　　  7. 노승숙 장로_19


## 제1부 열방을 향한 하나님의 사랑　　　　　　　23

　　1. 안디옥 세계일주 선교여행 준비　　　　　24
　　2. 안디옥 세계일주 선교여행의 목적　　　　29
　　3. 안디옥 세계일주 선교여행의 기대효과　　35


## 제2부 1차 선교여행　　　　　　　　　　　　　37

　　**1단계: 아시아 · 아프리카 · 중동** 2003/12/01~2004/03/29
　　1. **한국 I** 문영민 목사 2003/12/01~12/07　　　38
　　2. **베트남 I** 장요나 선교사 12/08~12/14　　　 43
　　3. **미얀마 I** 황명주 선교사 12/15~12/21　　　 60

4. 말레이시아 | 배광영 선교사 12/22~12/31       72
5. 싱가포르 | 홍연수 선교사 12/31~2004/01/02    88
6. 인도네시아 | 안태룡 선교사 01/03~01/11       103
7. 태국 | 송형관 선교사 01/12~01/18            118
8. 네팔 | 김홍국 선교사 01/19~01/24            131
9. 인도 | 이은옥 선교사 01/25~02/08            143
10. 남아공 | 정운교·조성수 선교사 02/09~02/22   160
11. 가나 | 유미현 선교사 02/23~02/29           182
12. 케냐 | 박흥순 선교사 03/01~03/07           196
13. 이집트 | 탁○○ 선교사 03/08~03/14          213
14. 요르단 | 정운교 선교사 03/15~03/21          227
15. 이스라엘 | 이춘석 선교사 03/22~03/29        242

### 2단계 : 중앙아시아·유럽 지역 2004/05/24~2004/08/23

1. 몽골 | 김성철 선교사 2004/05/24~05/30       258
2. 러시아 | 장인관 선교사 05/31~06/08          270
3. 카바르딘 | 장인관 선교사 06/09~06/13         285
4. 체르케스 | 장인관 선교사 06/14~06/20         300
5. 카자흐스탄 | 김영준·김홍배 선교사 06/21~06/27  316
6. 터키 | ○○○ 선교사 06/28~07/04             337

# 제1부

## 열방을 향한 하나님의 사랑

# 1. 안디옥 세계일주 선교여행 준비

### 정체성과 두 가지 약속

_안디옥성결교회 신화석 목사는 1992년도 예성 세계선교대회 대회장, 1993년도 성결인 전도대회 준비위원장, 1995년도 AWF 및 성결인 세계대회 사무총장, 2000년도 세계선교대회(KWMA 주최) 공동 준비위원장으로 막중한 사역을 하다가 1999년 1월 아프리카 케냐의 키베라에서 대중 전도집회 인도를 마치고 주님 앞에서 면밀히 개인 기도하는 시간을 가졌다. 이때 주님께서는 신 목사에게 교단 및 초교파 대형집회의 특성상 현장전도를 소홀히 했던 점을 깨닫게 하셨다. 아울러 주님께서는 신 목사에게 "정체성을 찾으라"고 말씀하셨다.

신 목사는 그 자리에서 주님께 두 가지 약속을 하였다. 첫 번째 약속은 바로 그해부터 매년 한 달씩 안디옥교회를 섬기는 담임 목회를 접어두고, 가족 및 교회와 더불어 남한일주 전도여행을 통해 노방전도, 목회자 세미나, 평신도 전도훈련, 전도부흥회를 개최하여 국내에 전도의 바람을 일으키는 것이고, 두 번째 약속은 목회 은퇴 전에 세계 선교여행을 통해 전 세계 200여 개의 국가들을 직접 방문하고 세계적인 전도의 바람을 일으키고 싶다는 소망이었다.

### 기도의 전차, 안디옥

_신화석 목사는 두 가지 약속을 실행하기 위해 1999년도부터 매주 교회 공동기도제목으로 공지하고 5년 이상 기도했으며, 매주 두 나라씩 국가 정보를 소개할 때 한 주간 온 교회가 이를 놓고 마음을 합해 기도했다. 또한 매일 한 국가씩을 위한 중보기도의 일환으로 1999년 8월 25일부터 10월 3일까지 40일 철야기도를 시작하고, 매 예배 때마다 어린이 교회학교부터 장년까지 세계일주 선교여행을 위한 합심기도에 불을 붙였다.

기도 중보 팀 가동을 위해 기획 팀과 전담 팀을 운영하여 평신도를 중심으로 세계일주 준비위원회를 조직하고, 선교전문위원으로 구성된 선교 기획 팀 구성(팀장: 김승호 목사, 스태프: 홍석영 전도사) 및 매일 출근 도우미 1명, 상시 출근 도우미 3명, 청년 도우미 7명으로 이루어진 자원봉사자를 관리했다.

한국 교회 1만 3천여 선교사들이 선교지로 나가는 '선교사시대'가 열렸다. 그러나 선교에 대한 준비는 여전히 부족하다. 좋은 열매를 기대한다면 반드시 행동보다 준비가 앞서야 한다.

### 선교사와 선교지 선택

_선교지를 선정할 때 대대로 선교를 해도 후회가 없는 행복한 선교를 할 수 있는 선교지를 택하는 것은 선교 효과 극대화에도 중요한 부분이다. 선교사 바울을 들여다보자. 우리는 바울의 선교를 '마케도니아의 환상'이라고 부른다. 바울은 지역주의 세계관을 깨고 하나님의 뜻을 바르게 알게 되었다. 성령주의 세계관이 열린 것이다. 하나님의 눈으로 세계를 바라보는 세계관은 우주적 교회 가치와 의미를 알게 하고, 선교 효과를 극대화한다. 선교지를 선정할 때 세계관 점검은 필수불가결한 요소이다.

원활한 선교를 위해 무엇보다 중요하다고 할 수 있는 선교지 선택에 대해서는 초교파적으로 국가별 최고의 베테랑 선교사들을 선택하고, 오대양 육대주 50여 개국에 대한 선교여행을 진행해 오고 있다.

본 선교 프로젝트를 진행하고 있는 주 선교 팀은 다음과 같다.

- **신화석 목사 · 김연혜 사모**
  신화석 목사
  성결대학교 졸업
  성결교 신학대학원 졸업
  연세대학교 연합 신학대학원 졸업
  미국 A.T.S(Alliance Theological Seminary)에서 명예신학박사 학위 취득

  김연혜 사모
  칼빈대학교 졸업
  성결교 신학대학원 졸업(신학석사)

- **홍석영 목사 · 신혜화 사모**
  
  홍석영 목사
  명지대학 졸업. 성결대학교 신학과 졸업
  성결대학교 신학전문대학원 M.Div 졸업
  성결대학교 신학전문대학원 Th.M 졸업
  현재 안디옥교회 목사(교회장학금지급 미국 유학)

  신혜화 사모
  미국 Nyack College 선교학과 2년 수료
  성결대학교 선교학과 졸업
  성결대학교 선교대학원 졸업(M.A)
  성결대학교 신학대학원 M.Div 졸업
  성결대학교 신학전문대학원 Th.D 과정 중
  현재 안디옥교회 전도사(미국 유학 중)

- **박신영 목사 · 신빛나 사모**

  박신영 목사
  성결대학교 졸업
  성결대학교 신학전문대학원 M. Div 졸업
  성결대학교 신학전문대학원 Th.M 졸업
  현재 안디옥교회 기획실장, 장기성전 담당

  신빛나 사모
  Nyack College 졸업(종교음악 전공)
  성결대학원 대학원 M. Div 졸업(신학전공)
  현 안디옥교회 중등부 교사로 사역 중

## 세계일주 선교여행 전문화 준비

_세계일주 선교여행의 집회 내용은 설교, 강의, 간증, 노방전도의 순으로 카메라 및 캠코더 등으로 선교지 정보를 수집하여 컴퓨터 노트북 등으로 영상을 편집할 뿐만 아니라 피아노, 키보드, 드럼, 기타 등의 악기를 마련했으며, 의료봉사의 일환으로 수지침을 준비했다. 그 밖에 선교 팀은 합숙훈련을 통해 영성훈련, 팀워크 훈련, 체력훈련, 음식훈련 등을 받고,

재정도 원활히 마련할 수 있었다.

그리고 지원 팀과 자문 팀을 구성했는데, 특히 선교 분야에는 윤두혁(AFC 명예이사), 강승삼(KWMA 회장), 신학 분야에는 김성영(성결대 총장), 정성구(대신대 총장), 목회 분야에는 김재규(대신 증경 총회장), 강영조(예성 증경 총회장), 언론 분야에는 김상길(국민일보 종교국장) 등 각 목사 및 박사가 자문위원으로 선임되었다.

## 2. 안디옥 세계일주 선교여행의 목적

### 7가지 안디옥 선교의 머릿돌

_세계일주 선교여행의 7가지 목적은 하나님의 이름을 높이고, 전 세계에 전도의 불길을 댕기며, 체계적인 선교정보 수집, 관리, 제공에 따라 전 세계 교회에 최상의 선교자료를 제공하는 것이다. 아울러 안디옥교회 성도들의 선교체질을 바꾸고, 직·간접적으로 300만 명 이상의 영혼 구원에 힘쓰며, 안디옥 비전 중 하나인 1천 교회 개척을 위한 40여 개 예배당을 건축하고, 안디옥의 차세대 선교전략을 위한 선교지 정탐으로서의 의의가 있다.

세계일주 선교여행의 가장 궁극적인 목표는 40개 방문 국가의 교회와 지도자들과 평신도들에게 전도의 새로운 도전을 주는 동시에 전도와 선교의 열기가 식어 버린 한국 교회에 새로운 바람을 일으키는 것이다.

성공적인 사역을 위해 각 교회 지도자들의 영성 및 전도훈련을 실시하고, 평신도들의 영적 대각성운동 및 전도훈련을 통한 부흥운동을 마련하며, 약 40여 개의 예배당을 건축하여 현지 선교사역을 돕고, 선교사의 영적 재충전을 위한 세미나 및 노방, 축호, 개인전도를 통하여 전도의 바람을 일으키려는 확고한 뜻을 다졌다. 더 나아가 안디옥은 세계 최고의 선교자료를 확보하고, 국가별 선교현황에 기초한 21세기 새로운 선교 전략을 수립하기로 결의했다.

### 효과적인 세계일주 선교여행 사역 방법

_5단계 선교정보 획득전략에 따라 1차는 안디옥 선교 도우미들을 통해 40개국에 대한 일반정보(역사, 문화, 정치, 경제, 교육, 종교, 기독교 선교 전래와 영향 등)를 사전 수집하고, 2차는 선교사들을 통해 40개국에 대한 선교정보를 수집하며, 3차는 각 국가 방문 시 일주일을 체류하는데 화요일 하루는 그 나라의 총체적 정보를 배우는 날로 정했다. 그 일환으로 선교지의 역사·문화·정치·경제·교육·종교·기독교 등 각 분야 최고 석학을 초빙하여 강의를 들으며, 모든 강의는 비디오로 촬영한다. 4차는 선교 팀이 각 국가의 선교현장에서 직접 체험하고 연구한 자료들을 종합하며, 5차는 1~4차까지의 방법들을 통해 수집된 선교정보를 취합 및 편집하여 CD, DVD, 비디오 제작과 인터넷에 동영상으로 올리기로 했다.

## 300만 영혼 구원을 위한 전략

_첫째, 홍보를 통한 간접 전도전략으로서 제1차 안디옥 세계 선교여행에 대하여 국내외 언론과 기독교계 언론에 적극적으로 홍보하여 국내외 교회 목회자와 성도들에게 전도와 선교를 위한 자극과 도전을 주는 것이다.

둘째, 선교지 현지 집회(수, 목, 금)를 통한 직접 전도전략으로서 오전·오후 시간으로 나누어 오전에는 현지 목회자를 대상으로 한 강의, 평신도 세미나, 전도 및 교회 성장을 위한 세미나 등을 인도하고, 오후에는 현지인 전도 및 부흥집회를 여는데, 현지 상황에 따라 한인교회 전도부흥회를 개최한다. 기타 노방전도 및 각종 이벤트 행사도 수반할 예정이다.

셋째, 예배당 개척을 통한 영구적 전도전략으로서 선교지의 필요와 요구에 따라 예배당을 건축하고, 현지 선교를 통해 지속적인 열매를 얻을 수 있도록 독려하는 것이다.

## 안디옥 세계일주 선교여행 프로젝트와 동반되는 사역

_현지 한인 선교사를 케어하는 일은 무엇보다 중요한 일이다. 현지에서 사역 중인 한인 선교사들과의 만

남을 통해 이들의 노고를 격려하며, 문제점 청취 및 해결 가능하다면 원만한 해결책 수립을 위한 조정역할을 수행한다. 따라서 KWMA에서는 신화석 목사(전 KWMA 공동회장)에게 현지 선교사 케어 사역을 위한 특별 직책을 부여하여 파송할 것을 제의했다.

또한 각 국가의 현지 교계 지도자들과 만나거나 현지 기독교계에서 영향력 있는 유명 교회 지도자들을 만나 교류함으로 점차 방대하고 효과적인 선교 프로젝트를 기획하고 시행하여 전 세계적 차원의 선교 네트워크(Global Mission Network)를 구축할 수 있다.

### 여행일정

**1차 1단계** : 아시아 · 아프리카 · 중동 (2003/12/01~2004/03/29)

1. 한국 - 문영민 목사 (2003/12/01~12/07)
2. 베트남 - 장요나 선교사 (12/08~12/14)
3. 미얀마 - 황명주 선교사 (12/15~12/21)
4. 말레이시아 - 배광영 선교사 (12/22~12/31)
5. 싱가포르 - 홍연수 선교사 (12/31~2004/01/02)
6. 인도네시아 - 안태룡 선교사 (01/03~01/11)
7. 태국 - 송형관 선교사 (01/12~01/18)
8. 네팔 - 김홍국 선교사 (01/19~01/24)
9. 인도 - 이은옥 선교사 (01/25~02/08)
10. 남아공 - 정운교 · 조성수 선교사 (02/09~02/22)
11. 가나 - 유미현 선교사 (02/23~02/29)
12. 케냐 - 박흥순 선교사 (03/01~03/07)
13. 이집트 - 탁○○ 선교사 (03/08~03/14)
14. 요르단 - 정운교 선교사 (03/15~03/21)
15. 이스라엘 - 이춘석 선교사 (03/22~03/29)

**1차 2단계** : 중앙아시아 · 유럽 지역 (2004/05/24~2004/08/23)

1. 몽골 - 김성철 선교사 (2004/05/24~05/30)
2. 러시아 - 장인관 선교사 (05/31~06/08)
3. 카바르딘 - 장인관 선교사 (06/09~06/13)
4. 체르케스 - 장인관 선교사 (06/14~06/20)
5. 카자흐스탄 - 김영준 · 김홍배 선교사 (06/21~06/27)
6. 터키 - ○○○ 선교사 (06/28~07/04)
7. 그리스 - 손영삼 선교사 (07/05~07/11)
8. 루마니아 - 정홍기 선교사 (07/12~07/18)
9. 헝가리 - 신기재 선교사 (07/19~07/25)
10. 슬로바키아 - 남상이 선교사 (07/26~08/01)
11. 체코 - 남상이 선교사 (08/02~08/08)
12. 독일 - 남상이 선교사 (08/09~08/15)
13. 영국 - 임헌도 · 민형천 선교사 (08/16~08/23)

**1차 3단계** : 북남미 · 오세아니아 · 아시아 (2004/11/01~2004/12/20)

1. 미국 - 구성모 선교사 (2004/11/01~11/07)
2. 도미니카 - 이영희 · 김창식 선교사 (11/08~11/14)
3. 아르헨티나 - 강기안 선교사 (11/15~11/21)
4. 뉴질랜드 - 이승현 · 임원혁 선교사 (11/22~11/28)
5. 호주 - 정선일 선교사 (11/29~12/05)
6. 필리핀 - 박광수 · 서태원 선교사 (12/06~12/12)
7. 일본 - 노준환 선교사 (12/13~12/20)

**2차** (2006/07/03~2006/07/19)

1. 캄보디아 (캄보디아 왕국)
2. 라오스 (라오스 인민민주공화국)

**3차** (2008/05/12~2008/05/28)

1. 우간다 (우간다 공화국)
2. 르완다 (르완다 공화국)
3. 콩고 (콩고 민주공화국)

## 4차 (2009/08/04~2009/08/29)

1. 레소토 (레소토 왕국)
2. 스와질란드
3. 모잠비크 (모잠비크 공화국)
4. 보츠와나 (보츠와나 공화국)
5. 짐바브웨 (짐바브웨 공화국)

# 3. 안디옥 세계일주 선교여행의 기대효과

　안디옥 세계 선교여행을 통해 직·간접 전도를 하며 300만 명 이상의 영혼을 구원하는 것을 목표로 한다. 아울러 〈국민일보〉와 20여 곳의 기독교 주간지, 극동방송, 기독교방송, 기독교 TV, 인터넷 방송 등의 국내 언론사와 선교지 언론을 동원하여 그리스도인들에게 자극을 주는 방법으로 전도한다.

　한국의 5만 교회 중 2%가 교회를 세워가며 전도하면 1천 개의 예배당이 건축되고, 이 교회들이 2,000명씩 전도하면 200만의 영혼이 구원받는다. 1년간의 국내 언론 보도를 통해 안디옥의 세계 선교여행을 접한 한국의 1,200만 성도가 자극을 받아 이 가운데 5%만 전도에 동참하여 1명씩만 전도하면 60만의 영혼이 구원받는다.

　선교지 40개 국가의 언론을 통한 홍보로써 각 국가 기독교인 숫자가 50만 명이라면, 이 가운데 5%만 동참해도 한 국가에서 2만 5천 명을 전도할 수 있고, 총 40개국 100만의 영혼을 구원할 수 있다. 40개 국가의 목회자 200명, 평신도 1,000명, 선교사 20명을 초청하여 세미나를 열 때

배가된 8,000명의 목회자와 4만의 평신도, 800명의 선교사를 통해 목회자가 10명을, 평신도가 각 1명씩, 선교사가 각 100명씩 전도하면 20만의 영혼을 구원할 수 있다. 아울러 각 선교지에 건축한 40개 교회를 통해 주님 오실 때까지 2,000명씩만 전도하면 8만의 영혼이 구원받는다. 이로써 모두 388만 명이 구원을 얻기 때문에 최소 300만 명의 영혼 구원이 가능하다.

신화석 목사는 경쟁 선교가 아닌 교회 간, 교파 간 협력 선교를 추구하며 전시효과적인 선교나 흉내 내는 선교를 지양한다. 아울러 선교의 체질화가 이루어지는 선교를 지향한다.

세계 40여 개국을 순회하면서 얻은 결론은 선교여행을 떠나는 일에 깜짝 놀라기보다는 당연하게 생각하는 분위기가 국내 교회에 조성되어야 한다는 것이다.

선교지마다 그 나라의 문화와 사회상 등의 정확한 선교정보를 파악해 향후 선교를 위한 전 세계 선교 네크워크를 구축할 작정이다. 이를 통해 국내외 선교의 자신감을 되찾고, 노하우도 축적하게 될 것이다.

## 제2부

# 1차 선교여행

### 1단계 : 아시아 · 아프리카 · 중동
2003/12/01~2004/03/29

1. 한국 - 문영민 목사 (2003/12/01~12/07)
2. 베트남 - 장요나 선교사 (12/08~12/14)
3. 미얀마 - 황명주 선교사 (12/15~12/21)
4. 말레이시아 - 배광영 선교사 (12/22~12/31)
5. 싱가포르 - 홍연수 선교사 (12/31~2004/01/02)
6. 인도네시아 - 안태룡 선교사 (01/03~01/11)
7. 태국 - 송형관 선교사 (01/12~01/18)
8. 네팔 - 김홍국 선교사 (01/19~01/24)
9. 인도 - 이은옥 선교사 (01/25~02/08)
10. 남아공 - 정운교 · 조성수 선교사 (02/09~02/22)
11. 가나 - 유미현 선교사 (02/23~02/29)
12. 케냐 - 박홍순 선교사 (03/01~03/07)
13. 이집트 - 탁○○ 선교사 (03/08~03/14)
14. 요르단 - 정운교 선교사 (03/15~03/21)
15. 이스라엘 - 이춘석 선교사 (03/22~03/29)

1차 1-1
# 한국
2003/12/01~2003/12/07

### 야속한 하나님!

 살면서 지금까지 단 한 번도 이렇게 원망하거나 생각한 적이 없는 순종의 길을 걸어왔습니다. 하지만 오늘은 아침부터 쏟아지는 눈물을 참지 못하고 소리쳐 울다가 세수하고 양치질하며 가까스로 복받치는 가슴을 쓸어내렸습니다. 그리고 힘겹게 하나님을 불러봅니다.
 며칠 뒤에는 어머니를 기념하는 예배당 입당식을 하고 안디옥 세계일주 선교여행의 첫발을 내딛는 전도집회를 갖습니다. 이 일을 준비하면서 작년에 천국으로 가신 어머니의 말씀이 불현듯 생각나서 소리쳐 울며 야속한 하나님이라고 마음을 토로할 수밖에 없었습니다.
 작년 봄에 기도하시던 어머니는 당신의 음성을 들으셨습니다.
 "신 목사가 안디옥 세계일주 선교여행을 떠나는 데 네가 걸림돌이 될 것 같구나. 내가 곧 너를 부르마"라는 가슴 아프지만 분명한 메시지였습니다.

▲ 이복림 권사기념교회를 세워 입당예배를 드리는 모습(주능력교회).

이후 어머니는 아내와 누이, 몇몇 성도들에게 이 사실을 전했고, 몇 달 후에 약속대로 당신의 부르심을 받으셨습니다. 매일 8시간 이상 강건한 모습으로 기도하시던 어머니께서 89세를 일기로 천국에 입성하신 것입니다.

기도밖에 모르시던 어머니의 신앙이 후손들에게 감동이 되었고, 그래서 기도의 용사들이 지속적으로 불같이 일어나도록 어머니를 기념하는 예배당을 세웠습니다. 이 일을 위해 어머니 장례 때 들어온 조의금 및 사재와 뜻있는 분들의 헌금을 사용하고, 안디옥성결교회가 거들었습니다. 마침내 어머니의 고향인 목포시에 대지 200여 평을 구입해 250석 규모의 작지만 아름다운 예배당을 건축하였습니다.

이 예배당 건축을 시작으로 안디옥 세계일주 선교여행 때 40여 개국을 방문해서 현지 목회자들을 훈련시키고 선교사들을 섬기며 영성을 회복시킬 뿐만 아니라 성도들의 신앙을 독려하며 전도하는 일을 할 것입니다.

▲ 주능력교회 건물 전경.

　아울러 선교지 곳곳에 40여 개의 예배당을 건축할 계획인데, 현재 29개의 예배당이 은혜롭게 건축되고 있습니다. 제1호 예배당이 대한민국 땅에 세워진 이복림 권사 기념 예배당인 것입니다.

　하나님의 영광을 위해 세계선교의 새 일을 행하시려고 벌레보다 못한 이 죄인을 택하셨습니다. 돌이켜보면 지난 30여 년을 전도자로 훈련시키셨고, 1999년도에는 아프리카에서 부르셨으며, 5년 동안 남한일주 노방전도를 통해 거듭 사명을 단련시키셨습니다. 그것도 부족해서 더 큰일을 위해 사랑하는 내 어머니를 부르신 야속한 하나님, 무서운 하나님! 그럼에도 불구하고 당신께 감사하며 당신을 찬양합니다. 아흔이 가까운 어머니를 모시고 안디옥 세계일주 선교여행은 할 수 없었고, 결국 어머니를 홀로 남겨 두고 떠나야 하는 제 갈등과 아픔을 충분히 아신 하나님께서 이렇게라도 야속한 결단을 내리신 것입니다.

　예정대로 수요일부터 전도집회가 시작되었습니다. 목요일에는 오전

11시에 교단 총회장과 총무 및 전남 지방 회장과 임원들, 원로 목사, 각처에서 모인 많은 성도들, 서울에서 이른 새벽부터 버스를 타고 내려온 안디옥성결교회 성도들과 감격스러운 예배당 입당식과 전도집회를 가졌습니다.

예수님은 우리의 모델이 되시는 전도자로서 "나는 전도를 위하여 왔노라"고 말씀하셨습니다(막 1:38). 예수님을 구주로 믿고 시인하며 구원받은 성도들은 예수님의 유언에 따라 당연히 전도자가 되어야 하는 것입니다.

우리는 살아 계신 하나님의 유일하신 아들 예수 그리스도처럼 살아야 합니다. 그렇게 되려면 첫 번째, 성령으로 새로 태어나야 합니다. 두 번째, 어떠한 고난이든 이기는 사람이 되어야 합니다. 세 번째, 성령으로 세례를 받아야 합니다. 네 번째, 쉬지 말고 기도하는 사람이 되어야 합니다. 다섯 번째, 믿음을 위해 당하는 시험에서 승리해야 합니다. 여섯 번째, 입을 열어 복음을 전파해야 합니다. 일곱 번째, 전도로써 구원을 얻은 사람들 중에서 충성된 자를 선택해 하나님의 자녀 삼아야 합니다. 여덟 번째, 함께 전도훈련을 해야 합니다. 아홉 번째, 전도실습을 해야 합니다. 열 번째, 전도자를 파송하며 전도자를 재생산해야 합니다.

예수님이 솔선수범하며 친히 전도하셨던 것처럼 성도들은 친히 전도자가 되어야 합니다. 아울러 목회자도 친히 전도자가 되어야 합니다. 가장 좋은 전도는 예수님처럼 하는 것입니다. 이것이 가장 바르고 효과적인 전도입니다.

예수님처럼 가르치고, 훈련하며, 기도했던 목포에서의 사역을 마치고 충만한 믿음으로 두 번째 안디옥 세계일주 선교여행지인 사회주의 국가 베트남으로 갑니다.

1차 1-2

# 베트남

2003/12/08~2003/12/14

# 베트남 (베트남 사회주의공화국)

- 국가 일반 정보
  ① 면적 : 33만km²
  ② 인구 : 8,500만
  ③ 수도 : 하노이(650만 명)
       (최대 도시 : 호치민 시 900만 명)
  ④ 언어 : 베트남어
  ⑤ 1인당 GDP : 2,800$
  ⑥ 화폐단위 : 동(Dong)
  ⑦ 종교 : 불교 70~80%, 천주교 10%, 기독교 1%, 신흥종교(까오다이교, 호아하오교)
  ⑧ 종족 : 90%가 베트남인. 그 외 타이인, 중국인, 크메르인

- 동남아시아에서 가장 인구가 많은 나라.
- 1945년 9월 2일 프랑스로부터 독립.
- 1975년 4월 통일.

하나님께서 마지막 때에 선교를 주도하는 안디옥교회를 통하여 '신 사도행전'을 쓰도록 은혜를 허락하여 주시고, 1차 세계 선교여행 중 가장 첫 번째로 베트남 선교지를 2003년 12월 8일부터 한 주간 시작하셨을 때 놀라운 주님의 은혜를 경험하였습니다.

선교의 영적 거인 신화석 목사님을 만나 안디옥교회의 선교 비전을 통해 '룽런 안디옥교회', '책캔 안디옥교회', '바오찬 안디옥 교회' 등 3개의 교회를 개척하여 헌당 예배로 하나님께 영광을 돌렸으며, 그 당시 개인적으로도 베트남 선교 14년간의 사역을 점검할 수 있었습니다. 이처럼 한국 교회와 목사님, 성도님들의 기도와 사랑으로 베트남 땅에 신학교 및 각 교회의 연합으로 놀라운 선교 부흥이 이루어지고 있습니다. 이런 통곡과 진동의 놀라운 복음 확장이 새로운 성육신 선교의 비전으로 공산 사회주의국가가 변화되는 결과를 가져왔으며, 현재 151개의 교회가 세워지고 23만여 명의 구원받은 자들의 아름다운 발걸음들이 수를 놓고 있음에 안디옥교회와 신화석 목사님의 끊임없는 기도와 사랑과 동역에 감사드립니다.

다시 한 번 제5차 세계선교 일정이 주님의 은혜와 동행하심으로 하나님께 영광, 목사님께는 축복이 되시기를 기원드립니다.

2010년 7월 9일
장요나 선교사
비라카미 신학교 학장
비라카미(베트남, 라오스, 캄보디아, 미얀마) 지역 본부장

## 사회주의국가서 복음 열매 감격······격려······

2003년 12월 19일 〈국민일보〉 보도자료

본보가 창간 15주년 기념사업의 일환으로 안디옥성결교회와 세계 40개국에 40개 교회를 건축하고 복음을 전파하는 '신화석 목사의 세계일주 선교여행'의 첫 번째 사역이 베트남에서 시작됐다. 본보는 매주 1회 신화석 목사를 비롯한 세계일주 선교 팀을 통해 구체적으로 어떤 선교 열매가 맺어지는지를 생생하게 현장 중계할 예정이다.

― 편집자주

척박한 영적 도시인 베트남의 호치민 시. 자유로웠지만 보이지 않는 감시의 눈길이 있는 듯 선교 팀을 맞이하는 현지의 모습은 밝지만은 않았다.

선교 팀이 머무른 턴선넷호텔. 현지법에 따르면 외국인의 집회라 할지라도 까다로운 절차를 거쳐야 하지만 선교 팀은 '성스러운 불법'을 감행했다. 지난 8~9일 호텔에서 호치민 대 교수와 선교사, 현지 목사 등을 초빙해 베트남의 정치와 경제, 기독교 역사와 종교, 사회, 문화, 교육, 불교 및 이단종파 등에 대해 전문적인 강의를 들었다. 비기독인인 호치민 대 안 교수는 선교 팀을 위한 강의 섭외를 받았을 때 왜 한국인들이 베트남의 정치 및 역사 등에 대해 궁금증을 갖느냐며 꼬치꼬치 캐묻기도 했다고 한다. 상당한 모험이 따랐지만 선교 팀은 NGO 의료진으로 둔갑, 현장 사역에 대한 이해를 높이는 데 힘썼다.

10~14일 세계일주 팀과 베트남 지원 팀 14명은 사회주의국가에도 하나님의 교회와 신학교가 세워지면서 복음의 지형도가 새롭게 만들어지고 있음을 눈으로 확인하기 시작했다. 하루 일과를 시작하기 전 선교 팀은 사도행전을 1장씩 읽으며 신 사도행전적 교회가 세계 전역에 세워질 것과 그날의 일과가 순조롭게 끝날 수 있도록 간구하는 시간을 가졌다.

이어 선교 팀은 호치민 시를 중심으로 동서남북에 위치해 있는 농푹 노원교회, 여우야이 군위교회, 교법양문교회, 턴선 성일교회(과거 총미타성일교회) 등을 방문, 마음껏 찬양할 수 있는 우리나라 환경이 얼마나 감사한지를 깨달았다. 아울러 베트남 목회자와 성도들의 헌신과 수고에 감동했다.

▲ 턴협 서산교회에서 목회자 세미나 등을 인도한 신화석 목사 등 선교 팀들이 장요나 선교사(왼쪽 세 번째)로부터 베트남 선교 상황에 대한 설명을 듣고 있다.

신화석 목사는 농탄 교회에서의 비라카미 신학교 2기생들을 위한 특강, 턴협 서산교회에서 목회자 세미나 및 교법양문교회에서 집회 등을 인도하며 뒤틀린 영적 환경 속에서도 신앙의 뿌리를 내려가고 있는 베트남 기독인들의 저력에 놀랐다. 목회자 세미나에 참석한 레미웅 목사는 "베트남 복음화를 위해서 목숨까지 바칠 각오가 돼 있다"면서 "성전이 없어 현재 75명의 성도들의 집에서 돌아가며 예배를 드리고 있지만 어떤 일이 있어도 복음 전파는 포기하지 않을 것"이라고 울부짖었다.

지원 팀의 이정선 목사는 "비라카미 신학교에서 첫 졸업생 55명이 배출돼 사역지를 개척하고 캄보디아, 한국 등에 유학까지 가는 것을 보며 베트남의 밝은 영적 미래를 확인할 수 있었다"며 "선교관을 새롭게 정립하는 계기가 됐다"고 말했다.

선교 팀은 장 선교사의 사역비로 세워진 수바요나 교회를 방문, 스팅족들의 주거환경을 둘러보며 교회가 그들 사회에서 활력소가 되고 있음을 확인할 수 있었다.

특히 선교 팀은 13일 해발 1,800m 고지에 세워진 책캔 안디옥교회, 룽런 안디옥교회, 바오찬 안디옥교회 등 고산족 교회를 방문하고 베트남이 사회주의국가라는 현실을 또 한 번 체험했다. 베트남 정부가 외국인과 고산족의 교류를 막고 있기 때문에 선교 팀은 3개 팀으로 나눠 오토바이를 타고 몰래 교회를 방문해야 했다. 3개 교회에 대한 헌당예배는 집회 허가 장소로 등록돼 있는 농칸 교회에서 겨우 드릴 수 있었다. 14일 주일예배는 감동의 한마당이었다. 빈치동 영락교회, 커우상박스 교회 등에서 각각 오전 및 오후 예배를 드리며 안디옥교회의 선교 정체성을 재삼 다짐하는 기회가 됐다.

신 목사는 "황금어장인 베트남에 대한 한국 교회의 선교 마인드가 부족하고 선교전략이 부재했음을 깨달았다"면서 "인도차이나 반도를 선교 요충지로 삼고 싶다"고 말했다. 신 목사는 "죽으면 죽으리라는 믿음으로 장요나 선교사가 신학생들을 배출하고 나이 든 목회자들을 돕고 있는 것을 보면서 과거 베트남 선교를 위해 땀 흘린 심프슨 선교사가 떠올랐다"고 덧붙였다.

호치민 = 함태경 기자 ▨

# 1.
## 신 사도행전을 몸으로 써가는 신화석 목사의 안디옥 세계일주 선교여행기

(2003년 12월 17일 〈들소리신문〉 보도자료)

우리의 모습은 마치 전투병 같다.

안디옥 깃발과 AWMJ(안디옥 세계일주 선교여행 팀) 깃발을 힘껏 손에 들고, 무게가 꽤 나가는 비디오카메라, 소니 카메라, 노트북 컴퓨터, 외장하드 및 카메라 삼각대, 비디오테이프, 사진 필름, 배터리 충전기와 주변 기기 등을 어깨에 멨을 뿐만 아니라 개인 가방과 공동 짐 가방을 한꺼번에 끌고 가는 모습이 전투병을 연상하게 한다. 하긴 영적 전투를 위해 선교지에 목숨을 걸고 전진하고 있으니 전투병인 것은 틀림없다.

선교팀 6명과 성도 7명, 국민일보 함태경 기자를 포함해 총 14명의 전

▲ 산촌마을에서 예배 후 아이들과 함께하는 신화석 목사(가운데).

투병이 사회주의국가로서 자유롭게 복음을 전하기가 힘들고, 현지 장요나 선교사가 전도하다가 여섯 번이나 투옥당한 베트남을 향해 2003년 12월 8일 오전 10시 10분발 비행기에 몸을 실었다. AFC 총무와 부대표 및 교단 총무, 그 밖에 100여 명의 안디옥 성도들이 직접 배웅하므로 출국을 앞둔 공항은 감동이 가득하였다. 보내는 선교사와 떠나는 선교사의 모습을 보며 전투하러 가는 군인과 이를 보내는 부모형제의 모습이 연상되어 마음 한편으로는 숙연하였다.

내 다이어리에 달린 열쇠고리에는 손녀 누리의 사진이 끼워져 있는데, 그 사진을 보면서 나도 모르게 "누리야, 보고 싶다"라고 중얼거렸고, 이내 아내가 듣고는 비행기 창문 쪽으로 고개를 돌리며 눈물을 훔쳤다. 이제 15개월 된 젖먹이를 시댁 어른들께 맡긴 큰딸 내외는 선교 팀 멤버로서 선교여행에 올랐다. 아내는 어린것 가슴에 괜스레 상처를 입히는 것 같다며 흐르는 눈물을 손으로 꾹꾹 눌렀다.

하나님은 참 무서운 분이시다. 내 어머니를 부르시더니 손녀마저 떼놓고 기필코 이 길을 가게 하셨다. 하지만 이 땅 수많은 그리스도의 용사들 중에 우리를 택하셔서 영적 전투에 사용하시는 것은 크나큰 영광이다.

드디어 호치민 공항에 도착하였다. 까다로운 입국 절차와 장비 신고를 마치고 공항 밖으로 나왔을 때 구급차가 대기하고 있다. 장요나 선교사의 원활한 병원선교를 위해 구입한 차량이었다. 더군다나 이 차량을 타고 이동하면 검문에도 거의 걸리지 않고, 자유롭게 다닐 수 있다고 한다.

사역 첫날에 숙소에 짐을 풀자마자 베트남 선교현황에 대한 브리핑을 들었다. 이튿날에는 하루 종일 장요나 선교사와 호치민 대학 교수들을 초빙해서 베트남 역사와 문화, 정치, 경제, 종교, 교육, 기독교 전래 및 선교현황 등에 대한 강의를 받았다. 장요나 선교사는 "지금까지 많은 선교 팀들이 베트남을 방문했지만 이렇게 이틀 동안 베트남을 알기 위해 강의를 듣는 팀은 처음 본다. 하지만 선교를 제대로 하는 분들이라는 생각을 하였다. 왜냐하면 적을 알아야 전투에서 승리하기 때문이다. 지금 모임도 공안에 신고했기 때문에 정부의 허가를 받은 모임이다"라고 말하였다.

수요일부터는 본격적인 선교활동에 들어갔다. 이틀간 받은 교육을 통해 베트남은 역사뿐만 아니라 기독교 전래가 우리와 비슷하며, 문화와 민족성도 흡사한 부분이 많다는 것을 알았다. 그 밖에 베트남의 경제발전 속도는 과거 우리나라 경제발전 속도보다 훨씬 빠르다는 놀라운 정보도 얻었다.

베트남은 전쟁 후 폐허가 된 나라, 가난에 찌든 후진국으로서 국민 대부분이 기독교 신앙을 갖기 힘들고, 선교할 수 없는 사회주의국가로만 대체로 인식되어 있는데, 현지에 와 보니 20~30년 후면 경제발전과 더불어 기독교 부흥을 통해 한국에 선의의 도전을 줄 만큼의 잠재능력을 가진 나라임을 깨달았다. 이러한 인식이 선교여행의 가장 큰 소득인 것이다.

우리 선교 팀은 호치민 시내에 있는 교회를 둘러본 후, 베트남의 유일한 신학교인 비라카미 신학교 학생들을 대상으로 강의했으며, 160여 명의 신학생과 50여 명의 목회자들에게 전도훈련과 영성훈련을 실시하였다. 특히, 통성기도할 때 "베트남의 영혼들을 우리가 책임지게 하소서"라고 통곡하는 목회자들에게서 성령의 강권적 역사를 실감했고, 베트남의 밝은 미래를 보았다.

안디옥성결교회의 전액 지원으로 세운 책캔 교회, 룽런 교회, 바오찬 교회의 헌당식을 할 때는 세 교회를 방문하는 데 위험이 도사리고 있었다. 외국인은 설교할 수 없고, 현지인과 접촉해서 전도하면 안 된다는 베트남의 법도 엄격했지만, 외국인이 오면 고발하는 체제와 6명 이상 모이면 집회 신고를 하고 정부의 허가를 받아야 하는 체제 때문이다. 방편을 찾던 우리는 농칸 교회에서 세 예배당 헌당식을 동시에 갖기로 하였다. 아울러 건축된 예배당 현장을 시찰하고 기도하였다. 하지만 이것 역시 위험하였다. 신고당하면 공안이 와서 여권을 빼앗고 외국인을 추방하며 불똥이 튀어 도움을 준 현지인이나 선교사는 구속될 수도 있다는 것이다.

고심 끝에 우리는 번개작전을 펼쳤다. 선교 팀은 앰뷸런스에 오르고, 비디오 촬영 팀은 큰 점퍼 안에 카메라를 숨겨서 오토바이를 타고 촬영하였다. 예배당에 도착해서는 뜨겁게 기도하고, 짤막하게 대화하고, 속전속결로 촬영한 후 다시 번개처럼 차에 올라 빠져나오는 작전으로 건축한 예배당을 다 둘러보았다. 이 교회는 각각 300여 명씩 출석하고 있다. 또한 집회 허가가 안 된 토요일 저녁에는 농칸 교회에서 내내 마음을 졸이며 예배당을 가득 메운 현지 성도들과 함께 헌당예배를 드렸다. 이 헌당예배에서도 전도훈련을 시켰다.

주님의 은혜로 위기의 순간들을 넘기고, 오늘은 베트남을 떠나는 날이다. 이곳은 주일예배를 오전 8시에 드리는데, 호치민에 있는 빈치동 교회에서 1,000여 명의 성도가 참석한 가운데 예배를 드리며 이루 말할 수 없는 감동을 받았다. 주일예배에서도 역시 전도에 대한 설교를 하였다.

"베트남의 영혼들은 여러분이 책임져야 합니다. 베트남은 성령이 강권적으로 역사하시는 현장을 사회주의라는 굴레를 씌워 기독교를 탄압하지만, 자유로운 복음 전파를 향해 한 걸음씩 전진하는 여러분의 모습이 역력히 보입니다."

엄청난 위험이 도사릴지라도 베트남은 복음 전파를 위한 황금어장이며, 지금 이때가 선교사를 파송하고 적극적인 선교 지원을 해야 할 적기라는 사실을 깨달았다. 선교를 차일피일 미루면 당장 10여 년 후 경제성장으로 인해 급격히 자본주의에 물들고, 세속의 향락에 빠져 버린 베트남은 선교하기 힘들어질 것으로 생각된다.

지금, 지금이 베트남 선교의 기회이다!

## 2.
### 통곡하는 청년아!

턴협 서산교회에서 베트남의 목회자 50여 명을 만났다. 목사와 전도사

▲ 턴협 교회에서 목회자 세미나 시간에 통곡하는 청년의 모습.

도 있고, 신학교를 올해 졸업하여 이제 사역을 시작한 이들도 있었다. 베트남에 도착해서 며칠간은 현지 신학생과 성도들에게 설교하고 강의했는데, 오늘은 실질적으로 사역하는 목회자들과 만나게 된 것이다.

선교여행을 오기 전부터 준비한 설교집과 강의안 등이 있었지만 성령님께서는 이상하게도 가는 곳마다 새로운 말씀을 증거하도록 강권하셨다. 여기서도 기도할 때 데살로니가 교회가 생각났고, 사도 바울이 그들을 양육한 방법을 전하라는 성령님의 강력한 요구에 따라 데살로니가전서 2장 7절부터 12절 말씀을 읽고 강의하였다.

"주님의 부르심을 입은 사역자 여러분을 만나서 반갑습니다. 득 쭈어 쩌이 이우등 응어이 비엔남(하나님은 베트남 사람을 사랑하십니다). 베트남의 역사는 한국의 역사와 유사한 점이 많은 것 같습니다. 특히, 과거에 세계

열강의 지배를 받았고, 민족이 남북으로 갈라져 전쟁을 한 것은 똑같습니다. 또한 기독교 전래 역사도 비슷한데, 120여 년 전 두 나라에 복음이 들어왔습니다. 하지만 한국의 기독교가 더 부흥한 요인은 전쟁과 온갖 박해가 끝난 후 자유롭게 복음을 전할 수 있었고, 그러한 여건 속에서 신앙생활을 이어간 시간이 50여 년이 넘기 때문입니다. 반면에 베트남은 아직도 여전히 자유롭게 복음을 전하지 못하는 큰 아픔을 겪고 있습니다. 그럼에도 불구하고 20~30년 후에는 한국을 능가하는 복음의 강국이 되리라 믿습니다.

오늘은 사도 바울이 2차 세계 전도여행 때 박해로 인해 3주간밖에 머무르지 못했던 데살로니가 교회가 마케도니아의 모범적인 교회로 성장하게 된 배경을 설명하면서 사역자 여러분이 사도 바울처럼 사역하며 섬기는 교회가 데살로니가 교회와 같아지기를 원합니다. 바울이 환상을 보고 마게도냐로 건너와서 빌립보 교회를 개척했지만 박해자들 때문에 투옥당하거나 많이 맞았습니다. 결국 빌립보를 떠나 데살로니가에 가서 복음을 전하는데, 박해자들은 이곳까지 떼 지어 몰려와서 사도 바울과 전도 팀을 위협하였습니다. 이후 바울은 데살로니가에 더는 머물 수가 없어서 베뢰아로 떠나게 됩니다. 불과 3주밖에 복음을 전하지 못했기에 믿음이 연약한 데살로니가 성도들이 염려되어 보낸 편지가 데살로니가전서입니다. 여기에 사도 바울은 자신이 데살로니가 성도들을 어떻게 양육하여 좋은 교회로 세웠는지를 데살로니가전서 2장 7절부터 12절을 통해 밝히고 있습니다.

베트남 사역자 여러분! 열악한 조건, 억압과 통제, 위협과 위험 등이 팽팽하게 맞물린 사역 현장에서 연약한 성도들을 성숙하고 강건하며 담대한 성도들로 세워가려면 사도 바울에게 배웁시다. 바울은 본문 7절에서 유모처럼 저들을 양육했다고 말합니다. 여러분은 연약한 성도들을 여러분의 갓 태어난 자식처럼 양육해야 합니다. 연약한 성도들은 스스로 예배당에 나오거나 성경을 읽고 공부할 수도 없습니다. 또한 기도할 수도 없고 분별력도 없습니다. 따라서 어머니가 갓난아이 곁을 항상 지키면서 모든 필요를 채워 주고 보호해 주는 것처럼 성도들을 섬겨야 합니다. 본문 8절에서는 복음으로써만 아니라 우리의 목숨까지 너희에게 주기를 즐겨하였다고 고백합니다. 성도를 섬기는 일은 복음만 가지고 하는 것이 아니라 목숨까지 내주는 뜨거운 사랑이 있어야 합니다. 이런 사랑에 복음을 싣고 가는 것입니다. 어린아이에게 아무리 좋은 교훈을 가르쳐도 사랑이 없으면 받아들이지 않습니다. 연약한 성도도 마찬가지입니다. 여러분이 아무리 '성령입니다. 하나님의 말씀입니다. 순종하십시오'라고 권면해도 여러분의 진실한 사랑을 맛본 적이 없는 성도들은 그 복음을 거부할 수도 있는 것입니다.

본문 9절에서 사도 바울은 아무에게도 누를 끼치지 아니하였다고 하였습니다. 사역자 여러분! 사역하면서 여러분의 어려운 환경을 성도들에게 떠넘기는 일을 해서는 안 됩니다. 여러분의 온갖 어려움을 성도들에게 떠넘기지 마십시오. 성도들이 부담스러워하는 행위는 금하십시오. 성도들에게 누를 끼치는 일은 곧 성도들의 영혼을 병들게 하는 것입니다. 바울은 어떻습니까? 밤낮으로 일하면서 목숨을 걸었다고 하였습니다. 또한 본문 10절에서는 범사에 모범을 보였다고 하였습니다. 여러분은 경건생활, 도덕생활, 가정생활, 교회생활 등에 본이 되어야 합니다. 말로만 가르치고 본이 되지 않는다면 여러분이 섬기는 성도들의 변화를 기대할 수 없습니다. 어린아이에게 가장 좋은 교사가 부모이듯 성도들의 가장 좋은 모범은 사역자입니다.

사도 바울은 본문 11절에서 성도들에게 아비처럼 권면하고 위로하고 경계하였다고 말합니다. 성숙한 자녀를 양육하기 위해서는 아비로서 권위를 가지고 올바르지 못한 일은 올바르게 권면하고, 자녀가 힘들어할 때 위로하며, 잘못을 고치지 않을 때는 경계해야 합니다. 아울러 장성한 자식이 올바른 길을 가지 않는다면 매를 들어 때려야 할 때도 있는 것입니다. 이렇게 성도를 양육하는 최종 목적이 무엇일까요?

마지막으로 본문 12절에서는 이는 너희를 부르사 자기 나라와 영광에 이르게 하시는 하나님께 합당히 행하게 하려 함이라고 밝힙니다. 구원받은 성도들은 하나님께 합당히 행해야 하는 것이 있습니다. 그것은 곧 복음을 재생산하는 일입니다. 성숙한 성도들만이 전도하여 복음을 확산하며 재생산하는 것입니다. 여러분이 섬기는 교회가 성숙해지도록 사도 바울처럼 성도들을 양육하십시오. 섬기십시오. 그래야 복음의 재생산이 이루어져 베트남의 영혼을 구할 수 있습니다. 베트남의 영혼들은 누가 책임져야 합니까? 저 신 목사입니까? 한국의 교회들입니까? 아닙니다. 바로 여러분입니다. 다 같이 통성으로 기도합시다.

주여! 우리가 지금까지 베트남의 영혼들에 대한 부담을 갖지 않았다든지 성도들을 바르게 섬기지 못했다면 죄를 용서하소서. 주여! 내가 섬기는 교회 성도들을 바울처럼 섬기게 하소서. 주여! 베트남의 영혼들을 내가 책임지게 하소서. 주여! 성령 충만을 주소서."

내가 목소리를 높여 기도할 때 집회장은 통곡의 바다가 되었고, 장요나 선교사가 한 청년 전도사를 불러서 대표기도를 시켰다. 하지만 그 청년은 통곡하며 어렵게 기도를 이어갔다. 모두가 베트남의 영혼들을 책임져야 할 사명을 깨닫고 참회와 결단의 긴 기도를 하였다.

모든 사역자의 눈에서 눈물이 폭포수처럼 쏟아질 때 우리 선교 팀도 함께 울며 베트남을 주님의 손에 올려놓았다. 아울러 "내가 여기 있사오니 나를 보내주소서"라고 간구하였다.

통곡하는 청년아!

네 모습이 어찌 그리 아름다운고…….

1차 1- 3
# 미얀마

2003/12/15~2003/12/21

## 미얀마(미얀마 연방)

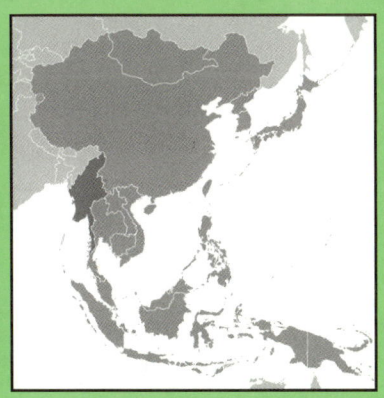

- 국가 일반 정보
  ① 면적 : 68만km²
  ② 인구 : 5천만
  ③ 수도 : 네피도(Naypyidaw).
    2005년 양곤(Yangon)에서 핀마나(Pyinmana)로 이전한 뒤 2006년 네피도(Naypyidaw)로 변경
  ④ 언어 : 미얀마어
  ⑤ 1인당 GDP : 1,800$
  ⑥ 화폐단위 : 챠트(Kyat)
  ⑦ 종교 : 불교 89%, 기독교 3%, 천주교 1%, 이슬람교 4%
  ⑧ 종족 : 68%의 미얀마족, 샨족, 카렌족, 친족, 카친족, 몬족의 소수민족

- '버마'로 칭하다가 1989년 미얀마의 집권 군부가 버마족 외에 다른 소수민족도 아우른다는 차원에서 미얀마로 국호를 변경함.
- 민주화운동의 반체제인사들은 군사정권이 붙인 미얀마란 명칭와 현 국기를 거부, 버마라는 호칭과 옛 국기를 고집하고 있음.

# 소승불교 고향에 '한 알의 밀알' 심어

2003년 12월 30일 〈국민일보〉 보도자료

두 번째 사역을 위해 미얀마의 수도 양곤 공항에 지난 15일 도착했다. 사회주의국가 미얀마는 입국장에서부터 긴장의 연속이었다.

국내선 비행기로 갈아타고 2시간 뒤 사역지인 만달레이에 도착했다. 황명주 선교사가 밝은 표정으로 일행을 맞았다. AFC선교회에서 파송된 황 선교사는 오지 선교 전문가로 잘 알려져 있다.

16일 오전 먼저 미얀마의 역사, 문화, 정치, 경제, 교육, 종교 등에 대한 강의 시간이 마련됐다. 황 선교사는 강의에 앞서 "강사들에게 내용을 촬영해서 인터넷에 올리고 선교자료로 활용할 것이라고 말했더니 모두 겁을 내고 거부했다"면서 "군사정권의 실상을 보여 주는 한 단면"이라고 말했다. 결국 황 선교사와 평소 친분이 있는 전직 교사를 섭외해 강의를 들을 수 있었다.

소승불교의 본산이나 다름없는 미얀마는 온통 불교사원과 탑뿐이었다. 정부가 공식 발표한 미얀마 부족은 137개. 전체인구는 5,200만 명으로 이중

▲ 안디옥교회의 재정 지원으로 미얀마 만달레이의 오지 엔화와 더터우 마을에 안디옥교회들이 세워졌다. 엔화 안디옥교회 헌당예배 후 기념촬영을 하고 있는 선교 팀과 현지 성도들.

3,000만 명이 버마족이다.

이들 부족 가운데 카친족과 친족은 90% 이상, 니수족과 카렌족은 30% 이상이 기독교인이다. 그러나 인구 대다수를 차지하고 있는 버마족의 복음화율은 0.2%에 불과하다. 이들을 복음화하지 않고는 미얀마가 변화될 수 없다는 게 선교 전문가들의 견해다. 버마족은 소수부족들을 무시하고 소수부족들은 버마족을 두려워하며 미워하고 있는 게 미얀마의 현실이다.

미얀마는 19세기 초 아도니람 저드슨 선교사가 복음의 씨앗을 뿌렸다. 이곳 만달레이는 저드슨 선교사가 활동했던 곳이고, 그가 투옥됐던 감옥터에 교회가 세워져 있다.

선교 팀은 황 선교사가 개척한 제수도(은혜) 교회에서 평신도·목회자 전도특강, 영성훈련과 만달레이 선교사들과의 대화, 오지 선교지에서의 축호전도 등을 실시했다.

제수도 교회에는 17개 부족 사람들이 출석하고 있다. 물론 버마족도 있다. 제수도 교회에서 전도특강과 집회를 인도하면서 이 교회가 살아 있다는 것을 실감했다. 황 선교사는 제자양육에 상당한 시간을 할애했다. 이 때문에 제수도 교회는 만달레이 오지 선교의 본부 역할을 잘 감당하고 있었다.

3일간의 뜨거운 전도집회를 마치고 18일 오후 오지로 향했다. 황 선교사는 오지 사역을 위해 35인승 버스와 배를 구입해 사용하고 있었다. 이 버스를 타고 엔화·더터우 마을로 갔다.

이 마을은 엔화 왕족이 지배했던 곳이다. 왕궁터와 사찰, 왕궁으로 가는 길에 유적들이 그대로 남아 있었다. 한 사람도 복음을 접해 본 적이 없고, 누구도 이 지역에 머무르며 선교한 적이 없다고 황 선교사는 설명했다.

그러나 지금은 달라졌다. 황 선교사와 그의 제자들이 복음을 전해 수십 명이 그리스도를 영접했다.

또 사역자를 파송해 예배를 드리고 안디옥성결교회의 후원으로 이곳에 '엔화 안디옥교회'가 세워졌다.

황 선교사는 "교회 건축을 허용하지 않기 때문에 사역자들이 먼저 그 마을에 들어가 주민들과 친해진 뒤 사역자의 집으로 예배당을 설립했다"면서 "위층에는 사역자가 살고 아래층에서 예배를 드리는 형태로 건축했다"고 말했다.

그러나 미얀마에서 이처럼 교회를 짓고 선교를 하는 것은 모두 불법이다. 만일 전도하다 잡히면 투옥되거나 조사를 받고, 외국인이 전도하다 붙잡히면 추방된다고 황 선교사는 설명했다. 그는 "버마족이 많이 살고 있는 이곳에서 선교사들은 담대한 마음으로 복음을 전하고 있다"고 강조했다.

감동 속에서 '엔화 안디옥교회' 헌당예배를 드렸다. 선교 팀은 "이 지역

복음화를 계기로 미얀마의 버마족이 하나님을 영접하는 기적이 일어나기를 바란다"고 합심해서 기도했다.

이튿날 배를 타고 이라와디 강을 따라 만달레이 서남쪽 강변 오지 마을로 향했다. 이곳 역시 복음의 사각지대로 대부분 버마족이 살고 있다.

황 선교사는 "매주 제자들과 배를 타고 와서 전자침으로 의료 활동을 하고 의약품을 나눠 주며 복음을 전한다"면서 "벌써 3년이나 됐다"고 말했다.

선교 팀은 조를 편성해 3개 마을로 흩어져 전도했다. 축호전도 후 한 개인 집에서 어른을 대상으로 성경공부를 인도했고, 어린이들은 마을 공터 바닥에서 예배를 따로 드렸다.

전도활동을 무사히 마치고 돌아가는 길, 선교 팀으로부터 말씀을 들은 100여 명의 어린이와 어른들이 강가에 나와 배웅했다.

문득 갈릴리 해변에서 복음을 전하시던 예수 그리스도의 모습이 떠올랐다. 아이들에게 "쵸오대"(예쁘다)라며 손을 흔들었다.

그 아이들이 웃으며 "쵸오대"라고 외쳤다. 다시 "밍글라바"(안녕하세요)라고 목청을 높였더니 아이들 역시 "밍글라바"를 연호했다. 조용했던 강변의 오지 마을이 함성으로 뒤덮였다.

배에 오르면서 다시 "쵸오대", "밍글라바"를 연호했다. 그리고 "예수 그리스도"를 외쳤다. 그러자 기적이 일어났다. 모래사장에 모여 있던 마을 사람들이 "예수 그리스도"를 소리쳐 불렀다. 이어 "할렐루야 아멘"이 메아리쳤다.

붉게 물든 이라와디 강의 낙조가 너무 아름다웠다. 선상에서 오지 선교에 대한 소명을 밝히는 황 선교사의 목소리가 쩌렁쩌렁 울려 퍼졌다.

"미전도 종족들에게 복음을 들고 가려는 사람들이 적어 선교사의 재배치 이야기가 나온다는 게 솔직히 마음 아픕니다. 모든 족속에게 복음을 전하는 것은 주님의 뜻입니다. 오지 선교도 즐거운 마음으로 해야 합니다. 아직까지도 주님을 모르고 사는 사람들이 많습니다. 즐기면서 복음을 전해야 합니다. 선교사들을 위해 기도해 주십시오."

정리 = 노희경 기자

## 1.
## 결핵과 말라리아

세계 최대 빈곤국가, 세계 최대 마약왕국, 세계최대 인권 사각지대……. 최근 미얀마를 수식하는 이름들이다. 이러한 현실이지만 미얀마는 베트남과 마찬가지로 아름다운 역사와 문화를 간직한 나라이다. 아, 미얀마! 안타깝게도 영국의 식민통치 이후 잠시 불었던 민주화 바람은 군부의 독재에 의해 순식간에 사라지고 지금은 모든 국민들이 숨을 죽이고 살아가는 땅이다. 미얀마 국민들은 정부가 하는 일을 거의 믿지 않는다고 한다.

암울한 미얀마 역사를 증명하듯 그 흔적이 가장 많이 남아 있는 만달레이에서 저녁 부흥회를 인도하고 각 영혼의 치유를 위한 안수기도회 시간, 내 앞에 길게 늘어선 줄을 보면서 빨리 안수할까 하는 고민을 했지만

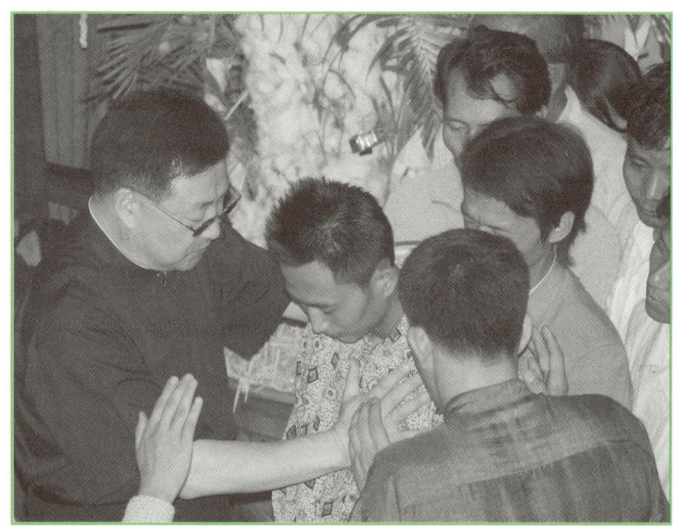
▲ 만달레이 은혜교회에서 집회 후 안수기도를 하는 신화석 목사.

금세 생각을 접고 성심껏 한 사람 한 사람의 병명을 묻고 주님께서 치료해 주시도록 간구하였다.

놀랍게도 미얀마에는 폐결핵과 말라리아를 앓고 있는 사람들이 많았다. 이 병은 영양 및 환경과 절대적 관계가 있는 병이다. 미얀마의 경제수준이 얼마나 악화되어 있는지를 단적으로 보여 주는 것이다. 남녀노소를 불문하고 폐결핵과 말라리아에 걸린 사람들이 대부분이었다.

이전에 다녀온 베트남은 미얀마와 같은 사회주의국가이지만 경제발전을 위해 서방세계와 접촉하고 줄기차게 개방해 나가며 급격한 경제성장을 이루고 있다. 베트남의 호치민 시는 매우 활기찬 느낌이었지만 미얀마는 대체적으로 폐쇄적이다. 수도인 양곤도, 제2의 수도인 만달레이도 활기찬 느낌은 찾을 수 없었다.

여기서 한 나라의 지도자의 역할이 얼마나 중요한 것인지를 새삼스럽게 깨닫는다. 한 가정도 가장에 의해 행·불행이 좌우되고, 한 교회도 목회자에 의해 신앙의 건강지수와 부흥이 결정된다. 더 나아가 한 나라도 지도자에 의해 그 성장과 행복의 길이 결정된다. 하나님께서는 성경말씀을 통해 임금과 지도자들을 위해 기도하라고 하셨다. 좋은 지도자가 바로 서야 평안한 신앙생활을 할 수 있기 때문이다.

이제 우리는 겸손히 자신의 모습을 살펴볼 때이다. 우리는 영적인 폐결핵과 말라리아에 걸려 있지 않은가? 신앙생활이 악화되고 영의 양식이 원활히 공급되지 않는다면 과거에 건강했던 신앙인조차 영적 폐결핵과 말라리아에 걸려 기도가 끊기고 영성이 빠져나가 결국은 신앙생활을 멈추고 죽음을 맞이하게 될 것이다.

목장의 목자여, 깨어 일어나라. 교회의 지도자들이여, 깨어 일어나라. 더 나아가 우리의 영적 환경을 개선하자. 뜨겁게 영성 운동을 일으키자. 활기찬 신앙인의 모습을 회복하자. 자기 욕심을 버리고 다른 사람에게 인정받는 일에만 지나친 관심을 기울이는 습성을 버리자. 다른 사람에게 인정받으려는 사고는 영웅주의에서 비롯된 것으로 우리를 힘들게 한다.

이제 일어나자. 기도하자. 회개하자. 사랑하자. 전도하자. 우리의 신앙에 생기를 불어넣자. 이 길만이 행복을 지키는 길이다. 모두를 살리는 길이다.

## 2.
## 무릎 선교사의 기도 응답

기도는 만사를 변화시킵니다. 기도는 하나님의 능력을 끌어 쓰는 스위치입니다.

미얀마에서의 선교 일정이 끝나갈 무렵 선교 팀은 최대 위기를 맞이하였습니다. 사도 바울의 1차 선교여행 때 팀워크가 깨지면서 마가 요한이 본국으로 돌아가 버렸고, 이 사건 때문에 2차 선교여행 때 바나바와 바울이 헤어진 뼈아픈 역사를 우리는 너무나 잘 알고 있습니다.

선교여행을 떠나기 전 우리의 가장 큰 두려움은 건강, 재정, 위협, 위험 등이 아닌 팀워크라고 성도들에게 전하고 기도를 부탁했지만, 우려했던 대로 현지에서 우리의 팀워크에 심각한 문제가 발생했고, 많은 기도와 대화를 시도하였습니다.

하루는 선교여행 일정을 다음 날로 미루고 우리는 깊은 기도와 대화를 했으나 결국 중도에 선교 팀 해체를 이야기할 수밖에 없었습니다. 극심한 아픔 때문에 무척 울었습니다. 이대로 주저앉으면 안 되는 줄 알지만 안디옥 성도들에게 SOS도 보내지 못하였습니다. 인터넷을 쓸 수 없는 여건이었기 때문입니다.

하지만 우리 팀은 기적적으로 다시 일어섰습니다. 아픈 만큼 성숙해지는 것처럼 이전보다 훨씬 더 좋은 팀워크를 이루게 되었습니다. 상처는 남았지만 하나님이 연단하신 좋은 경험이었고, 더 단단하게 더 따뜻한 사랑과 격려로 서로를 감싸며 미얀마를 떠나 말레이시아에 왔습니다.

사탄이 보란 듯이 미소 짓다가 지금은 통곡하고 있을 것입니다. 24365 무릎 선교사의 승리입니다. 고맙습니다. 여러분의 기도가 세계선교의 아름다운 열매로 결실하고 있습니다. 하지만 지금도 생각보다 많은 어려움이 도사리고 있습니다. 아울러 재정에 대한 부담도 큽니다. 또한 밤새 작업을 해야 하는 원고 문제, 사진과 영상 편집 및 저장 등을 위해 일주일에 며칠은 잠을 자지 못하고 매달립니다.

그리고 열악한 현지 환경과도 싸워야 합니다. 사탄과도 싸워야 합니다. 우리가 반드시 승리하면 복음은 염병처럼 퍼져 나갈 것입니다. 후방에 있는 24365 무릎 선교사들의 더 뜨거운 기도를 요청합니다. 지역 선교사와 땅 끝 선교사로서의 역할을 감당하길 기대합니다. 예배당 건축을 위해서도 기도해 주십시오. 안디옥의 훈련된 제자들은 이 모든 일들을 넉넉히 해낼 수 있을 것입니다.

안디옥의 신실한 일꾼 여러분! 지체 여러분! 사탄의 역사를 이길 수 있는 길은 기도뿐입니다. 우리 모두 승리합시다. 승리의 함성을 함께 외치는 날, 부둥켜안고 함께 울며 하나님께 감사의 찬양을 올립시다.

안디옥 파이팅! 세계선교 파이팅! 예배당 건축 파이팅!

제1차 안디옥 세계일주 선교여행 팀은 베트남과 미얀마에서 인터넷을 사용할 수 없었기 때문에 관련 글을 CD에 담아 선교 지원 팀을 통해 한국으로 보냈고, 그곳에서 홈페이지에 올렸습니다. 말레이시아에서는 인터넷 사용처를 찾아 긴 시간의 작업 끝에 3편의 글을 올립니다.

홈페이지 관리자에게 부탁합니다. 실명으로 등록되지 않은 글과 상업적인 글은 즉시 삭제해 주세요. 영상과 보도자료, 선교 팀 소식, 교회 소식을 바로바로 업데이트해 주시기 바랍니다.

1차 1-4
# 말레이시아
2003/12/22~2003/12/31

## 말레이시아(연방제 입헌군주국)

- 국가 일반 정보
  ① 면적 : 33만km²
  ② 인구 : 2,600만
  ③ 수도 : 쿠알라룸푸르(공식, 150만 명), 푸트라자야(행정)
  ④ 언어 : 말레이어(공용어), 영어가 널리 통용됨.
  ⑤ 1인당 GDP : 15,300 $
  ⑥ 화폐단위 : 링깃(RM: Ringgit Malaysia)
  ⑦ 종교 : 이슬람교 60%, 불교 19%, 기독교 9%, 힌두교 6%(종교의 자유 허용, 이슬람 교도에 대한 선교는 불법)
  ⑧ 종족 : 말레이시아의 말레이인(부미푸트라, Bumiputra) 52%, 중국계 27%, 인도계 8%

- 1957년 8월 31일 영국으로부터 독립.

## 모슬렘의 땅에 복음 씨앗 싹틔워

2004년 1월 9일 〈국민일보〉 보도자료

말레이시아의 쿠알라룸푸르 공항과 코타키나발루 공항에 모슬렘을 위한 기도방이 마련돼 있는 것을 보는 순간 이곳은 복음의 씨앗이 떨어져도 싹이 트기 힘든 박토 같다는 생각이 들었다.

공항에 마중 나온 선교사는 우리 일행을 반갑게 맞이하면서 "선생님, 안녕하세요?"라고 인사를 건넸다. 30년 동안 '목사'라는 소리만 듣던 내게 '선생님'이라는 호칭은 생소했다. 선교사는 파송단체를 '회사'라면서 'ㅇㅇ회사의 ㅇㅇ선생'이라고 자신을 소개했다. 사회주의권인 베트남, 미얀마와는 또 다른 긴장감이 감돌았다.

세계일주 선교 팀은 촬영을 위해 항상 비디오 카메라 2대, 디지털 카메라 2대, 일반 카메라 등을 갖고 다닌다. 선교 팀이 카메라를 들이대자 자신은 카메라 찍히길 원치 않는다며 손사래를 쳤다. 그는 오엠국제선교회의 '둘로스 호'를 타고 여러 해 동안 27개국을 순방하며 복음을 전했고 선교한국에서도

▲ 사바 주의 주도인 코타키나발루의 한 마을 입구에 세워진 교회 기념비 앞에서 기념촬영하고 있는 세계일주 선교 팀. 이 기념비는 SIB 교단의 첫 교회가 들어선 곳에 세워져 있다.

봉사했던 선교사다. 선교 팀에게 자신의 신분을 감춰 줄 것을 거듭 당부했다.

말레이시아는 181개 부족으로 이뤄진 다민족 국가이다. 그중 말레이족, 중국계, 인도계가 주류를 이루고 있다. 특히 연방정부는 전원 모슬렘들로 구성돼 있다. 외국인은 말레이 사람들에게 복음을 전할 수 없다. 모슬렘은 개종하면 가문에서 추방되고 살해되기까지 한다. 중동권과 같이 이곳에서도 개종하면 살아가기가 너무나 힘들어 보였다.

선교 팀은 동말레이시아 사바 주의 주도인 코타키나발루에서 사역했다. 이곳은 신흥도시로 주목받고 있는 곳이다. 사바 주 전체인구는 250여 만 명. 이 가운데 두순족이 150만 명을 차지하고 있다. 두순족은 말레이시아 복음화의 밀알이 될 수 있는 부족으로 느껴졌다. 기독교 인구가 50%를 넘어서고 있기 때문이다. 선교 팀은 두순족들로 구성된 SIB(Sidang Injil Borneo) 교단 관계자들을 만나면서 말레이시아의 밝은 미래를 엿볼 수 있었다.

SIB 교단 전도 책임자인 대니 목사는 우리 일행의 모든 스케줄을 잡고 인도해 주었다. SIB 교단의 총회본부, 신학교 및 훈련센터, 총회장이 시무하는 교회, 시골교회 등을 둘러보았다. 그러나 530개 교회 대부분에 전문사역자들이 없었다. 목사와 전도사가 230명에 불과했다.

SIB 교단은 세계 어느 교파와도 협력관계를 갖고 있지 않았다. 재정지원도 받지 않고 있다. 순전히 말레이시아 사바 주에서 자생하고 있는 교단이다. 물론 처음에는 1928년 호주 멜버른 신학원에서 파송된 3명의 선교사에 의해 복음이 전해졌지만 말레이시아 근대사의 변천에 따라 선교사들은 추방되거나 철수해 버렸다. 이에 따라 SIB 교단은 토착 교회의 산실로 이제껏 홀로 성장해 왔다.

SIB 교단에는 4년제 신학교가 1개 있고 총 신학생 수가 50여 명이다. 신학생이 적은 것은 말레이시아에서 상대적으로 소수민족인 기독인들은 경제 사정이 열악하기 때문이다. 목회자들의 생활수준은 최하위권에 속해 있다. 현재 SIB 교단의 대도시 중심가 목회자의 생활비는 월 30만 원 정도이고, 지방의 목회자 생활비는 10만 원도 안 된다.

신학생의 등록금과 기숙사비가 한 달에 7만 원 정도이지만 그마저 없어서 신학공부를 할 수 없다고 한다. 따라서 두순족 교회를 세우는 일이 매우 중요한 선교전략이라는 생각이 들었다. 안디옥성결교회는 SIB 교단을 통해 랑커붕안 지역과 피타스 지역에 2개의 예배당을 건축하도록 지난해 5, 11월에 각각 건축비 전액을 지원했다.

▲ 신화석 목사가 이끄는 세계일주 선교 팀이 동말레이시아 사바 주 원주민들과 포즈를 취하고 있다.

말레이시아에는 정식 선교사 비자를 발급받아 입국할 수가 없다. SIB 교단과 예수교대한성결교회 소속인 배 모 선교사가 협력하고 있다. SIB 교단은 서말레이시아에 5명, 베트남에 1명의 목회자를 선교사로 보냈다. SIB 교단을 방문, 예배를 드리고 강의하며 복음주의적인 열정을 느낄 수 있었다.

말레이시아를 향한 선교의 비전을 갖고 있는 교단이나 선교단체가 두순족을 세우는 일에 나선다면 그들은 충분히 말레이시아 복음화의 밀알들이 될 수 있다는 확신이 들었다.

한편 말레이시아를 방문하면서 이채로웠던 일은 지난달 27일 코타키나발루 공설운동장에서 말레이시아 국왕과 총리, 브루나이 국왕과 정부 각료들이 참석한 가운데 성탄절 축하행사가 열린 것이었다. 크리스마스 행사를 가진 것은 최초라고 한다. 행사장으로 가는 길은 온통 성탄등과 조명으로 휘황찬란했다. 행사장에는 말레이시아 역사상 가장 큰 초대형 성탄 트리가 세워지고 공연장이 만들어졌다.

그러나 이 행사는 다분히 정치적 의도를 갖고 있는 것으로 보였다. 기독교 인구 및 소수부족이 많은 동말레이시아를 달래기 위한 전략이라는 것이다. 강력한 이슬람법을 따르고 있는 말레이시아에 복음의 바람은 언제 불어 닥칠까? 우리나라 기독인의 몫이라고 느껴졌다.

정리 = 함태경 기자

# 1.
## 철옹성 이슬람

결코 허물 수 없는 철옹성인가?

이슬람 국가를 바라보며 강력하게 부딪힌 영적 도전이었다. 요단 강 건너편 첫 성 여리고, 이스라엘의 힘으로는 도저히 무너뜨릴 수 없는 철옹성 여리고……. 두려움에 떨고 있는 여호수아를 향해 "강하고 담대하라. 모세와 함께한 것같이 너와 함께하겠노라"고 약속하신 하나님께서는 여리고 성을 점령할 수 있는 전략 또한 여호수아에게 말씀하셨다. 그것은 합리적인 방법도 아니었고, 군대에서 쓸 수 있는 전략과 전술도 아니었다. 한마디로 어리석은 방법이었지만 하나님의 방법이었기 때문에 여호수아는 순종하였고 전투는 싱겁게 끝났다.

이슬람 국가 말레이시아! 쿠알라룸푸르 공항과 코타키나발루 공항에

▲ 이슬람 사원.

마련해 놓은 모슬렘 기도방을 보면서 '아, 이곳은 철옹성이구나'라는 생각이 들었다.

공항으로 마중 나온 선교사님께서 나를 향해 "선생님, 안녕하세요?"라는 인사를 하고, 선교사님들 호칭을 선생님으로 부르며, 한국에서 파송한 선교단체를 회사로 칭하는 현실을 보면서 미묘한 긴장감이 돌았다.

같은 공산권인 베트남이나 미얀마에서 느끼던 긴장감과는 또 다른 느낌이었다. 말레이시아는 말레이족 및 중국계, 인도계 인종이 주류를 이루고, 그 외에도 수많은 소수부족들이 있으나 이들은 모두 이슬람을 맹렬히 신봉한다. 외국인이 방문해서 자국민에서 복음을 전파할 수 없는데, 이슬람을 신봉하는 사람이 개종을 하면 가문에서 추방되고 살해를 당하는 경우도 있다. 기독교로 개종하고서는 이 땅에서 살아가기가 너무나 힘든 곳이다.

도대체 복음이 들어갈 수 없는 철옹성, 복음의 씨앗을 뿌려도 싹이 나기 힘든 길바닥과 같은 박토인 이곳 이슬람 국가……. 앞으로 또 다른 이슬람 국가를 방문해서 복음을 전해야 하지만 답답한 마음은 떨쳐 버릴 수가 없다.

과연 무너뜨릴 수 없는 영원한 철옹성인가?

기독교를 인민의 아편으로 몰아붙이며 수많은 순교자의 피를 받아낸 공산당은 철옹성인 줄 알았는데, 어느 날 갑자기 무너져 내렸다. 그 세력이 불과 100년도 뻗어가지 못하였다. 그러나 이슬람은 천 년이 훨씬 넘는 무구한 세월 속에서 견고하게 버티고 서 있다. 국법으로 이슬람을 보호하고 타 종교가 들어올 수 없게 만들었고, 이들의 종교적 행위는 불가침한 것인 듯 태생부터 타 종교를 생각할 수 없도록 생활화되어 있다. 그러나 하나님께서는 이들을 반드시 구원하실 것이다. 철옹성 이슬람을 하나님의 방법으로 무너뜨리실 것이다. 그 방법이 무엇일까?

이곳 말레이시아에 와서 이슬람 백성을 구원할 길을 열어 달라고 간구하던 중에 하나님께서 기막힌 생각을 떠오르게 하셨다. 이슬람 백성 한 사람 한 사람을 개종시켜 이 민족을 하나님께로 인도한다는 것은 거의 불가능에 가깝다는 생각이 든다. 반면에 이 나라의 지도자 한 사람 한 사람이 그리스도인으로 변화된다면 말레이시아 국법은 타 종교에 대해 개방적으로 바뀔 것이기 때문에 이 나라 지도자의 변화는 철옹성 이슬람을 무너뜨릴 수 있는 최상의 방법이라는 깨우침이었다.

당장 말레이시아 정부 각료나 각처 지도자들을 전도해서 변화시킨다는 것은 너무나 힘든 일이다. 그렇다면 가장 손쉬운 방법은 한국 교회와 세계의 교회가 전략적으로 이슬람권에서 온 유학생들에게 접근해 그들을 개종시키든지 기독교에 대한 호의적 감정을 갖게 하면 된다. 이 일을 위해 한국의 그리스도인 유학생들을 훈련시키고, 이슬람권 유학생들과 깊은 우정을 나누도록 지도하면 점차 복음이 전파될 것이다.

아울러 복음을 받아들인 그들이 결국에 이슬람 국가의 각료, 정치인, 경제인, 지도자들이 될 때 자연스러운 법 개정을 통해 기독교 복음의 씨를 심을 수 있는 환경을 만들 수 있고, 머지않아 철옹성 같은 이슬람도 무너진다는 생각이 들었다.

한국에 돌아가면 이 운동을 일으켜야겠다. 당장 내가 속한 예수교 대한성결교회 신학대생들 중에서 유학을 가는 학생과 각 교회에서 유학을 가는 학생들을 훈련시키는 프로그램을 마련해서 유학생활 동안 적어도 몇 명의 이슬람권 학생과 깊은 우정을 나누고 복음을 전하게 하는 전략을 세워야겠다.

이 프로젝트가 한국 교회와 세계 교회에 은밀하게 진행된다면 철옹성 같은 이슬람은 반드시 무너지고 피 묻은 그리스도가 그 땅을 연한 순이 되어 덮을 것이다.

## 2.
### 이슬람, 영원한 우리의 숙제

공산권 국가 베트남과 미얀마의 선교여행은 긴장의 연속이었다. 그럼에도 매일 밤낮 없는 강의와 설교 및 현장 전도는 계속되었다. 목숨을 내줘도 두렵지 않은 용감한 주님의 용사들과 함께 펼친 스릴 넘치는 사역들

▲ 말레이시아 역사와 정치, 경제, 문화, 종교 강의를 듣는 선교 팀(SIB 총회 본부).

은 잊지 못할 것이다. 사역의 열매가 풍성한 선교현장을 보면서 한국 교회가 그동안 선교에 대해 너무 안이하게 대처했다는 생각을 떨칠 수가 없었다.

선교는 영적 전투이다. 그러므로 성경에 나오는 수많은 전투들이 영적 전투로써 응용이 되어야겠다. 무엇보다 가장 중요한 것은 하나님이 우리와 함께하신다는 믿음이다. 이 믿음에 따라 우리 선교 팀은 죽음을 두려워하지 않았고 곳곳의 영적 전투에서 승리하였다.

미얀마를 떠나 비행기를 네 번이나 갈아타면서 하루 종일 비행기 안에서 시간을 보냈다. 만달레이에서 양곤으로, 양곤에서 방콕으로, 방콕에서 쿠알라룸푸르로, 쿠알라룸푸르에서 코타키나발루로……. 장시간의 비행 끝에 전날 아침 5시 30분에 일어나서 다음 날 새벽 1시에 도착하였다. 동말레이시아 사바 주의 수도 코타키나발루 공항에서 피곤에 지친 우리 일행은 짐을 끌고 입국 신고를 하려다가 일제히 발걸음을 멈추었다. 신혜화 전도사가 가리키는 쪽에는 모슬렘 기도방 표지판이 보였다. 전기에 감전된 것처럼 갑자기 긴장이 솟구치면서 피곤이 싹 달아났다. 여기가 바로 공산권보다 더 복음을 전하기 어려운 철옹성 이슬람 국가로구나. 이슬람 국가에 대한 자료를 읽고 연구하며 각오는 단단히 했지만 공산권 국가에서 느끼지 못했던 또 다른 긴장감이 온몸을 파고들었다. 영적 전투를 위한 용사의 전투적 감각이라고 표현해도 좋겠다.

본래 우리와 함께 사역할 선교사님이 지난 11월초에 한국에 들어오셨다가 발병해 입원 중에 계셔서 갑작스럽게 다른 선교사님이 우리를 돕게 되었다. 우리 팀은 이곳 동말레이시아 사바 주에서 가장 교세가 큰 SIB 교단과 관계를 맺고 목회자 세미나와 신학생 특강 및 전도집회를 하기로 스케줄이 잡혀 있었다.

안디옥성결교회에서는 이곳 SIB 교단이 관할하는 랑커붕안 지역과 피타스 지역에 2개의 예배당을 건축하도록 지난 5월과 11월에 지원금 전액을 보냈다. 따라서 2개 교회 헌당식과 부흥 집회도 계획한 것이다. 새로운 선교사님과 SIB 교단의 선교 및 전도 담당인 대니(Danny) 목사가 공항으로 마중을 나왔다. 선교사님은 "선생님, 안녕하세요?"라고 우리들을 맞이했는데 느낌이 무척 이상하였다. 30여 년을 '목사님'이라고만 듣던 내게 '선생님'이라는 호칭은 상당히 어색하기 때문이다. 그 밖에 자신을 배 선생님을 대신해서 나온 박 선생이라고 소개하고, 자신을 파송한 단체를 회사라고 불렀다. "저는 ○○회사에서 나온 ○ 선생입니다."

우리 선교 팀이 카메라를 들이대자 그는 손을 내저으며 자신이 카메라에 잡히는 것을 원치 않고, 자신을 촬영하더라도 인터넷에도 내보내지 말라고 당부하였다. 자신은 둘로스 호를 타고 여러 해 동안 27개국을 순방하며 복음을 전했고, 선교 한국을 통해서도 사역이 소개됐다고 한다. 그만큼 노련한 선교 경험을 가진 분이라는 생각이 들었다. 말레이시아에 온 지 거의 1년이 됐고, 현재 공부를 하는데 배 선생님의 간곡한 부탁에 의해 자신은 심부름만 하겠다고 말하였다.

우리끼리 있을 때도 선교사님은 내내 회사니 선생님이니 하는 언어를 사용했는데, 그렇게 습관이 됐고 우리도 습관이 되게 하기 위해서인 것이다. 이곳에서는 선교사 신분이 발각되면 추방당한다. 실제로도 한국 선교사가 추방당한 적이 있다고 한다.

말레이시아에 도착해서 새벽 2시경에 숙소에서 비로소 여장을 풀었다. 선교 팀은 모두 어지럽다고 하였다. 긴 비행시간과 누적된 피로 때문일 것이다. 우리들은 곧바로 수면을 취했고, 선교사님의 초대를 받아 다음 날 오전 9시에 그 댁에서 식사를 하였다. 선교여행 16일 만에 먹는 한국 음식에 우리는 체면은 생각하지 않고 맛있게 많이 먹었다. 너무나 행복해서 문화를 뛰어넘는다는 것이 얼마나 힘든 일인가를 또 절감하는 시간이었다.

이후 SIB 교단 본부의 브리핑을 통해 말레이시아의 역사, 정치, 문화, 종교 및 기독교 전래와 발전과정을 교육받았다. 말레이시아는 기원전 이슬람이 전래되기 전부터 북서부 지역에서 힌두와 불교문화가 큰 영향을 끼쳤다. 말레이시아 반도에 6,000~8,000년 동안 사람들이 거주했고, 기원전 2,500~1,500년경에 신석기 문화가 확립됐다. 인도의 모험가들이 이곳에 당도한 후 1,000년 이상 인도의 영향을 받았는데, 15세기 초 수마트라 섬에 있던 왕족이 말레이시아 반도에 상륙하여 말라카 왕국을 건국하면서 말레이족이 이곳을 지배하게 되었다. 다양한 민족이 연방을 이루고 있으며 상대 종족의 신념, 믿음, 전통에 대한 포용력, 협력, 참을성 등이 많은 말레이시아 문화는 독특한 융화가 특징이다. 현재 말레이족(62%), 중국계(27%), 인도계(8%)가 주류를 이루고 이슬람교, 불교, 힌두교, 기독교가 다양하게 공존하고 있으나 이슬람 국가로서 강력한 이슬람의 정신이 국가의 모든 분야에 뿌리박혀 있다.

말레이시아의 기독교는 15세기에 영국 선교사가 말라카에 도착하면서 처음 전파되었다. 1942년 제2차 세계대전 때 일본에 잠시 지배를 받으면서 선교가 잠정적으로 중단되었다가 1946년 영국의 전승으로 다시 선교가 시작되었다. 그러나 1957년 말레이시아가 독립하게 되고, 이슬람 중심 세력인 말레이족이 정권을 잡아 강력한 이슬람 국가로 발전하였다. 따라서 말레이시아 국법은 곧 이슬람의 법이다. 아울러 타 종교를 가르치거나 전할 수 없다. 또 이슬람이 기독교로 개종을 하면 가문에서 추방을 당하고 살해되는 경우도 있다. 여기에서 그치지 않고 사회에서 왕따를 당하며 어느 분야에도 진출할 수 없다고 한다. 숨 막히는 이슬람의 법과 전통, 국법은 도저히 기독교로 개종하기 힘든 환경이다. 그럼에도 불구하고 개종하는 이들이 조금씩 늘어나고 있지만 그 숫자를 파악하기는 어렵다. 엄격히 비밀이어야 하기 때문이다.

말레이시아에는 181개의 종족이 사는데, 대체로 소수 부족들은 농촌이나 산악지대에 몰려 있다. 이들의 삶은 열악하기 짝이 없으며, 그나마 기독교인은 중국계나 소수부족들이다. 최근에는 말레이시아에 기독교 연합체(NECF: National Evangelical Christian Fellowship)가 탄생하였다.

우리 선교 팀이 말레이시아에 도착해서 깜짝 놀란 특종이 있다. 그것은 말레이시아 정부가 12월 27일 오후 6시부터 12시까지 사바 주 코타키나발루 공설운동장에서 말레이시아 국왕과 수상 및 브루나이 국왕과 정부 각료들을 초대해 성탄절 축하행사를 연 것이다. 이슬람 역사 중에 국가가 크리스마스 행사를 하는 것은 최초의 일이라고 한다. 코타키나발루 시내에는 성탄 트리 장식이 많이 있었고, 수상 사진이 있는 시내 대형 게시판에는 성탄 축하행사 안내물과 예수 탄생 대형그림이 붙어 있었다. 아울러 행사장으로 가는 길은 온통 성탄등과 조명이 가득해 눈이 부셨다. 행사장에는 말레이시아 역사상 가장 큰 초대형 성탄 트리가 돋보였고, 공연장과 국가 원수 및 내외 귀빈석이 설치됐다.

이 같은 기절초풍할 일이 일어난 이유는 무엇일까? 이슬람 국가에서도 기독교 선교의 문이 자유롭게 열리는 것일까? 하지만 착각해서는 안 된다. 이 행사는 다분히 정치적 의도를 갖고 있다. 서말레이시아에 의해 항상 손해를 보는 기독교 인구와 소수부족이 많은 동말레이시아를 달래기 위한 전략에 불과하다는 것이다. 말레이시아에서는 말레이족이 62%를 차지하고 있고 모든 실권을 장악하고 있으며 그들은 거의 다 이슬람 교도들이다.

말레이시아에서 복음의 문은 여전히 정치적으로 막혀 있다. 기독교인의 수를 정확하게 조사하기 힘들고, 기독교인이라는 사실을 노출할 수 있는 사회적 분위기가 아니다. 대략 말레이시아의 기독교인은 신·구교를 합쳐 15% 정도로 보고 있다. 아랍 국가의 아랍 족속이 아니면서도 강력한 이슬람법을 따르고 있는 이곳 말레이시아에 복음의 바람은 언제나 불까? 우리의 영원한 숙제이다.

우리 선교 팀은 사역을 통해 말레이시아의 복음화는 첫 번째, 소수민족의 신앙 수준을 끌어올리는 데 협력해야 하며, 두 번째, 소수민족의 기독교 일꾼 양성에 노력하고, 이들이 말레이인 전도에 큰 부담을 안고 접근하도록 하며, 세 번째, 이슬람의 지도자가 될 유학생들을 대상으로 친교 및 선교활동을 펼칠 전략을 세우고, 더 나아가 이 나라 지도자들을 통하여 기독교 선교환경이 마련되도록 입법 활동을 해야 한다는 생각을 가졌다.

지금도 숨을 죽이며 숨어서 활동하고 있는 말레이시아의 선교사님들을 위해 한국 교회는 더 많이 기도하고 더 많은 지원을 아끼지 말아야 할 것이다. 그리고 이들을 인내로써 격려해야 한다. 조급함 때문에 서로가 상처를 입는다면 참으로 어리석은 짓이 아닐 수 없다. 복음의 마지막 땅 끝 이슬람. 우리는 이들에게 다가가야 한다, 조심스럽지만 당당하게. 믿음의 용사는 언제나 그랬다. 그리고 승리를 쟁취하였다.

여차 1-5
# 싱가포르
2003/12/31~2004/01/02

## 싱가포르(싱가포르 공화국)

- 국가 일반 정보
  ① 면적 : 692km²
  ② 인구 : 450만
  ③ 수도 : 싱가포르
  ④ 언어 : 말레이어(국어), 영어, 중국어, 타밀어
  ⑤ 1인당 GDP : 52,000$
  ⑥ 화폐단위 : 싱가포르 달러(S$)
  ⑦ 종교 : 국가 종교는 없음. 불교, 기독교, 이슬람교, 힌두교 등 다양한 종교
  ⑧ 종족 : 중국계 70%, 나머지는 말레이인, 태국인, 영국인, 타밀인

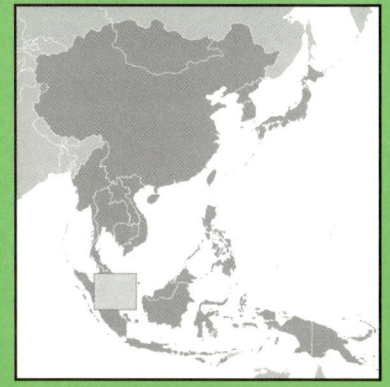

- 동남아시아의 도시국가.
- 1965년 8월 9일 말레이시아로부터 독립.

## '아하! 이곳을 세계선교 교두보로……'

2004년 1월 16일 〈국민일보〉 보도자료

'깨끗하고 아름답다.'

처음 싱가포르를 보면서 가진 느낌이었다. 그러나 싱가포르에서 깨달은 것은 세계선교를 위한 교두보라는 점이다.

싱가포르는 세계적으로 널리 알려진 도시국가다. 선진국 대열에 들어선 작은 거인이다. 서말레이시아 최남단에 위치한 조그만한 섬나라로 면적은 서울특별시보다 약간 더 크고 인구는 겨우 300만 명이다. 중국계가 다수를 차지하고 말레이계, 인도계 및 여러 나라의 소수민족들이 섞여 살고 있다. 한인도 5,000여 명에 달한다. 주재원, 사업가, 유학생이 주류를 이루고 있다. 한인교회도 5곳이 있다.

우리 일행은 한인 선교교회 홍연수 목사님의 따뜻한 영접을 받았다. 저녁식사를 위해 중동권 이슬람 국가들을 대상으로 TV 부속품 무역을 하는 김용현 집사의 아파트로 초대됐다. 인근 집사 부부 대여섯 가정이 함께 모였다. 다

▲ 세계 선교여행을 하고 있는 신화석 목사가 싱가포르의 한인 선교교회에서 집회를 갖고 있다. 신 목사는 세계선교의 교두보인 싱가포르에서 열정적으로 선교사역을 펼쳤다.

양한 직업을 소유한 기독 엘리트들이었다. 다국적기업에서 근무하는 분들이 대부분이었다. 한순간 넓은 거실이 가득해진 느낌이었다.

나는 김 집사와 이슬람 선교 및 '텐트 메이커'의 한계성에 대해 이야기를 나눴다. 우리는 이슬람 국가의 법률적·제도적 변화 없이는 철옹성과 같은 이슬람의 막힌 담을 허물어뜨리기가 쉽지 않다는 데 의견 일치를 보았다. 나는 세계선교여행을 마친 뒤 귀국하면 미래 이슬람 국가의 지도자들이 될 중동권 유학생들을 기독인화하는 일과 기독교에 대해 우호적인 생각을 갖도록 하는 일에 앞장설 것을 다짐했다.

싱가포르에는 유명 신학교와 선교훈련세터가 많이 있다. 셀교회로 떠오른 교회 2곳이 있다. 이들은 한국의 구역제도를 셀교회로 전환, 국제적 상품을 만들어 전 세계에 알리고 있다. 한 목사님은 영화배우로 자신이 출연한 영화를 교회에서 상영하며 순간연출(매직)을 배워 전도에 사용하고 있다고 한다. 또 한 교회의 사모는 싱가포르에서 잘 알려진 대중가요 가수로 지금도 많은 사람 앞에서 노래를 부르며 전도활동을 하고 있다고 한다. 이에 대해 찬반양론이 있지만 대체적으로 새 신자를 교회로 이끄는 데 긍정적인 측면이 많다고 한인 목회자들이 평가했다.

지난해 12월 31일과 새해 첫날 이틀간 선교 팀은 전도부흥회를 인도했다. 그러자 한인 선교교회에 큰 변화가 일어났다. 성도들이 전도 결의를 다지고 각자 전도 목표를 세웠다. 남전도회 회장인 어느 집사님은 자기가 30여 년 신앙생활을 했지만 한 번도 전도해야겠다고 생각하고 목표를 세워 본 적이 없다고 사석에서 고백했다. 그는 이번 집회를 통해 큰 은혜를 받고 올해 꼭 30명 이상을 전도하겠다며 기도 부탁까지 했다.

사실은 연말연시이기 때문에 싱가포르에서 3일간 쉬고 인도네시아로 떠나려고 했는데 더 바쁜 시간을 보냈다. 싱가포르는 인터넷이 잘 발달돼 있어 마음먹고 안디옥교회 홈페이지에 들어가 동영상을 보내려고 했는데 결국 PC방을 가보지도 못하고 인도네시아로 떠나게 됐다.

전도부흥회를 마친 뒤 한인 목회를 하고 있는 각 교단 목사들 및 ACTI 원장을 맡고 있는 김정배 선교사와 2시간 30분 동안 진지하게 선교 좌담회를 가졌다. 그리고 내린 결론이 '아, 싱가포르는 세계선교의 교두보구나' 라는 것이었다.

영어, 중국어 등을 사용하고 다민족 종교가 공존하는 이곳은 선교사를 훈련시키기에 매우 좋은 지역이다. 특히 중국 복음화를 위해 가장 양질의 선교사를 발굴하고 훈련시킬 수 있는, 영적으로 준비된 곳이다. 또 다국적 기업들이 모여 있어서 세계 어느 곳에든지 텐트 메이커를 보내기 쉬운 나라이다. 뿐만 아니라 아시아의 가난한 나라들에서 온 수많은 고급 노동자들을 복음화해 자국 선교사로 세우는 데도 좋은 환경이다.

싱가포르 기독인들은 대체로 상류사회를 이끌고 있다. 따라서 싱가포르에서 막강한 영향력을 행사할 수 있다. 한 예로 국회의원의 52%가 기독인이다.

물론 중국계 불교도가 가장 많지만 영향력 면에서는 기독교가 월등하다.

따라서 싱가포르의 영적, 인적 자원이 선교의 전진기지 역할을 하기에 충분하다. 물가가 높아 선교사를 훈련시키기에는 약간 경제적 부담이 있지만 이곳은 분명 세계 어디에서도 찾아보기 힘든 선교 교두보 국가임에 틀림없다. 한국 교회는 싱가포르를 새로운 시각으로 바라볼 필요가 있다는 깊은 도전을 받았다.

떠오르는 교회 형태인 셀 교회를 배우고자 하는 열망 못지않게 싱가포르를 선교 요충지로 활용할 수 있는 방법을 찾아야 한다는 생각이 들자 흥분되기 시작했다. '이 사실을 빨리 고국의 성도는 물론 한국 교회에 알려야 할 텐데…….'

싱가포르를 통한 2, 3세계 선교를 위한 전략적인 연구가 선행돼야 한다는 마음을 품고 우리 일행은 인도네시아로 떠났다.

정리 = 함태경 기자 ▨

## 1.
### 어느 집사님의 고백

각 나라마다 현지인 통역을 세워 전도훈련을 시켰다. 강의하면서도 복음이 잘 전달되는지 궁금하기 짝이 없었다. 하지만 연말연시에 싱가포르에서 한국인들을 대상으로 말씀을 전하는 일은 너무나 행복하였다. 때가 때인지라 연말연시 휴가를 받아 여행을 가려는 성도들이 많이 모였다.

운전으로 우리를 섬기는 집사님께서 이곳 교회 역사상 가장 많은 사람들이 모였다고 말씀하셨다. 일정에 없는 사건들이 생긴 것은 역시 사람보다 앞서 가시는 성령님의 인도하심이 크기 때문이다. 처음에는 난감하고 당황스러웠지만 하나님을 사랑하고 그 뜻대로 부르심을 입은 자들은 모든 일에 합력하여 선을 이룬다는 말씀을 실감할 수 있었다. 싱가포르 집회에서는 엄청난 역사가 일어났다.

▲ 한인교회 성도들을 만나 축복 기도를 하고 있는 모습.

　첫 번째 역사는 그간 전도에 대해 생각하거나 목표를 세워 본 적도 없었던 분들이 전도에 대한 새로운 인식을 통해 회개하며 전도에 대한 목표를 세우고 도전하게 된 것이다. 두 번째 역사는 "예수님처럼 살자"라는 말씀을 중점적으로 선포하고, 성령으로 태어나는 일이 그 첫 단추를 바로 끼우는 것임을 강조했을 때 많은 분들이 울며 회개한 것이다.

　어느 집사님께서는 이 교회가 한인선교교회이기 때문에 그간 많은 선교사님과 선교 전문가들이 와서 무수히 메시지를 전했고, 교회를 거쳐 가는 목사님들이 선교에 대한 말씀을 줄기차게 해주셨지만 정작 본인은 '선교'에 대한 뜨거운 열정이 일어나지는 않았다고 하였다. 그래서 '또 선교 이야기구나' 라는 생각 때문에 별다른 기대를 하지 않았는데 나를 통해 가장 기본적인 복음을 다시 이해하고, 마음이 찔려 회개할 때 영혼의 시원함을 느꼈다고 한다. 복음에 대한 감격과 감동, 회개를 통한 영적 유쾌함

▲ 부흥집회를 인도하는 신화석 목사.

과 성령 충만함이 있는 선교의 본질을 통찰할 때 역동적인 신앙생활을 할 수 있다는 것을 증명하는 것이다.

전도는 아무나 할 수 있는 것이 아니라서 전도하고 싶은 뜨거운 열정이 일어나지 않는 사람이 매일 전도자의 삶을 살기는 어렵다. 역동적인 신앙생활은 사도행전 2장에서 배워야 한다. 무엇보다 성령세례를 체험해야 신앙의 역동성은 살아난다. 철저히 회개하고 죄 사함을 받아야 성령 충만할 수 있다.

현대의 그리스도인에게는 '무엇을 할 것인가?' 보다 '어떤 그리스도인이 될 것인가?' 라는 성찰이 더 중요하다. 선교를 하는 것도 좋고, 전도를 하는 것도 좋다. 다른 문화권을 찾아가든, 같은 문화권을 찾아가든 그다지 중요하지 않다. 정말 시급한 문제는 '건강한 그리스도인인가, 건강한 그리스도인이 아닌가?' 이다. 자신의 죄를 회개하여 죄 사함을 받고 주님께로부터 뼛속까지 시원해지는 경험을 해야 한다. 아울러 비로소 성령 충만함을 받아 주님을 위해 일하고 싶은 독보적인 능력이 생긴 그리스도인이 되는 것이 우리의 가장 궁극적인 문제이다.

건강한 그리스도인이 되기 위해서는 어떻게 해야 할 것인가? 능력이 생기면 행동하고, 행동하면서 방법을 터득하자. 물론 능력이 생긴 그리스도인에게 방법을 가르치는 건 매우 중요하다. 그러나 우선순위가 뒤바뀌면 안 된다는 생각을 어느 집사님의 고백을 통해 깊이 깨달았다. 싱가포르 집회는 많은 은혜와 깨달음과 복음에 대한 열정을 더하는 행복한 시간이었다.

## 2.
## 싱가포르에서의 송구영신예배

2003년 12월 31일에 싱가포르 공항에 도착하였다. 지금 한국에서는 송구영신예배 준비에 여념이 없을 것이다. 쿠알라룸푸르에서 전화상으로 안디옥의 모든 성도들, 특히 시험에 빠진 성도나 믿음이 흔들리는 성도, 여러 가지 사정으로 오랫동안 교회에 나오지 못한 성도 등이 송구영신예배에 꼭 참석하도록 힘써 달라고 목회자들에게 부탁했다. 한인선교교회는 내가 싱가포르에 왔기 때문에 송구영신예배를 취소하고 저녁 부흥회로 대신했다. 저녁 7시 30분에 시작된 부흥회는 밤 10시 30분에 끝났다. 한국 시간으로는 밤 11시 30분이었다.

안디옥은 행신예배당에서 연합으로 송구영신예배를 드릴 것이다. 사무실에 사람이 있을 리 없지만 혹시나 해서 행신예배당에 전화를 하였다. 반갑게도 박 전도사가 전화를 받았다. 나는 순간적으로 안디옥의 사랑하는 자녀들에게 신년 축복의 인사를 하고 싶었다. 그래서 "박 전도사님, 내가 전화로 신년 인사를 하고 싶은데 기술적으로 가능한가?"라고 물어보니 자기는 잘 모르겠다고 했다. 전화기 너머 송구영신예배를 드리는 소리가 들렸다. 이 목사님께서 다시 전화를 받았다. "목사님, 지난번 AFC 선교의 밤에 몰도바 선교사님과 전화 인터뷰한 것처럼 내가 전화로 신년인사를 할 수 있겠소?" 이 목사는 방법을 알아보겠다고 했다.

부흥회를 마치고 숙소에 돌아와서 안디옥으로 전화를 걸었더니 방송실의 박 집사님이 "목사님, 전화로 신년 축복 인사를 할 수 있도록 조치하였습니다"라고 반갑게 말하며 메시지를 전하라고 했다. 전화기 너머로 미얀마에서 보낸 송구영신 메시지 "불가능에 도전하라"는 10분짜리 영상물을 방영하는 소리가 들렸다.

"할렐루야! 신년에 하나님의 은혜와 복이 안디옥의 성도들에게 넘치기를 축원합니다. 신년에는 더 건강하고, 행복하십시오. 그리고 더 예수님처럼 삽시다."

내 인사와 축복 메시지가 계속되는 동안 행신예배당을 가득 메운 사랑하는 자녀들이 "아멘!"으로 화답하는 소리가 들렸다. 싱가포르는 밤 11시 10분, 한국은 2004년 1월 1일 0시 10분이었다. 신년 축복 인사를 성도들에게 하고 나서 얼마나 행복하던지, 나는 잠시 흥분을 가라앉히고 아이들과 함께 가족 송구영신예배를 드리자고 제안했다. 싱가포르는 2003년 12

월 31일 밤 11시 15분. 아이들에게 30분 후에 송구영신예배를 드릴 테니까 각자의 방에서 짐을 정리하고 오라고 하였다.

밤 11시 45분, 우리 가족은 숙소에서 송구영신예배를 드렸다. 생애 처음 시무하는 교회를 떠나 해외에서 가족과 함께 송구영신예배를 드리게 된 것은 안디옥 세계일주 선교여행 때문임을 이야기하고, 찬송가 404장 "그 크신 하나님의 사랑"을 부른 뒤 아내가 기도하였다. 목이 메어 한동안 기도를 이어가지 못하던 아내는 겨우 기도를 마쳤다. 나는 지난해 하나님께서 우리 가족에게 주신 넘치는 은혜를 말하였다.

첫째, 성령 충만함을 허락하시며 성령에 이끌려 살게 해주신 은혜.
둘째, 안디옥 세계일주 선교여행에 우리 가족을 선발해서 보내 주신 은혜.
셋째, 빛나에게 좋은 배필을 주셔서 신영이가 한 가족이 된 은혜.
넷째, 가족 모두가 건강한 모습으로 주님 섬기는 은혜.
다섯째, 새 공간으로 이사해서 합숙하며 선교여행을 준비하게 하신 은혜.
여섯째, 누리를 건강하고 지혜롭게 자라게 해주신 은혜.
일곱째, 석영이와 혜화가 M. Div.를 마치고, 신영이가 M. Div. 과정을 하며, 한나가 석사 과정을 마치고 연주자 과정에 들어갈 수 있도록 하신 은혜.
여덟째, 좋은 성도와 좋은 동역자들을 주셔서 행복하게 목회하게 하신 은혜.
아홉째, 어머니 기념 예배당을 건축하게 하신 은혜.

계속해서 그 은혜를 고백하면 너무 많은 시간이 걸릴 것 같아 이만 줄

이고, 우리 안디옥성결교회에 주신 은혜를 말하였다.

첫째, 성령 충만하게 하셔서 부흥하게 해주신 은혜.
둘째, 가장 좋은 위치에 가장 싼 땅의 예배당 부지를 매입하게 하신 은혜.
셋째, 초대 안디옥 교회를 재현하게 하셔서 안디옥 세계일주 선교여행에 주임목사를 보내 300만 영혼을 구원케 하신 은혜.
넷째, 세계 여러 나라에 20여 개의 예배당을 건축하게 하신 은혜. (앞으로 1년 동안 더 임무를 완수해서 40여 개가 건축될 것을 믿습니다.)
다섯째, 안디옥성결교회 예배당을 레포츠 교회당으로 건축하도록 하신 은혜.
여섯째, 좋은 일꾼인 서리집사, 안수집사, 권사들을 세우게 하신 은혜.
일곱째, 좋은 목회자들이 교회를 섬길 수 있도록 하신 은혜.
여덟째, 좋은 장로님들과 목자들과 권사, 집사, 각 기관의 일꾼, 찬양대원, 안내위원, 각 팀장과 도우미와 팀원들을 주신 은혜.
아홉째, 새로운 성도들을 주신 은혜.

역시 안디옥성결교회에 주신 은혜를 계속 고백하면 시간이 너무 길어질 것 같아서 이만 줄이고, 하나님의 은혜에 그저 감사하자, 그러나 이 정도로만 머물지 말자, 신년에 하나님께 더 큰 은혜를 받기 위해 노력하자고 독려하였다. 아울러 빌립보서 3장 12절부터 16절 말씀을 읽고, 우리의 푯대인 안디옥 세계일주 선교여행 완수를 위해 어디까지 이르렀든지 중단하지 말자, 계속해서 위에서 뜻하시는 '부름의 상'을 받자고 설교하였다.

마지막으로 안디옥 성도들을 위한 축복의 기도를 이곳에서 통성으로 하고 우리의 선교여행을 위해 기도하였다. 열심히, 뜨겁게, 눈물로 우리는 성도들을 위해 신년 축복의 기도를 하였다.

"오! 주님, 안디옥을 축복하소서, 성령 충만하게 하셔서 모든 성도들이 자기의 생각과 경험, 환경을 앞세우기보다는 성령에 이끌려 살게 하소서.
오! 주님, 안디옥의 모든 성도들 가정이 화목하고 평화로우며, 복음으로 하나 되는 작은 천국을 이루게 하소서.
오! 주님, 안디옥의 모든 성도들 건강을 지켜 주시고 직장과 사업에 복을 내리셔서 십일조가 늘어나고 감사가 넘치게 하소서.
오! 주님, 안디옥의 모든 성도들의 자녀들이 믿음의 용사가 되게 하시고, 지혜와 총명을 더하사 세상에서 머리가 될지언정 꼬리가 되지 않게 하소서.
오! 주님, 안디옥의 모든 성도들이 2004년도에 축복의 기회를 놓치지 않게 하소서. 하나님이 가장 기뻐하시는 세계선교에 동참하여 다윗이 받은 복을 누리게 하소서.
오! 주님, 안디옥의 모든 성도들이 땅 끝 선교사가 되어 동서남북에 전도운동을 일으켜 지역 선교사로서 열매를 맺고, 하나님을 기쁘시게 하며, 자신의 신앙생활에서도 기쁨을 얻게 하소서.
오! 주님, 안디옥의 지체들 중에서 병든 자, 고난당하는 자, 가난 때문에 힘들어하는 자, 시험 들어 고통당하는 자 등을 모두 치료하시고 일으켜 세워 주소서.
오! 주님, 안디옥을 축복하소서."

안디옥을 위한 기도를 마치고 자녀들에게 축복의 기도를 하였다. 석영이와 혜화의 머리에 우리 부부가 손을 얹고 새해 2004년 저들에게 복을 달라고 기도하였다. 그리고 신영이와 빛나의 머리에도 손을 얹고 기도하고, 미국에 있는 한나에게 전화를 해서 2004년도에 하나님의 복이 한나에게 넘치게 해달라고 간절히 축복의 기도를 하였다. 다 기도했을 때 이곳 시간은 새벽 1시 30분쯤 되었다. 이렇게 싱가포르에서 2003년을 보내고 2004년을 맞이하였다.

덧붙여 신년에 가정의 행복을 위해, 하나님을 위해 어떻게 살 것인가 각오를 이야기하라고 했더니 혜화는 누리 때문에 목이 메어 이야기를 이어가지 못한다. 우리 모두 가정의 행복을 위해 자기희생을 먼저 하겠다고 다짐하였고, 하나님을 위해 철저히 믿음으로 순종하며, 안디옥 세계일주 선교여행에 최선을 다하겠다고 고백하였다.

1차 1- 6
# 인도네시아
2004/01/03~2004/01/11

# 인도네시아(인도네시아 공화국)

- 국가 일반 정보
  ① 면적 : 190만km²
  ② 인구 : 2억 4천만(중국, 인도, 미국에 이어 네 번째로 많은 인구를 보유)
  ③ 수도 : 자카르타(9백만 명)
  ④ 언어 : 인도네시아어
  ⑤ 1인당 GDP : 4,500$
  ⑥ 화폐단위 : 루피아
  ⑦ 종교 : 이슬람교 88%, 기독교 7%, 천주교 3%. 이슬람 교도가 1억 7천만 명으로 전 세계적으로 가장 많은 이슬람 교도를 보유. 종교가 없는 사람은 공산주의자로 간주, 신분증에 반드시 종교를 명시함.
  ⑧ 종족 : 자바인(Javanese) 40.6%, 순다인(Sundanese) 15%, 마두라스인(Madurese) 3.3%, 미낭카바우인(Mianangkabau) 2.7%, 베타위인(Betawi) 2.4%, 부기스인(Bugis) 2.4%, 반텐인(Banten) 2%

- 전 세계에서 가장 많은 섬을 보유한 나라 (18,000개).
- 1949년 12월 27일 네덜란드로부터 독립.

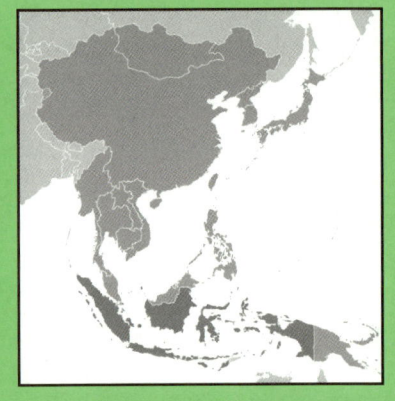

할렐루야, 안디옥 세계일주 선교 팀의(2003.1.3~1.11) 세계최대 회교 국가 인도네시아(인구 2억 5천만 명, 90%가 회교도임) 방문 및 일정은 활활 타오르는 성령의 불꽃이었습니다. 가난과 회교도의 핍박 속에 억눌려 있는 기독교인들에게는 소망의 불쏘시개였으며, 살아 계신 말씀 그 자체였습니다. 열악한 회교 환경 속에서 침체된 이 나라 목회자들에게는 순교의 불씨였고, 복음화할 수 있다는 도전이었으며, 살아 계신 하나님을 체험케 하는 만남이었습니다. 순교를 각오하고 노방에서 외치신 신화석 목사님의 그 담력, 그 능력은 그야말로 시대의 귀감이 된 참 목자의 모습이었습니다. 안디옥 세계일주 선교 팀의 그 수고와 헌신과 열정은 이 나라 복음화에 큰 불쏘시개가 되었음을 고백합니다.

2010년 7월 7일
안태룡 · 김효은 선교사

## 대형 모스크 옆 작은 교회
## 영적 현주소 확인

2004년 1월 30일 〈국민일보〉 보도자료

지난 3일 세계일주 선교 팀을 태운 비행기가 인도네시아 자카르타 공항에 안착했다. 안태룡 선교사 부부가 영접을 나왔다. 선교 팀은 숙소에 여장을 풀자마자 곧바로 싱가포르 선교여행기 기록과 영상편집 작업을 이튿날 새벽 5시까지 계속했다. 이어 잠시 눈을 붙인 뒤 버카시의 한 교회에서 9시 주일예배를 인도했다.

그 교회는 빛바랜 와이셔츠에 넥타이로 한껏 멋을 부린 나이 든 목회자와 촌티를 벗지 못한 젊은 목회자가 공동사역을 하고 있었다. 목사 사택 한쪽을 터서 작은 예배당을 만든 것이다.

허름한 이 교회에서 100m쯤 떨어진 곳에 300여 평 규모의 화려한 이슬람 사원이 세워져 있었다. 인도네시아의 영적 주소를 한눈에 알 수 있었다.

옆에 있는 선교사에게 말을 건넸다. "선교사님, 이곳은 개인 전도가 쉽지 않은 곳 아닙니까? 그렇다면 스스로 나오게 해야 하는데 볼 것이 있어야 나오

▲ 신화석 목사의 세계일주 선교여행 팀은 상가우 안디옥교회에서 헌당예배를 드리고 성도들과 함께 인도네시아의 복음화를 위해 뜨겁게 기도했다.

지 않을까요? 변화된 기독교인의 삶을 본다든지, 자기 집보다는 깨끗해서 한 번 들어가 보고 싶다든지……."

예배를 마친 뒤 선교 팀은 한국에 글과 사진을 보내기 위해 PC방을 찾았지만 그곳에는 PC방이 없었다. 할 수 없이 자카르타에 있는 인도네시아 국립대를 찾았다. 학생들이 사용하는 컴퓨터를 빌리기 위해서였다. 그런데 인터넷 서버가 다운이 돼 사용할 수 없었다. 한 학생에게 근처 PC방을 안내해 달라고 했다.

여러 PC방을 찾아갔지만 우리 노트북과 연결해서 사용할 수 없었다. 2시간을 헤매다가 지쳐 버렸다. 겨우 한 곳에서 메일을 열어 보고 글을 보낼 수 있었다. 그러나 문제는 사진을 보낼 수 없다는 것. 4시간 동안 PC방에서 씨름한 뒤 결국 포기하고 되돌아올 수밖에 없었다.

선교 팀은 5일 인도네시아의 정치, 경제, 역사, 문화, 교육, 종교 및 기독교 전래와 선교현황에 대한 강의를 들었다. 그리고 6일(화요일)부터 목회자 세미나와 평신도 전도 부흥회를 인도했다. 인도네시아인들은 매우 진지했고 뜨거웠다. 통역을 통해 강의하고 설교하는 것이 답답했다. 영성과 감정이 잘 전달되지 않기 때문이었다. 그러나 반응은 뜨거웠다. 인도네시아의 영혼을 우리 손에 맡겨 달라고 뜨겁게 기도했다.

안디옥 지원 팀이 와서 너무나도 반가웠다. 그들은 '24365'(24시간 365일 계속 기도) 무릎 선교사들과 중보기도 팀의 기도가 우리를 돕고 있다는 따뜻한 소식을 갖고 왔다. 지원 팀이 가져온 컵라면, 된장, 고추장, 멸치, 가래떡, 김 등을 모두 선교사에게 전달했다.

자바 섬에서 마지막 집회를 인도한 뒤 갑자기 혈압이 오르더니 머리가 터질 것만 같았다. 자리에서 일어나 달리는 차 안에서 머리를 감싸고 기도했다.

"저를 긍휼히 여기소서. 선교지에서 순교자가 되는 것은 영광입니다. 그러나 반신불수가 된다면 주님의 영광을 가리지 않겠습니까? 혹시 뇌혈관이 터져 피가 나오고 있으면 응고되지 않고 깨끗이 흘러내리게 하소서."

30분 동안 계속 기도하다 보니 숙소에 도착했다. 저녁식사도 할 수 없었다. 침대의 작은 흔들림도 거슬렸다. 밤 11시쯤 되자 아픔이 점점 약해졌다.

내일 새벽 4시에 일어나 칼리만탄으로 갈 수 있을지 선교 팀과 지원 팀 모두 걱정했다. 일정을 포기하자는 제안도 있었다. 고민 끝에 일정대로 진행하자고 결정했다.

▲ 폭염과 열악한 도로 사정에도 불구하고 선교 팀은 인도네시아 곳곳을 누비며 복음의 전달자가 되었다.

자카르타에서 비행기로 2시간 걸려 칼리만탄 폰티아낙으로 이동했다. 우리는 25인승 버스를 대절했다. 지난밤 너무 시달려 몸의 기운이 다 빠져나간 듯했다. 땀을 비 오듯 흘리며 8시간 만에 상가우에 도착했다. 호텔에서 샤워를 하고 나니 몸이 조금 나아지는 것 같았다.

다음 날도 강행군이었다. 아침 6시 선교 팀은 간단히 식사를 한 뒤 대절 버스에 올라 2시간쯤 이동했다. 도로 사정이 엉망이었다. 마침내 상가우 안디옥교회에 도착했다. 그곳에서 벽돌로 지어진 건물은 교회가 유일했다. 모든 집이 움막이었다. 상가우 안디옥교회는 개척한 지 1년 만에 장년 60명, 어린이 100여 명이 출석하고 있었다. 헌당예배에는 모두 120여 명이 참석, 감격스러운 예배를 드렸다.

그곳은 전기도 없고 식수도 빗물을 받아 먹고 사는 오지다. 문화 혜택은 전혀 받지 못하고 있었다. 식사는 밥과 소금에 절인 나물 한 가지가 전부였다. 오지에서의 3일은 무척 힘들었지만 무척 유익했다.

인도네시아 선교여행을 통해 현지의 강한 영성 확립을 위해 기도해야 한다는 것을 깨달았다. 17년간 사역한 한 선교사는 "인도네시아 최대의 신학교 학장이 몸이 아파 무당에게 가서 기도를 받고 부끄럼 없이 선교사에게 털어놓을 정도"라고 탄식했다.

하지만 청신호도 있었다. 한인 선교사들을 통해 곳곳에서 기도운동이 일어나고 있었다. 그러나 무서운 장애물도 있었다. 600개가 넘는 모슬렘 학교가 있다.

복음은 언제나 강력한 반대 속에서 염병처럼 퍼져 나갔음을 기억해야 한다. 따라서 인도네시아의 선교 미래는 결코 어둡지 않았다.

정리 = 함태경 기자

## 1.
## 이브 오르니

폰티아낙(pontianak) 공항에 내리자 적도의 태양은 우리를 밝고 환하게 환영하였다. 우리가 눈을 뜨기 힘들 정도로 태양의 열기는 강렬했다. 강렬한 태양을 헤치며 한 흑인 자매가 우리 앞에 나타났다. 눈망울이 또록또록해서 보는 것만으로도 시원한 자매였다. "슬라맛 빠기!"라고 인사하며 손을 내미는 자매에게 우리도 반갑게 응대하였다.

이 자매는 칼리만탄 섬에 있는 종족이 아니고 동티모르 꾸방 종족이라고 한다. 이 지역에는 320여 개에 달하는 다양한 종족이 있기 때문에 어떤 종족은 우리와 같이 피부가 황색 인종이고, 어떤 종족은 흑인같이 검은 피부를 갖고 있다. 이 자매의 이름은 이브 오르니! 이브는 이곳에 사는 자매들의 이름 앞에 붙이는 수식어이다. 이브 오르니는 필라델피아 신학대학교를 졸업한 안 선교사의 제자라고 한다. 나이가 34세인 처녀인데, 그녀가 이곳에 와서 교회를 개척하게 된 이유는 오촌 아저씨가 상가우 지역으로 오래전에 이사를 와서 살고 있기에 그 아저씨를 연고로 이 지역을 선택해서 개척하였다고 했다. 이브 오르니처럼 복음도 인간관계를 통해 전파되는 것이다. 관계 전도의 중요성을 다시 한 번 일깨워 주는 사실이다.

커다란 눈망울과 얼굴에서 나타나듯이 그녀는 매우 열정적이고 활동적인 모습으로 우리 선교 팀과 합류하였다. 찜통더위에도 경비를 절감하려고 에어컨이 나오지 않는 버스 25인승을 대절했고, 우리 선교 팀 6명, 현지 지원 팀 3명, 선교사 부부 2명, 이브 오르니, 교회 일꾼들, 버스기사 두 사람, 차장 두 사람이 타서 버스 안은 비좁고 무척 더웠다. 장거리를 2일 만에 다녀와야 하기 때문에 운전기사가 두 사람 동승하게 된 것이다.

버스는 폰티아낙을 출발해 7시간 30분 만에 상가우에 도착하였다. 빠듯한 일정에 지저분한 여인숙과 같은 곳에서 하룻밤을 머물렀지만 내 몸은 조금씩 회복되었다. 안디옥 냄새가 참 좋다. 우리는 새벽녘까지 선교에 대한 이야기로 꽃을 피우며 행복한 시간을 가졌다. 선교 팀들은 틈틈이 영상작업을 하였다. 새벽 2시가 넘어 지원 팀과 헤어지고 글을 정리하고 겨우 잠들었다.

아침 6시에 기상해서 7시에 출발하면서 현지인들이 제공한 빵 한 조각과 음료수로 허기를 달래고, 상가우에서 진흙탕 길을 2시간 만에 달려 에스빼 지역에 도착하였다.

우리는 아침에 상가우 숙소에서 잠깐 동안 오늘 전할 하나님의 말씀을 나누었다. 오늘은 이중 통역을 해야 한다. 내가 설교하면 안 선교사가 인도네시아 말로 통역하고, 이브 오르니가 다약족 언어로 통역을 하게 된

▲ 상가우 안디옥교회 헌당예배를 드리기 위해 가는 신화석 목사와 이브 오르니(왼쪽).

다. 마태복음 16장 16절에서 20절 말씀을 중심으로 설교 요점을 정리해서 몇 번씩 확인했다. 그 이유는 통역을 통해 전달되는 내용이 얼마나 중요한 것인지를 뼈저리게 느꼈기 때문이다.

드디어 헌당예배 시간이다. 이 예배당은 예배실 50평, 교육실 18평으로 지었으며 시골에서는 꽤 큰 예배당이다. 공사는 95%가 진척되어 있었지만 우기라서 완공하지는 못했다.

설교 시간에 이브 오르니의 열정은 대단하였다. 그녀의 목소리는 확성기가 없어도 성도들을 압도하였다. 그녀의 달변은 듣는 이로 하여금 시원함을 느끼게 했다. 그런데 문제는 너무 흥분해서 설교만 통역하는 것이 아니라 설교 통역을 하다가 자신이 감동받은 내용을 다시 간증하는 식으로 이야기하는 것이었다. 그래서 내가 설교를 하다가 한참을 기다려야 하는 웃지 못할 일들이 벌어졌다. 나는 안 선교사에게 이브 오르니에게 흥분을 가라앉히고 통역에 집중하라고 부탁했다.

그래도 그녀의 열정이 좋다. 그녀의 열정이 적도의 태양빛을 압도해서 나는 설교 시간에 더운 줄을 모르고 설교하였다. 복음의 역사는 저렇게 뜨거운 사람들에 의해서 엮어져 가는 것이다. 분명 상가우 에스빼 두아 지역에 이브 오르니는 복음의 새로운 역사를 써갈 것이다.


## 2.
## 뚜한 멍하시이 사우다라 사우다리

"뚜한 멍하시이 사우다라 사우다리"(하나님은 여러분을 사랑하십니다).

칼리만탄 상가우 에스빼 두아 지역에 세워진 상가우 안디옥교회 헌당식에서 어느 집사가 한 말이다. 그리고 그는 계속 말을 이어갔다.

그는 이 지역에서 1시간 이상 가야 나오는 곳에 있는 교회 집사라고 하였다. 티모르 섬에서 이곳에 온 지 15년이 지났단다. 이곳에서 신앙만 붙들고 살다가 오래전에 이슬람의 공격을 받아 아들이 살해당한 사연이 있었다. 그의 가슴에는 순교자의 피가 얼룩져 있는 것이다. 그는 지금도 아들이 보고 싶다고 한다. 하지만 순교당한 아들의 피가 이 지역에 복음을 확장시켰고, 에스빼 두아 지역에 상가우 안디옥교회 예배당이 세워져 하나님께 감사하며, 하나님께서 여러분을 사랑하신다는 것을 절실히 깨달았다고 눈시울을 적시며 이야기하였다. 아울러 이 예배당을 세워 준 한국의 안디옥성결교회에 감사하다는 축사를 하였다.

집사의 간증과 축사에 진한 감동이 밀려왔다. 순교당한 어린 아들의 피가 이곳에 복음의 거름이 되어 하나님의 나라가 확장되어 가고 있다는 집사의 신앙고백은 바로 기독교의 복음이었다. 기독교는 피를 먹고 자라나는 종교이다. 예수님께서는 내 살을 먹지 아니하고, 내 피를 마시지 아니한 자는 내게 합당하지 않다고 말씀하셨다.

예수 그리스도의 대속의 죽음을 믿는 것은 그의 살을 먹고 그의 피를 마시는 것이다. 곧 이것은 복음이다. 그리스도인들은 복음을 전파하는 곳에서 복음을 싫어하는 자들에 의해 무수한 위협과 핍박을 받았다. 그래도 굴하지 않고 복음을 전파하다가 순교의 피를 흘린 신앙의 선배들을 우리는 헤아릴 수 없다. 순교한 이들의 피를 먹고, 복음은 연한 순처럼 온 땅을 덮어 나가고 있는 것이다.

상가우 에스빼 두아 지역도 예외가 아니었다. 폭염 속에서도 경비 때문에 에어컨이 없는 버스를 타고 8시간 가까이 걸려 이곳에 도착한 선교팀은 상당히 지쳐 있었다. 그렇지만 우리는 복음을 전해야 한다. 우리의 사명이기 때문이다. 우리는 또다시 폭염과 진흙탕길을 뚫고 다시 8시간 이상을 되돌아가야 한다. 아직도 먼 선교여행의 길을 가야 한다.

## 3.
## 매주 500여 만 명의 군중에게 메시지를 전하는 기쁨

인터넷 사용처를 찾기 위해 자카르타에 있는 국립대학교를 찾았지만 서버가 고장났다고 한다. 사용을 하게 되더라도 너무 속도가 느려서 인터넷을 사용하기 힘들 거라고 덧붙였다. 다시 수소문해서 인터넷 사용처를 찾았는데 우리가 가지고 간 노트북을 연결할 수 없다고 했다. 우리들이 쓴 원고와 사진을 한국에 보낼 방법이 막혔다.

인도네시아 대학생의 안내를 받아 겨우 찾은 인터넷 사용처에서 교회 홈페이지에 접속했고, 메일도 열어 보았다. 속도에 대해서는 더 말하고 싶지 않다. 거기서 4시간은 소요한 것 같다. 기다리는 선교사님 가족과 선교 팀들이 너무 힘들어했고, 특히 한국의 기독교 TV에 보낼 영상을 촬영하고 편집하는 일, 극동방송국에 생방송 대본을 써서 보내고 시차가 다른 나라에서 시간을 맞추어 방송하는 일, 〈국민일보〉와 기독교 주간지에 원고를 써서 발송하고 사진을 보내는 일 등은 선교 팀을 몹시 힘들게 했다. 그래서 선교 팀은 언론과의 관계를 끊고 선교사역을 하는 게 체력과 시간을 절약할 수 있겠다는 결론을 내렸다. 그런데 숙소로 돌아오면서 너무나 놀라운 사실을 깨닫고 흥분하여 동승한 식구들에게 목청을 높여 이야기하였다.

나는 매주 500여 만 명이 넘는 군중을 모아 놓고 메시지를 전하고 있다. 선교현장에서 직접 접촉하는 사람들은 전도훈련을 받는 목회자와 성도들, 부흥회에 참석하는 성도들, 선교 세미나에 참석하는 선교사님들이다. 그 숫자가 많은 곳은 4~5천 명이고, 적은 곳은 1천여 명에 불과하다.

그렇지만 나는 매주 500여 만 명이 넘는 군중에게 하나님의 말씀을 전하고 있다. 왜냐하면 〈국민일보〉 독자, 기독교TV 시청자, 기독교 주간지를 구독하는 목회자, 극동방송을 청취하는 헤아릴 수 없는 사람들을 모두 합하면 500여 만 명이 넘는 것이다. 이 엄청난 수의 사람들에게 매주 선교현장에서 우리들이 몸으로 쓰는 신 사도행전을 통해 하나님의 음성을 전달하고 있다. 신문기사로, TV 영상으로, 생방송으로! 그뿐인가? 인터넷에 올린 기사와 각처에 보낸 메일이 또 얼마나 많은 사람들에게 영적인 자극을 주고 있는가?

지난밤에도 뜬눈으로 아침 6시까지 작업을 하고, 1시간 정도 새우잠을 자고 주일예배를 드리러 등에다 모두 15kg 이상씩 장비를 짊어졌지만 가슴에는 복음의 메시지와 사랑을 담고 선교현장으로 출동하였다. 그리고 힘들게 찾은 인터넷 사용처에서 4시간 가량을 쭈그리고 앉아서 메시지를 보냈다.

나는 선교 팀에게 큰소리로 외쳤다. 우리는 매주 500여 만 명의 군중을 모아 놓고 설교를 하는 위대한 설교자이다. 일주일에 며칠씩 날밤을 새우며 편집하고, 낮에는 선교현장을 찾아 복음을 전하며, 모든 사역을 촬영하고 편집하는 힘든 일들은 500여 만 명의 군중에게 설교하기 위해 준비하는 것이다. 힘들다고 불평하지 말자. 그리고 두려워하지도 말자.

▲ 〈국민일보〉, 〈들소리신문〉 등 여러 곳에 나온 선교사역 기사를 읽고 있는 선교 팀.

500여 만 명의 군중에게 몸으로 쓰고 있는 하나님의 음성을 바르게 듣게 하자. 그 열매를 짐작할 수 있겠느냐?

열변을 토하는 나에게 넘치는 힘, 폭발적인 힘이 솟아난다. 선교 팀의 눈빛이 예사롭지 않다. 억수같이 쏟아지는 빗길을 달리는 자동차 안에서 새삼스럽게 깨달은 것이다. 성령님께서는 힘들어하는 우리들을 격려하고 새 힘을 주시기 위해 지금까지 깨닫지 못했던 놀라운 사실을 깨닫게 해주신 것이다. 정말 힘이 솟는다.

매주 500여 만 명에게 1년 동안 설교를 할 수 있다니 놀랍다. 적어도 1년 동안에 1억 명 이상의 군중에게 하나님의 메시지를 전하는 이 엄청난 일을 우리들이 하고 있는 것이다. 300만 명의 영혼을 구원하는 일은 결코 어렵지 않다. 차 안에서 선교 팀은 다시 각오를 새롭게 다졌다.

숙소에 돌아와 전략회의를 하고 새 힘을 얻고 오늘 촬영한 테이프와 사진과 글을 편집하는 작업에 들어갔다. 손놀림과 눈빛들이 이전 같지가 않다. 깨달음, 그것은 은혜이다. 그래서 성경은 깨닫지 못하는 사람은 멸망 받을 짐승만도 못하다고 하였다. 이 엄청난 사실을 깨닫게 해주신 성령님께 감사하며, 안디옥성결교회 선교국장 김승호 목사에게 전화해서 군중 앞에서 이 놀라운 메시지를 전하는 좋은 일에 함께 노력하자고 당부했다.

여호와 이레, 여호와 닛시!

### 1차 1-7
# 태국
2004/01/12~2004/01/18

## 태국(타이 왕국)

- 국가 일반 정보
  ① 면적 : 51만km²
  ② 인구 : 6,500만
  ③ 수도 : 방콕(645만 명)
  ④ 언어 : 태국어
  ⑤ 1인당 GDP : 8,500$
  ⑥ 화폐단위 : 바트(Baht)
  ⑦ 종교 : 불교 93%, 회교 4%, 기독교 1%
  ⑧ 종족 : 4개의 주요 종족 - 타이 78%, 중국 12%, 말레이 4%, 몽크메르 3.7%

- 타이(Thai)는 태국어로 '자유'라는 뜻. 즉 타일랜드(Thailand)는 자유의 땅이라는 뜻이다.

안디옥 세계일주 선교 팀과의 동역을 통해 2004년 1월 12~18일 제 1단계 일곱 번째 국가로 자유와 미소의 나라 태국에서의 6박 7일간의 선교 일정이 진행되었다. 선교사가 느끼기는 AWMJ의 1~4차에 걸친 신 사도행전의 선교 발자취가 한국 교회와 선교지에 신선한 충격과 도전을 던져 준 획기적인 역사였다고 믿는다. 나는 신 목사님의 이번 선교사역의 취지와 동기를 전해 들은 바 있다. 그것은 바로 세계일주 전도사역을 통해 신 목사님 자신이 목회자로서의 정체성을 찾는 기회가 되었다고 한다. 이 말씀에 태국 선교지에서 선교사로 사명을 감당하고 있는 선교사로서 많은 부끄러움과 도전을 인식하는 계기가 되었으며, 나 또한 선교사로서의 정체성을 찾는 은혜의 순간이 되었다.

선교지 태국은 현지 목회 지도자들의 지도력 부재와 침체의 문제들을 안고 있다. 그런 가운데 AWMJ 선교 팀의 잠든 영혼을 깨우는 영성 세미나는 이날 참여한 현지 목회자들뿐만 아니라 한인 선교사들의 영적 재충전의 계기가 되었다는 데 큰 점수를 주고 싶다.

가장 감동되고 도전이 되었던 사실은 선교 팀의 일정이 여러 위험요소와 환경, 문화, 음식, 언어, 그리고 현지에서의 토착병 등 수많은 어려움들에 노출되었을 텐데 끝까지 인내하며 그 험난한 사역을 마쳤다는 사실이다.

결론적으로 내가 본 AWMJ의 신 사도행전을 써가는 1~4차 선교사역은 하나님의 지상명령에 대한 순종을 통해 하나님의 이름을 높이는 계기가 되었으며, 많은 교회들과 선교지가 이 계기를 통해 도전을 받아 전도의 불길을 댕길 수 있는 기회가 되었다고 본다. 또한 각 방문국의 최고 전문가들을 통해 현지의 뜨끈한 최신 선교 정보를 수집해서 한국 교회들과 공유하는 역할이야말로 너무나 아름다운 선교의 방법이요 모범이 아닌가 싶다.

이번 신 사도행전의 발자취를 통해 선교지 태국에도 4개의 교회가 세워졌다. 그리고 훈련된 사역자들을 통해 지금 수많은 영혼들이 복음을 전해 듣고 구원받아 주께로 돌아오고 있다. 이제 제5차 세계일주 선교사역의 과정과 열매가 침체에 빠져 있는 한국 교회에 더 큰 도전과 충격을 줄 수 있는 계기가 되길 바라며, 이 사역에 기도와 협력으로 동역하길 기대해 본다.

2010년 7월 10일
송형관 선교사

## 시장바닥서 노방전도 땐 구속된다 말려

2004년 2월 6일 〈국민일보〉 보도자료

　인도네시아 자카르타 공항에서 태국행 비행기에 오르면서 귀향하는 기분이 들었다. 안디옥교회가 15년 전부터 태국선교에 힘써 좋은 동역자들이 많이 있기 때문인 듯했다.

　방콕 돈무앙 공항에 내린 뒤 국내선 비행기를 타기 위해 61번 게이트에 앉아 있는데 "와!"라는 함성과 함께 "목사님" 하며 안디옥교회 성도 20여 명이 몰려왔다. 자리에서 벌떡 일어나 뛰어가 얼싸안고 기쁨을 이기지 못해 얼굴을 비비며 안부를 묻고 사랑을 고백했다. 그러는 사이 기독교 TV 동행 취재팀이 우리의 모습을 일일이 촬영하고 이곳저곳에서 카메라 플래시가 터지면서 61번 게이트가 소란해졌다. 탑승을 기다리던 많은 사람들의 시선이 집중됐다.

　그리스도의 복음을 전하라고 세운 천국의 대사 26명이 목적지 컨캔 공항에 도착하자 태국복음주의총회(GCT) 교단 총회장과 부총회장을 비롯한 임원

▲ 태국복음주의총회장의 우려에도 불구하고 신화석 목사 등 26명의 안디옥교회 선교 팀은 참 진리를 알지 못한 상태에서 살고 있는 태국인을 대상으로 노방전도에 나섰다.

진,예수전도단(YWAM) 김성일 선교사, 침례신학대 교수이자 교회개척 사역을 하고 있는 장인식 선교사, 안디옥학사(ATC) 훈련생들, 미국기독선교연맹(CMA) 선교사들, 우리 교회가 파송한 송형관, 배명실 선교사 등으로 이루어진 대규모 환영단이 우리를 반겼다. 꽃목걸이와 꽃다발, 태극기, 현수막이 공항을 온통 점령했다. 우리는 버스와 승용차, 트럭에 분승해서 안디옥선교센터로 이동했다. 선교센터에서는 ATC 학생들이 축포를 터뜨리고 국기를 흔들며 영접했다. 지금까지 너무나 고달픈 선교 여정이었는데 정신이 번쩍 들고 피곤이 확 풀리는 것 같았다.

태국의 일정도 빡빡했다. 대형 집회와 목회자 세미나, 안디옥선교센터와 3개의 예배당 헌당식 등.

저녁에 태국동북부신학교(NBS)의 교회당 겸 실내체육관에서 부흥집회를 가졌다. 태국에서 유명한 통기타 가수 키아스가 복음송을 부르고 간증을 했다. 그리고 내가 복음을 전했다. 낮에는 태국의 역사, 문화, 교육, 정치, 경제, 종교, 기독교의 전래와 현황에 대한 강의를 들었다. 이번에는 아시아에서 캠퍼스가 두 번째로 큰 컨캔 대학 교수들이 초빙돼 강의했다. 다음 날부터 목회자 전도세미나를 인도했다. 15년간 태국을 방문하면서 많은 집회를 인도했었지만 이번이 가장 큰 집회였다.

전도훈련을 시킨 뒤 목회자들을 모시고 노방전도와 축호전도 실습을 진행했다. 사람이 많이 모이는 시장바닥에서 소리 높여 노방전도를 하려고 하자 총회장이 말렸다. 고발하면 구속되니 하지 말라고 권유했다. 무엇이 두렵단 말인가?

우리는 노방전도와 축호전도를 마친 뒤 안디옥교회가 세운 예배당과 안디옥선교센터 헌당식을 가졌다. 자리가 없어 사람들이 마당에까지 의자를 놓고 앉았다. GCT 총회장과 임원진, CMA 선교사들, 예수전도단 선교사들, ATC 학생 부모님들, 반타이 안디옥교회 성도 200여 명, 그리고 안디옥 선교 팀과 지원 팀, 지역 주민들이 모였다. 주께서 높은 보좌에 앉으시고 그의 옷자락이 성전에 가득한 환상을 보여 달라며 찬양했다. 감동적이었다.

이번 선교여행 중 안디옥교회는 정유미, 황명주 선교사를 각각 베트남과 미얀마 파송 선교사로 결정했다. 나는 안디옥선교센터 헌당식에 그들을 초청, 파송예배까지 드리고 선교전략회의를 가졌다.

안디옥교회와 파송 선교사들은 크게 네 가지 사역에 집중하기로 결정했다. 첫째, 선교지의 선교 정보를 정확하게 파악한 뒤 선교전략을 세운다. 둘째, 이미 배출된 목회자와 신학생들을 재교육하되 영성 개발과 전도훈련, 지도력 개발에 주력한다. 특히 국경을 넘어 함께 모여 재교육하는 일을 추진한다. 셋째, 교회개척 사역과 교회당 건축 사역은 현지인들이 중심이 돼 헌신토록 한다. 자립정신을 심어 주고 작은 부분에 대한 재정 협력을 통해 실질적인 부흥을 이끈다. 넷째, 불교 국가의 특성상 장년 전도가 힘들기 때문에 어린이와 청소년 사역에 중점을 둔다. 실제로 반타이 안디옥교회는 좋은 사례로 컨캔 시에서 어린이들이 가장 많이 모이는 교회다.

전략회의뿐 아니라 태국 선교사들과의 좌담회를 통해 태국선교를 진단하는 시간도 가졌다. 태국선교는 참으로 미묘한 환경 속에 있다는 것을 느꼈다. 선교를 개척의 시기, 동역의 시기, 위임의 시기로 나누는데 현재 태국은 이 세 시기가 공존하고 있는 곳이다. 그래서 태국선교는 어찌 보면 약간의 혼돈 속에 있다고 할 수 있다. 그러나 우리가 파송 선교사들과 함께 세운 인도차이나반도 선교전략은 태국에도 유효했다.

태국 선교여행 역시 버거운 일정 속에 진행됐다. 비록 흡족하지는 못했지만 노방전도를 할 수 있었던 것이 내 마음을 시원케 했다. GCT 교단 목회자 및 평신도들, 그리고 ATC 훈련생들은 전도에 큰 도전을 받았다고 고백했다. "또 와 주었으면 좋겠다"라고 요청하는 소리를 뒤로한 채 우리는 네팔로 떠났다.

정리 = 함태경 기자

## 1.
## 고향에 가는 길

자카르타 공항에서 나는 이상한 감정에 빠져들었다. 고향으로 가는 듯한 야릇한 느낌에 조금은 들떠 있는데 혜화가 "아빠, 고향에 가는 기분이네요. 이상하지요?"라고 말하는 것이었다. 나와 같은 느낌이었나 보다. 고향! 어머니 젖무덤처럼 마냥 편안한 마음을 주는 정신의 요람, 고향에 대한 그리움은 행복을 창조하는 마술사다.

태국으로 향하는 타이 항공에 몸을 실었다. 기내식이 왜 그렇게 맛있는지, 게 눈 감추듯 뚝딱 해치워 버렸다. 빛나가 내 옆에서 "그렇게 맛있으세요?"라고 물으며 웃는다. 태국 음식인데도 꼭 어머니의 손맛이 살아있는 것 같다. 왜 그럴까? 태국을 향해 가는데 꼭 고향에 가는 것 같은 이유는 무엇일까? 조용히 눈을 감고 비행기 의자 등받이에 편안하게 기댄

▲ 선교 팀을 환영해 주는 태국 안디옥(ATC) 학사생들과 GCT 교단 임원 목사님들.

후 나는 곰곰이 생각해 보았다.

　고향을 떠나와 지금 여섯 번째 나라를 향하는 내가 고향에 대한 그리움이 지나쳐서일까? 아니다. 열악한 나라에서, 뜨거운 태양 아래서 너무 고생을 했기 때문에, 지금까지 다녔던 나라보다는 다소 나은 나라여서일까? 아니다. 싱가포르는 우리나라보다 훨씬 경제수준이 높았지만 이런 느낌은 갖지 못했다. 한국인의 물결에 파묻히고 싶었는데 한인선교교회에서의 집회가 행복했던 것은 사실이지만 꼭 고향 같다는 생각은 들지 않았다. 그렇다면 오늘 한국에서 온 20명의 안디옥 지체들이 합류하기 때문일까? 약간은 그런 것 같지만 흔쾌히 전부 그렇다고 말할 수는 없다.

　다시 상념에 잠겨 꽤 많은 시간이 흐른 뒤에야 그 이유를 알게 되었다. 태국에서 안디옥의 선교를 시작한 지 20여 년이 되었다. 어려서부터 키운 제자이며 믿음의 자식인 송형관 선교사가 이곳에서 3대째 사역을 하고 있다. 아울러 안디옥학사에서는 9명의 아이들이 그리스도의 훌륭한 일꾼으로 성장하고 있다. 나는 태국을 열 번 이상 방문한 것 같다. 올 때마다 이곳 GCT 교단 임원들이 언제나 공항까지 나와서 변함없이 따뜻한 그리스도의 사랑으로 영접해 준다. 그리고 오랜 친구처럼 서로를 신뢰하고 사랑하는 태국 목회자들이 있다. 이런 이유들로 인해 나는 태국에 올 때 마치 고향에 가는 듯한 착각을 하게 된 것이다.

행복하다. 빨리 가서 태국에 있는 많은 사람들을 보고 싶다. 도착하면 찹쌀밥을 먹어야겠다. 손으로 주물럭거리며 찰떡을 만드는 태국인들처럼 손때 묻은 찹쌀밥이 너무 먹고 싶다. 컨캔으로 가는 비행기에서 기내식이 나왔지만 먹지 않았다. 찹쌀밥을 먹기 위해서였다. 고향 가는 길은 너무 편안하다. 고향 가는 길은 언제나 마음이 들뜬다. 그런데 한국으로 가는 길은 아직 멀다. 천국으로 가는 길은 진짜 고향길인데 언제나 그 시간이 다가올까? 그냥 소망하며 행복해야지. 갑자기 어머니가 보고 싶다.

"내 고향으로 날 보내주오." 혼자 흥얼거리며 불러 보는 노래이다.

## 2.
## 죽음이 우리를 기다리고 있다

어젯밤 ATC 학생들과 새벽이 될 때까지 이야기꽃을 피웠다. 그리스도의 사람으로 어떻게 사는지, 어떠한 비전을 갖고 사는지에 대해 이야기하느라 시간 가는 줄 몰랐다. 나는 학사 학생들에게 "태국의 영혼들은 태국인인 너희들이 책임져야 하지 않겠는가? 그리고 그들이 한국 교회보다 더

▲ 차야품 나솜분 교회 헌당예배 후 성도들과 함께하는 선교 팀.

좋은 신앙인으로 세워져야 하지 않겠는가?"라고 질문했다.

"다른 민족이 목숨을 걸고 태국에서 복음을 전하려고 하는데 '책임 못 져요'라는 식으로 발뺌하고 회피하는 현재 태국 지도자들의 모습을 볼 때 한국 교회를 따라잡을 수가 없다. 이제 너희들은 한국 선교사보다 더 경건생활을 실천하고 더 실력을 키워서 한국인 선교사가 이 땅을 떠나 미전도 종족에게 가는 날이 빨리 오도록 성숙한 신앙으로 태국 교회를 새롭게 해야 하지 않겠는가?"라고 당부했다.

ATC 학생들은 참 좋은 신앙인의 모습으로 부쩍 성숙해졌다. 그리스도를 위해 자신들을 드리겠다는 각오가 분명하였다.

소중한 이야기를 나누고 나서 새벽 2시쯤에 잠들었다. 오늘은 새벽 6시에 출발해서 오전 10시경에 도착하는 차야폼 나솜분 교회 헌당식을 한다. 수면 시간이 너무 부족하다. 선교여행을 하며 거의 매일 이렇게 보내고 있다.

　새벽 6시 10분에 일어났다. 조금 늦잠을 잔 것이다. 정신없이 씻고 채비를 해서 나가니까 새벽 6시 20분이다. 아직 아이들이 도착하지 않았다.

　우리들은 ATC에서 7시경에 헌당식을 하는 교회를 향해 출발하였다. 봉고버스 1대, 트럭 1대, 승용차 2대, 픽업트럭 1대에 40여 명이 나누어 타고 ATC 측의 의자 30여 개를 그 교회에 헌납하기 위해 실었다.

　이동하면서 길거리 식당에서 쌀국수로 아침을 때우고, 고속도로의 차량 행렬에 합류했다. 워낙 수면이 부족했던 터라 이내 잠이 들었는데, 갑자기 "으악!" 하는 비명소리가 들렸다. 정말 순식간에 일어난 일이었다. 우리가 타고 가는 봉고가 옆 차와 충돌하기 직전의 상황이 발생한 것이었다. 다른 한쪽에는 오토바이가 있었다. 차는 요동쳤고, 나는 조용한 목소리로 "주여!" 하고 부르며 하나님의 도우심을 구하였다. 순간 우리가 탄 봉고는 충돌을 면하고 갈 지자로 요동치다가 제 페이스를 찾았다. 나는 더 이상 아무 말도 하지 않고 눈을 감았다. 그리고 기도하였다. "주님! 죽음이 우리를 기다리고 있군요."

　드디어 차야폼 나솜분 교회에 도착하였다. 사람들이 많이 모여서 예배당을 가득 채우고 마당까지 가득하다. 설교 시간에 나는 다음과 같은 말씀을 전하였다.

　"사랑하는 여러분! 예수님의 최고의 관심은 건물이 아니라 여기 모인 여러분이 예수님을 누구로 알고 있는지, 예수님을 믿는지에 대한 것입니다. 예수님을 석가나 공자나 마호메트와 같이 생각하면 예수님은 기뻐하시지 않습니다. 베드로의 고백처럼 예수님은 하나님의 아들이시요, 나를 죄악에서 건지기 위해 십자가에서 우리를 대속하여 죽으시고, 죽은 지 3

일 만에 다시 살아나신 나의 구주라고 고백하는 사람에게 관심을 두십니다. 이런 사람은 복 있는 사람입니다. 그 이유는 사망의 권세가 예수님을 이기지 못하기 때문입니다. 또 천국 열쇠를 받았기 때문입니다. 이 천국 열쇠를 가지고 천국의 문을 여십시오. 그것은 전도입니다"라고 말씀을 전하였다.

그리고 오면서 교통사고가 날 뻔했던 일을 설명하였다. 선교국장 김승호 목사는 우리 뒤에서 차를 타고 오면서 그 두려운 순간을 생생하게 목격했다고 한다. 그리고 시간을 적어 놓았는데, 2004년 1월 16일 오전 11시 20분……. 한국에 돌아가서 이때 어떤 성도가 중보자로 기도하고 있었는지를 알아보겠다고 하였다. 안디옥성결교회는 선교 팀을 위해 24365 무릎 선교사가 100여 명이 있고, 그들이 기도하고 있음을 소개하였다.

수많은 죽음의 위협이 우리를 삼키려 한다. 이것은 죽음이 우리를 기다리고 있는 것이나 마찬가지다. 고린도후서 11장에서 바울은 복음을 전하면서 강도의 위험, 여행의 위험, 동족의 위험 등과 춥고, 배고프고, 잠자지 못하는 수많은 고통을 겪었다고 전한다. 그러나 이런 것들은 아무것도 아니며 오직 바울을 괴롭혔던 것은 교회를 향한 근심이라고 고백하였다. 나 역시 그렇다.

1차 1– 8
# 네팔
2004/01/19~2004/01/24

## 네팔(네팔 연방 민주공화국)

- 국가 일반 정보
  ① 면적 : 14만km²
  ② 인구 : 3천만
  ③ 수도 : 카트만두(50만 명)
  ④ 언어 : 네팔어(90%가 사용), 영어(700만 명이 2언어로 사용)
  ⑤ 1인당 GDP : 1,100$
  ⑥ 화폐단위 : 루피(NRs)
  ⑦ 종교 : 힌두교(국가 종교) 89%, 불교 7%, 회교 3.5%, 기독교 0.5%
  ⑧ 종족 : 네팔인 55.1%, 마이틸리 10.8%, 보즈푸리 비하리 7.8%, 네와르 2.9%, 사프타리 타루 2.9%

- 2006년까지 네팔 왕국이었다가 2007년 1월에 왕정이 종식되고 민주공화국으로 변경됨.
- 중국(티벳)과 인도 사이에 산으로 둘러싸인 히말라야 산맥의 국가.

## 3일간 걸어 헌당식 온 청년들 잊지 못해

2004년 2월 13일 〈국민일보〉 보도자료

네팔은 겨울이었다. 선교 팀은 그동안 2개월 가까이 따뜻한 지역에서 복음을 전했기 때문에 처음에는 적응하기 쉽지 않았다. 특히 첫날 밤 난방이 되지 않고 더운 물조차 나오지 않는 곳에서 자면서 선교 팀은 모두 감기에 걸리고 말았다. 하지만 하나님의 역사가 동일하게 선교지 네팔에서 이뤄지는 것을 보면서 힘을 얻을 수 있었다.

호산나재단에서 사역하고 있는 김홍국 선교사의 인도로 우리는 카트만두에 여장을 풀었다. 카트만두는 힌두교 신들과 티베트 불교의 불상들로 가득 차 있었다. 힌두교에서는 브라마, 비슈누, 시바 등 세 신이 가장 중요하게 숭배된다. 특히 남녀의 성기가 결합한 모습의 시바 신의 형상은 사원은 물론 카트만두 시내 곳곳에서 볼 수 있었다. 티베트 불교 사원에는 눈(심안)이 그려져 있다. 도를 많이 닦으면 열린다고 불교도들은 믿고 있다. 탑돌이를 하는 순례객들은 종을 치며 경전이 새겨져 있는 기구를 한 바퀴씩 돌리고 지나갔다. 그

▲ 힌두교 수도승에게 그리스도의 복음을 전하고 있는 신 목사.

것을 돌리면 그 경전을 한 번 읽은 것을 의미한다고 한다. 시내 왕궁 옆에는 사찰이 세워져 있고 그 안에는 살아 있는 여신이 있다. 3~4세 때 선택을 하는데 열 가지 정도의 시험을 거쳐 뽑는다고 한다. 왕과 왕비도 1년에 한 번 이 살아 있는 여신에게 경배한다고 한다. 하지만 이 여신은 초경을 하면 신의 능력이 상실되기 때문에 쫓겨나고 새로운 여신으로 대체된다.

선교 팀은 사역에 앞서 네팔의 역사, 문화, 정치, 교육, 경제, 종교 상황들에 대한 강의를 들으며 선교지에 대한 이해를 높였다. 대학교수와 힌두교 전문가, 김 선교사, 네팔에서 가장 큰 교회를 담임하고 있는 몽골만 목사가 강사로 수고해 주었다.

네팔의 역사는 힌두교와 불교 색채가 강한 네와르족 전설을 중심으로 시작됐다고 전해진다. 하지만 문헌의 기록은 12세기부터다. 특히 1769년 프리트비 나라얀사가 이끄는 구르카족이 네팔을 정복하고 수도를 카트만두로 옮기면서 근대국가로 발돋움했다. 현재 네팔은 민주적 입헌군주국가로 가렌트라 국왕이 실권자이고 찬드 수상이 의회를 이끌고 있다.

처음 복음이 전해진 것은 17세기 중반. 그러나 얼마 지나지 않아 첩보원으로 의심을 받아 선교사들은 모두 추방됐으며, 이후 더 이상 복음은 네팔에서 생명력을 갖지 못했다. 그러나 네팔과 국경을 맞대고 있는 인도의 다즐링에서 선교사들은 네팔 복음화를 위해 줄기차게 기도했다. 그러던 중 1951년 2월 트리부반 왕이 새 정부를 세우면서 문호를 개방, 인도 다즐링에 피신해 있던 네팔 기독인들과 선교사들이 입국, 복음이 다시 전해졌다. 그러나 네팔 정부는 선교사들에게 국가 발전에 도움이 되는 개발사업만 허용했을 뿐 정치 및 종교활동은 금지했다.

최초의 교회는 1962년 인도에서 예수를 믿고 돌아온 부디사가에 의해 포카라에 세워졌다. 현재 교회 건물을 갖고 있는 교회는 1,000여 개이며, 가정교회를 포함하면 5,000개에 달한다. 그러나 목회자 중 25%만이 1년 정도 신학교육을 받았을 뿐 대부분이 제대로 교육을 받지 못했다. 선교 팀은 셋째 날 카트만두에서 네팔의 교역자들을 모아놓고 목회학 및 전도학을 강의했다. "예수님처럼 목회합시다, 예수님처럼 전도합시다"라는 주제로 전도와 목회의 모델을 예수님에게서 찾아야 한다고 강조했다.

목회자 세미나를 인도한 뒤 갠지스 강의 발원지에 세워진 힌두 사원을 방문했다. 사원의 중앙을 관통해 시궁창과 같은 물이 흘러가고 있었다. 거기가 갠지스 강 발원지였다. 그곳에는 화장터가 있다. 사람이 죽으면 재빨리 시신을 물에 닿게 한다고 한다. 물은 어머니와 같아서 시신이 물에 닿을 때 영혼이 물을 통해 다시 환생하게 된다는 것이다. 그리고 그 강물 곁에서 화장해서 물에 띄워 보내는데, 강가에서 장작을 쌓아 놓고 화장한다.

선교 팀은 또 라이싱 안디옥교회 헌당식을 가졌다. 현지 기독인들이 성전을 가득 메웠다. 이날 참석한 카망족(히말라야 산맥에 살고 있는 인종) 중에는 중국 국경지대에서 3일 동안이나 먼 길을 걸어온 청년들이 있었다. 이들에게서 느낀 감동은 평생 잊을 수 없을 것 같았다.

한인 선교사들을 위해 "자기 십자가를 지고 갑시다"라는 주제로 특강을 인도했다. 아울러 선교사협회 회장의 사회로 선교 좌담회도 가졌다. 무척 진지하고 감동적이었다. 선교사들은 파송 교단의 선교국 또는 파송단체의 실무진이 선교현장 경험이 풍부한 분들로 채워져야 한다고 강조했다. 또 현지 사정은 아랑곳하지 않고 파송단체의 전략과 계획을 획일적으로 밀어붙여서는 안 된다고 말했다. 선교지에 교단 또는 교회를 세우도록 강요해 현지 교회의 분열을 조장했다면서 회개한 선교사도 있었다. 어린이 사역을 위한 지원을 요청하는 목소리도 있었다.

네팔 사역 일정은 선교 팀에게 결코 쉽지 않았다. 그러나 행복했다. 복음을 위해 순교를 각오한 선교사들과 현지 기독인들을 보면서 네팔의 미래를 그려볼 수 있었기 때문이다.

정리 = 함태경 기자

## 1.
## 네팔의 수도 카트만두

나는 네팔의 수도 카트만두에 대해 '장엄한 히말라야 산맥에 감싸여 세계 최고봉의 산들을 등정하기 위해서 반드시 거치는 도시', 이 정도의 상식 외에는 아는 것이 없었다.

우리 선교 팀은 2004년 1월 19일 오후 4시경 이곳에 도착했는데, 다소 쌀쌀한 겨울 날씨지만 두 달 가까이 적도 근처를 다닌 터라 시원해서 좋고, 정신이 번쩍 들어서 좋았다. 네팔에 대한 첫 느낌은 대체로 좋았다.

수도인 카트만두는 산으로 둘러싸인 분지이다. 카트만두가 네팔의 수도가 된 것은 1769년도에 구르카인들이 네팔 골짜기를 정복하고 수도를 카트만두로 옮기면서였다. 이로써 근대국가로 발돋움할 수 있는 바탕을 마련했다.

▲ 세미나에 참석한 목회자가 기도하는 모습.

공항을 빠져나왔지만 어둠이 짙게 깔리면서 카트만두 시가는 제대로 알아볼 수가 없었다. 가로등이 거의 없고 사방이 어두움뿐이었다. 또한 도로가 좁고 대부분의 건물이 매우 낡았기 때문에 아마도 다운타운에 가면 넓은 도로와 빌딩 및 도시 분위기를 느낄 수 있을 것이라고 단순히 생각했다.

겨울인데도 난방이 되지 않고 더운 물도 나오지 않는 숙소에서 1박을 하며 선교 팀은 감기에 걸렸다. 나도 목감기 때문에 한동안 힘들었다. 사역도 하기 전에 큰 병을 얻을까 봐 이튿날에는 30불짜리 호텔로 숙소를 옮겼고, 더운 물에 몸을 담글 수 있어서 감사했다.

카트만두 시내를 돌아보는 본격적인 기회는 목회자 세미나를 인도하기 위해 목회자들이 모여 있는 교회당을 찾아가면서였다. 반스바리(대나무골)란 곳에 세워진 예배당을 찾아가면서 우리는 네팔의 국왕이 살고 있는 왕궁 앞을 지나갔다. 4차선 도로! 왕궁 앞에 있는 넓은 도로에는 차량과 오토바이 등이 중앙선을 지키지 않고 자유롭게 넘나들며 달렸다. 네팔에서는 왕궁 주변뿐만 아니라 가장 번화가라는 곳도 우리나라 지방도시 수준이 못 된다. 어디를 보아도 높다란 빌딩은 없다. 대부분의 건물들이 낡고 허름해서 우리나라 60년대보다 못하다는 느낌이 들었다. 우리의 수도 서울은 60년대에도 이런 모습은 아니었다. GNP 220 정도의 세계 10대 빈민국 중 하나인 네팔, 수도 카트만두의 외형은 우리를 너무 놀라게 하였다. 눈부신 21세기에 한 나라의 수도가 이런 모습일 수 있을까?

목회자 세미나에 150여 명이 모였다. 이들의 모습은 보기에도 민망할 정도로 궁색했다. 가난에 몹시 찌든 모습이었다. 그러나 찬양을 하며 기도할 때 나는 이들의 뛰어난 종교성에 감탄했다. 히말라야 깊은 산속에서 수도하는 사람들이 많은 네팔은 힌두교가 국교이며, 세계 어느 민족보다 종교성이 뛰어나다. 이들의 특성은 기독교 신앙에서도 나타났다. 찬송을 하는 진지한 모습, 기도를 할 때 성령을 깊이 체험하는 모습은 카트만두의 전혀 다른 모습이었다. 힌두 사원과 라마 사원이 중심에 자리 잡은 카트만두의 외형은 지극히 초라했지만 종교성으로 인한 인간 본연의 심성과 영성은 그 어느 곳보다 뛰어났다.

카트만두 길거리는 대낮에도 많은 인파로 북적거린다. 실업자들이 대부분이라는데, 할일 없이 길에서 시간을 보내거나 인력시장을 찾아 자기를 데려갈 사람을 기다리는 군상들이라고 한다.

네팔 사람들은 아름답다. 땟국물이 줄줄 흐르는 옷을 입고, 피부는 검고 거칠며, 세련된 곳은 전혀 없다. 그러나 저들을 데려다가 깨끗이 씻기고, 다듬고, 좋은 옷을 입힌다면 그 어느 나라 사람들보다 아름다울 것이다. 무엇보다 종교성이 뛰어나 심성 또한 아름다운데, 저들이 좋은 바탕으로 하나님을 믿고 예수 그리스도를 만난다면 카트만두는, 네팔은 그 어느 땅보다 아름답고 행복해질 것이다. 기독교인들의 긍정적이고 적극적인 사고가 저들의 종교성을 자극해서 네팔의 신앙과 지식과 경제에 엄청난 활력을 줄 것이라 믿는다.

이곳에 복음의 봄바람이 불고 있다. 동토의 땅이 녹기 시작한다. 복음의 푸르른 싹이 카트만두를 덮어 가고 있다. "너희는 사람의 외모를 보나 여호와는 사람의 중심을 보느니라"는 말씀을 기억하면서 카트만두, 너 언젠가는 하나님이 보시기에 가장 아름다운 도시가 되리라 믿는다.

## 2.
## 피맺힌 기다림

나는 가곡을 참 좋아한다. 지천명의 나이가 된 지금도 여전히 가곡을 들으면 곧바로 소년으로 돌아간다. 내가 좋아하는 가곡 중 하나는 "바위고개"인데, 임을 그리며 10여 년간 머슴살이를 하는 한 맺힌 기다림의 사연에 가슴이 몹시 아리다. 하지만 이 기다림에는 희망이 있다. 그래서 힘들지만 행복하다. 나는 오늘 피맺힌 기다림 끝에 만난 아름다운 사랑 이야기에 감동해서 눈물을 왈칵 쏟은 사건을 이야기하고 싶다.

지금으로부터 200여 년 전, 인도 북동쪽 다즐링이라는 도시에 사랑하는 임을 그리워하는 한 청년이 있었다. 그가 사랑하는 임은 네팔에 있는데 국경 문이 열리지 않아서 사랑하는 임을 만나기 위해 네팔에서 가장

▲ 아이싱 안디옥교회 헌당예배 후 감사의 말을 전하는 성도.

가까운 국경도시인 다즐링으로 이사를 했다. 그는 내내 사랑하는 임을 그리워하며 차 농사를 짓고, 그곳의 어린이와 청소년들을 위해 학교와 병원을 세웠을 뿐만 아니라 주민들을 섬기는 일을 도맡아 하였다. 하지만 그의 마음속에는 오직 사랑하는 임, 네팔에 있는 사랑하는 임을 향한 생각뿐이었다.

그에게는 사랑하는 임과의 사이에서 낳은 자식들도 있었다. 그는 자식들을 성실히 키워냈고, 다즐링에서 존경받는 사람으로 성장시켰다. 세월이 지나 임을 그리며 살던 청년은 노인이 되었고, 끝끝내 네팔 국경 문은 열리지 않아 임을 그리워하다가 눈을 감고 말았다. 그의 죽음은 자녀들에게 한 맺힌 설움으로 다가왔다. 그래서 자녀들은 다즐링을 떠나지 않고 아버지가 평생 기다린 임을 기다렸다. 그들 또한 다즐링에서 결혼하고 살면서 자녀를 낳았다. 하지만 그들마저 아버지의 임을 만나지 못하고 눈을 감게 되었다. 대를 이어 청년의 자손들은 네팔 국경 문이 열리기를 소망하며 200년이나 기다렸다. 결국 200년이 지난 1951년에 굳게 닫혔던 네팔 국경 문이 열리고, 청년의 자손들이 들어와서 그토록 그리워했던 사랑하는 임을 만났다. 그 임은 바로 예수 그리스도이시다.

1649년도에 복음이 전파된 네팔은 1714년도에 고르카 왕국이 세워지면서 기독교도를 포박하고 죽이는 등 심한 박해를 가했고, 복음이 들어오지 못하도록 국경 문을 닫아 버렸다. 이 당시 선교사들은 네팔 국경에서 가까운 인도의 도시 다즐링에 모였고, 네팔에서 다즐링으로 이주한 기독교도들과 함께 네팔 국경 문이 열리기를 간절히 기도하며 기다렸다.

나는 이 이야기를 네팔의 기독교 역사 강의를 들으면서 알게 되었다. 얼마나 가슴이 뜨겁던지 눈물을 감출 수가 없었다. 오! 주님, 주님을 사랑하는 이들이 200년의 세월을 인내하며 기다린 이 네팔 땅에 주님을 사랑하는 신화석이 왔습니다. 이곳에서 주님을 만나고, 주님을 증거하는 은총을 누리며 이렇게 행복할 수가 없습니다.

1951년도에 가까스로 국경이 열려 선교사들을 통해 복음이 들어온 네팔……그리고 1962년도에는 최초의 교회가 생겼다고 한다. 200년의 긴 기다림, 피맺힌 기다림, 주님을 사랑하는 이들이 네팔에 피와 눈물로 뿌린 복음의 씨를 다시 일으켜 세우기 위한 그 긴 기다림이 이제 열매를 맺게 된 것이다. 우리 안디옥성결교회도 네팔 북동쪽에 트리술리 라이싱 안디옥성결교회당을 건축하였고, 헌당예배를 드렸다. 우리 안디옥성결교회도 네팔에서 예수님을 만났다. 사랑하는 임, 그 임을 우리도 네팔에서 만난 것이다. 긴 기다림은 이렇게 아름답게 열매를 맺었다.

아! 감동이어라. 아! 행복이어라.

1차 1-9
# 인도
2004/01/25~2004/02/08

# 인도(인도 공화국)

- 국가 일반 정보
  ① 면적 : 316만km²(세계에서 일곱 번째로 넓은 나라)
  ② 인구 : 11억 6천만(전 세계 인구의 16% 차지, 세계 2위)
  ③ 수도 : 뉴델리(9백만 명)
  ④ 언어 : 힌디어, 영어
  ⑤ 1인당 GDP : 2,800$
  ⑥ 화폐단위 : 루피(Rupee)
  ⑦ 종교 : 힌두교 79%, 회교 12%, 시크교 2%, 기독교 3%
  ⑧ 종족 : 인도아리안 74%(중부와 북부), 드라비디아 24%(남부)

- 1947년 8월 15일 영국으로부터 독립.

인도를 다녀간 신화석 목사님.

모든 팀원들이 지칠 대로 지쳐 보였다. 공항에서 맞이하는 순간 걱정이 앞섰다. 난생처음 뵙게 된 신화석 목사님은 모든 팀들 속에 유일하게 생생해 보이는 분이었다. 온 팀원이 전 세계 복음화를 위하여 자기들의 목숨을 내놓고 지친 몸을 이끌고 캘커타에 도착한 것이었다. 그들은 비록 지쳐 있었지만 그 속에 열정이 보였다. 강한 목사님의 리더십이 그 속에 역력히 보이면서…….

곧이어 도착한 안디옥 선교 지원 팀은 내 입을 딱 벌어지게 만들었다. 그것은 그 먼 길을 복음을 위해 수고하는 목사님과 팀을 위해 팥칼국수를 냉동 포장해 직접 들고 왔기 때문이었다. 나는 궁금했다. 어떻게 교인들에게서 이런 사랑을 받고 계신 것일까? 단출하시면서도 언제나 웃음을 잃지 않으셨다. 피곤하지만 독수리처럼 금방이라도 날아오를 듯한 기상, 이 모두가 바로 그분 중심에 계신 주님을 사랑하고, 복음을 뜨겁게 사랑하는 열정이었다.

2010년 7월 10일
이은옥 선교사

## 캘커타 시는 걸인과 까마귀 경쟁터

2004년 2월 20일 〈국민일보〉 보도자료

한국을 '고요한 아침의 나라'로 표현한 시성 타고르, 무저항·비폭력의 독립투사 마하트마 간디, 마더 테레사, 의심 많은 도마와 윌리엄 캐리, 신비로운 설화의 나라…….

인도는 신음 중이었다. 세계 최빈도시 캘커타(콜카타)는 걸인과 까마귀의 생존 경쟁터였다. 버려진 음식물을 놓고 두 생물체가 펼치는 생존경쟁이 캘커타의 비극을 그대로 보여 주고 있었다. 거대한 갠지스 강이 거만하게 흐르는 인도는 이제 더 이상 화려한 문명의 발상지가 아니었다. 복음이 없는 나라의 비극적 역사는 그 후손들에게 여지없이 세습되고 있었다.

갠지스 강. 그곳은 우상과 잡신의 총 집결지였다. 신화석 목사 선교 팀이 이곳에 도착하던 날 캘커타의 갠지스 강은 귀신들의 축제로 어수선했다. 각양각색의 인형과 잡신을 들고 나온 사람들은 불에 그을린 시체가 둥둥 떠다니는 갠지스 강에 그것들을 던지며 '귀신의 환생'을 기원했다. 오, 주여…….

▲ 신화석 목사가 캘커타의 모바일스쿨을 방문, 어린이들에게 말씀을 전하고 있다. 모바일스쿨은 현재 이은옥 선교사가 운영 중이다. 신 목사는 이번 인도선교 기간에 캘커타에서 예배당 3곳을 헌당했다.

1,600만 명이 살고 있는 세계 최대의 도시 캘커타. 모기와 바퀴벌레, 악취가 뒤범벅돼 있는 곳이었다. 현재 인도의 인구는 약 12억 명. 이중 세례 받은 교인은 5만여 명으로 복음화율 0.2%. 도마가 이곳에 처음 복음을 전했고, 영국인 윌리엄 캐리가 일찍이 정착한 곳이다. 그러나 인도인들은 여전히 힌두교와 이슬람교에 제압돼 있다.

신화석 목사는 캘커타에서 3가지 사역을 시도했다. 초등학교로 사용이 가능한 교회를 3곳 개척했다. 그리고 교회와 학교에서 집회를 인도했다. 어린이선교의 교두보를 확보했다. 선교 팀은 두려움이나 망설임이 없었다. 담대했다. 그들은 순교할 준비가 돼 있었다. 신 사도행전을 써나가는 개척자들이었다. 바퀴벌레의 놀이터인 하루 20달러의 열악한 숙소에서도 기도의 열기는 뜨거웠다.

"한국도 40년 전에는 너희보다 가난했다. 그러나 지금은 아니다. 예수를 믿고 모든 것이 변했다. 한국의 밤하늘은 온통 붉은 십자가로 넘실댄다. 예수를 믿으면 모든 것이 변한다."

인도인들은 "아멘"을 외쳐댔다. 선교 팀은 이은옥 선교사가 운영하는 모바일스쿨을 방문했다. 이곳에서 시설이 가장 좋은 학교다. 한 달 수업료가 10루피, 한국 돈으로 300원이다. 교사들은 이곳에서 성경을 가르친다.

인도에는 4,300종족, 1,600여 언어가 있으며, 3억 3,000개의 우상이 존재한다. 꽹과리를 치며 요란스럽게 제사 지내는 모습은 한국의 굿판과 흡사하다. 오물로 가득 찬 갠지스 강에 몸을 담근 채 경건한 표정을 짓는 모습이 가련하다. 인도인들은 갠지스 강의 오수를 '성수'(聖水)로 여긴다.

안디옥성결교회는 이곳에 예배당 3곳을 세웠다. 힌두교의 나라에서는 교회 설립 허가가 쉽게 나오지 않는다. 주민들도 그것을 허용하지 않는다. 그래서 초등학교 겸 교회로 허가를 냈다. 차드풀 교회는 500명, 고빈도플 교회는 350명, 보시핫 교회는 280명을 수용할 수 있다. 세 예배당을 가득 메운 성도와 함께 감격적인 헌당예배를 드리면서 여기서 양육될 힌두교 아이들이 그리스도를 알고 믿게 되어 이 땅의 복음의 씨앗이 될 것을 그려 보았다.

캘커타에는 교회당이 60여 곳밖에 없다. 이제 예배당 3곳이 새로 세워졌다. 신화석 목사 선교 팀과 20여 명의 한국인 선교사들은 목회자 세미나에서 12억의 인구를 방치한 죄를 회개하고 이 땅의 영혼을 책임지겠노라며 눈물로 기도했다. 특히 지난달 31일 캘커타 과학관에서 열린 집회에는 6,000여 명의 힌두교인들이 참석했다. 신화석 목사는 강하고 담대하게 외쳤다.

"대한민국은 세계 무역 10위권 안에 드는 부강한 나라다. 이유가 뭔가? 예수를 믿어 축복 받은 나라가 됐기 때문이다. 한국은 선교 120년의 짧은 역사를 통해 1,200만 명의 기독교인과 10만 명의 목회자, 5만 개의 교회가 있다. 예수 그리스도가 우리 죄를 대신해 십자가에 죽으시고 부활하신 사실을 믿어야 한다. 후손들에게 무엇을 유산으로 남기려 하는가? 예수 그리스도를 구주로 영접하라. 예수를 믿기로 작정한 사람은 지금 일어나라."

그때 기적이 일어났다. 처음에 다소 쭈뼛거리던 사람들이 하나 둘 일어서더니 90% 이상 자리에서 일어나 신앙을 고백했다. 어린이들도 눈물을 글썽이며 "할렐루야"를 외쳤다. 인도선교의 희망은 바로 어린 영혼들에게 있어 보였다. 인도 교회 교역자들은 "매년 1회씩 정기집회를 인도해 달라"고 당부했다.

인도는 지금 미명이다. 그러므로 희망이 있다. 선교 팀은 인도를 위해 매일 새벽 기도의 단을 쌓았다. 어둠이 걷히고 복음의 불빛이 갠지스 강을 밝게 비추길 간절히 기도했다.

캘커타 = 임한창 기자

1.
친구의 충고

잠언 15장 31~32절에 "생명의 경계를 듣는 귀는 지혜로운 자 가운데 있느니라 훈계 받기를 싫어하는 자는 자기의 영혼을 경히 여김이라 견책을 달게 받는 자는 지식을 얻느니라"는 말씀이 있다. 친구의 충고가 당장은 가슴 아프게 들리지만 새겨서 삶에 반영한다면 훨씬 더 건강한 삶을 살 수 있을 것이다.

인도에 와서 어느 선교사님을 통해 들은 이야기이다.

미국 선교사님 한 분이 은퇴한 후 인도를 떠나게 되었다. 한국 선교사님들이 그분을 위로하고 축복하며 배웅하는 자리를 마련하고 그분에게 한마디 할 것을 요청했다. 백전노장 그리스도 용사인 그 선교사님께서는 "나는 여러분의 친구로서 먼저 여러분의 수고에 경하를 드립니다. 특히

▲ 선교사 좌담회 후 선교사님들과 함께한 선교 팀.

한국 선교사님들은 담대하고 저돌적으로 주님의 일을 하십니다. 그 어느 나라 선교사님들도 따라가기 힘들 정도로 부지런합니다. 그러나 몇 가지 충고를 하고 싶습니다. 첫 번째, 인도 사람들이 여러분을 좋아한다고 생각하지 마십시오. 여러분이 아니라 여러분이 가지고 있는 돈을 좋아하는 것입니다. 두 번째, 많은 인도인과 각국의 선교사님들이 한국 선교사님들을 두려워합니다. 언제 교역자를 빼앗아 갈까, 언제 성도들을 빼앗아 갈까, 늘 경계하고 있습니다. 세 번째, 한국 선교사님들은 각국의 선교사님들과 좋은 관계를 맺지 못하고, 한국 선교사님들끼리 관계를 유지합니다. 하나님의 사역은 함께 해야 효과적으로 확대할 수 있습니다"라고 말씀하셨다.

이 선교사님의 충고가 100% 맞는다고 할 수는 없다. 그러나 객관적인 입장에서 한국 선교사들을 관찰하고 평가한 내용이라는 데 우리는 관심을 갖고 이분의 충고에 귀를 기울여야 할 것이다.

'돈 선교'는 위험하기 짝이 없다. 쉽게 말하면 유치하고 비열한 선교이다. 돈으로 주종관계를 이루고, 돈을 가지고 사람을 움직이는 것은 선교라고 할 수 없다. 복음에 의한 관계가 참 선교라고 할 수 있다. 복음으로 인해 감동하고, 복음으로 인해 형제자매가 되고, 복음으로 인해 서로 존경하고 섬기는 관계! 이것이 참 복음이요, 선교인 것이다.

바울은 남의 터 위에 절대로 집을 짓지 않겠다고 하였다. 목회자 쟁탈전, 성도 쟁탈전은 한국에서도 추하기 그지없는 모습이요, 목회 윤리가 상실된 비겁한 모습이다. 그런데 선교지에서도 이런 일이 일어난다면 매우 슬픈 일이다. 다른 이가 키워 놓은 제자를 손쉽게 사역하기 위해 교묘하게 데려오는 것, 또한 현지 성도들이 이곳이 좋다고 옮기는 행위를 방치하는 것도 윤리에 벗어나는 일이다.

세계화 시대에 모든 나라의 선교사들과 함께 세계선교를 논의하고 협력해 나가는 것은 바람직한 모습이다. 나는 여러 선교지를 다니면서 한국 선교사들이 너무나 훌륭하게 선교사역을 하고 있는 모습을 현장에서 생생하게 보았다. 그 어느 나라 선교사보다도 담대하게 성령에 이끌려 사역하며 현지인들을 예수님의 제자 삼는 모습을 보고 흡족했다. 그러나 인도에서 미국 선교사님의 충고 세 가지는 우리 한국 교회와 한국 선교사님들이 듣고 다시 생각해 볼 가치 있는 충고라고 생각한다. 안디옥성결교회 선교 역시 이 충고를 겸손히 받아들여 점검해 볼 것이다.

## 2.
## 인도 선교 여행기

인도를 떠올리면 시성 타고르가 생각난다. 그는 우리나라를 동방의 아침, 고요한 나라로 표현하며 예언적이고 아름다운 시를 썼다. 또 한 사람, 비폭력으로 영국의 식민통치 아래에서 나라를 구한 독립투사 간디가 생각난다. 인도는 신비의 나라로서 어린 시절부터 인상 깊게 각인되었던 나라이다. 목사가 된 이후에는 도마가 와서 복음을 전한 나라, 현대 선교의 아버지로 불리는 윌리엄 캐리가 사역한 나라인 것을 알게 됐고, 늘 가보고 싶은 나라였다.

네팔에서의 감동적인 선교사역을 마치고, 우리 선교 팀은 밤새 한숨도 자지 못하고 영상편집을 하다가 결국 컴퓨터 고장으로 작업물을 완성하지 못한 채 카트만두를 떠나 인도 최대의 도시, 인구 1,600만 명을 자랑하는 수도 캘커타에 도착하였다. 땅거미가 깊숙이 내린 어둑한 밤, 공항에서 노수빈·이은옥 선교사님과 현지 성도들이 꽃목걸이를 들고 나와서 환영해 주었다. 아울러 수많은 모기 떼가 우글거려서 우리 팀은 너무나 당혹스러웠다.

우리를 태운 버스는 힌두스탄 인터내셔널 호텔에 도착하였다. 이 선교사님은 하룻밤에 180달러를 받는 호텔을 60달러로 깎아서 예약했다면서 우리가 선교사역하는 동안에 저녁 잠자리만이라도 편안하기를 바랐다. 그러나 우리 선교 팀은 부담이 되었고, 이 선교사님께 우리는 지금까지 저가의 호텔에서 쉬었으니 숙소를 옮겨 달라고 부탁하였다. 결국 숙소를 옮겼고, 바퀴벌레가 우리를 반겼다.

▲ 구원 초청 시간에 하나님을 유일한 신이라 믿고 구원받았다는 사람들이 일어나 축복기도 받는 모습.

인도에서의 선교사역은 이 선교사님이 운영하고 있는 모바일스쿨 및 초등학교를 방문하면서 시작되었다. 노숙하는 수많은 사람들 중에서 부모가 없는 아이들, 고아들을 아침에 차량으로 데리고 와서 목욕 시키고, 비스킷과 우유 등으로 아침밥을 주고, 공부 시키고, 성경말씀을 가르친 후 돌려보내는 일을 하고 있었다.

20~40평 정도의 아주 작은 공간에서 초등학교를 운영하며, 200~300명의 아이들을 교육하고 있었다. 하지만 사립학교로서 수업료는 거의 무료이며, 한 달에 10루피 정도(우리 돈 300원)를 받고 교육하는데, 동네에서 가장 좋은 학교로 소문이 났다. 길거리마다 넘쳐나는 거지들, 그래서 테레사라는 작은 거인이 이곳에서 만들어질 수밖에 없었던 것이다.

이튿날 우리 선교 팀은 인도의 일반대학 교수, 신학대학 교수 및 학장, 총회장 등을 모시고 하루 종일 인도의 역사, 문화, 정치, 교육, 경제, 종교,

기독교회사 등에 대해 강의를 들었다. 특히 힌두이즘에 대한 강의를 네팔에 이어 두 번째 들으면서 그것은 범신론, 다신교, 혼돈의 종교, 음란의 종교이며, 가난할 수밖에 없는 종교인 것을 깨달았다. 힌두교의 나라 네팔과 인도는 세계에서 대표적인 가난한 나라로 통하는데, 현장을 보니 처참하기 이를 데 없었다. 거리마다 힌두 우상과 경배하는 무리가 넘쳐났다. 4,300종족, 1,600여 언어, 3억 3천여 신이 있는 나라, 도무지 이해할 수 없는 나라, 그래서 사람들은 인도를 신비한 나라로 표현했나 보다.

1월에는 지혜의 여신께 제사하며 자녀들을 지혜롭게 해달라고 기도한다. 꽹과리를 치며 요란하게 지나가는 차량 안에는 그 여신이 있었다. 왜 저러느냐고 이 선교사님께 물으니 지혜의 여신께 제사하는 날이 다 지나가서 그 여신을 갠지스 강에 버리러 간다고 했다. 우리는 차량을 따라 갠지스 강에 도착했다.

현지인들은 수많은 인파와 차량 속에서 북과 꽹과리를 치며, 수를 헤아릴 수 없는 여신을 메고 와서 갠지스 강에 버렸다. 갠지스 강에 버리면 그 신이 다시 환생한다고 믿는 것이다. 쓰레기로 가득한 갠지스 강은 더러운 시궁창 같다. 그런데 그 물에 몸을 씻고 물을 몸에 뿌리며, 성수를 그릇에 담아간다. 이 같은 행사는 매달 있는데, 힌두이즘은 사람을 비참하게 만든다.

안디옥성결교회는 인도에 3개의 예배당을 세웠다. 힌두교의 나라에서 교회를 설립할 때 쉽게 허가가 나지 않고, 마을 사람들도 허용하지 않는다. 그래서 초등학교 겸 교회로 허가를 받았다. 차드풀 교회는 500여 명을 수용할 수 있고, 고빈도플 교회는 350여 명을, 보시핫 교회는 280여 명을 수용할 수 있는 교회당이다.

이 선교사님이 운영하는 초등학교는 3곳 중 제일 좋은 공간이라고 생각된다. 세 예배당에서 여러 성도들과 함께 감격의 헌당예배를 드리면서 이곳에서 양육될 힌두교 아이들이 그리스도를 알고 믿게 되어 이 땅의 복음의 씨앗이 될 것을 생각하는 것만으로 감동이었다. 이 선교사님 역시 눈물을 흘리며 헌당예배를 드렸다.

캘커타에는 기독 교회당이 60여 개밖에 안 된다고 한다. 이제 추가로 3개의 예배당이 세워진 것이다. 목회자 세미나에서는 12억의 인구를 방치한 죄를 회개하고, 이 땅의 영혼을 우리가 책임지겠노라며 눈물로 기도하였다. 그리고 예수님처럼 목회할 것을 다짐하였다.

인도는 도마가 와서 복음을 전했고, 현대 선교의 아버지 윌리엄 캐리가 선교한 땅이다. 하지만 기독교 인구는 0.2퍼센트에 불과하며, 진정으로 거듭난 성도는 10만 명 정도밖에 되지 않을 것이라고 힌두이즘을 강의한 총회장과 기독교회사를 강의한 전 신학교 학장이 이야기하였다. 믿기지 않는 사실이다. 이 땅을 새롭게 하소서. 이 땅에 복음이 연한 순처럼 퍼져 나가 덮게 하소서.

드디어 대형 전도집회의 날이다. 2,500여 명이 모였는데 대부분 힌두교도들이다. 이 선교사님이 운영하는 초등학교 학생들의 부모들을 초대했다. 오후 3시 30분부터 오후 7시까지 장장 3시간이 넘는 시간 동안 진행되었다. 시작 무렵 과학회관 대강당에 가니 좌석이 가득 채워져 있다. 횃불회관 사랑예배당보다 더 크다. 집회 시작 전 우리 선교 팀은 무대 위에서 통성기도를 하였다. 오늘 모인 사람들이 힌두교도들인데 이들 위에 성령의 강력한 역사가 일어나기를 간구하였다. 오프닝 기도가 있은 후 오프닝 공연으로 민속춤을 추었다. 그리고 마태복음 1장 21절을 읽고, 선교 팀을 소개했다. 현지인들이 꽃다발을 걸어 주었고, 곧바로 메시지를 전했다.

"나는 어린 시절 인도에 대해 신비의 나라로 알고 있었으며, 시성 타고르가 우리나라를 '동방의 고요한 나라'라고 예의적 시를 써서 존경하고 있고, 무저항·비폭력을 주창한 간디의 나라이기에 인도를 꼭 한 번 방문하고 싶었습니다. 그런데 안디옥성결교회가 우리 가족을 제1차 세계 선교여행을 위한 선교사로 파송해서 1년 동안 37개국을 방문 및 선교하는데, 인도에 여덟 번째로 도착하였습니다.

나의 어린 시절 모습과 같아 고향을 찾아온 느낌입니다. 나의 어린 시절에는 우상이 매우 많았고, 골목마다 고사밥으로 가득했으며, 카스트 제도처럼 양반은 영원한 양반, 상놈과 노예는 영원히 상놈과 노예였습니다. 너무 가난해서 외국의 도움이 없이는 살아갈 수 없는 나라였습니다. 그런데 지금 대한민국은 세계 무역 10위권 안에 드는 부자 나라가 되었고, 카스트 제도도 없어졌습니다. 모든 인권은 평등하고, 누구든지 노력하면 돈 벌 수 있고, 출세할 수 있습니다. 왜 이렇게 되었을까요? 한국에 와보신 분은 알 것입니다. 한국의 야경은 붉은 십자가 꽃으로 뒤덮여 있습니다. 유일신 하나님을 믿고, 그의 외아들 예수 그리스도가 우리 죄를 대신해서 십자가에 매달려 죽으시고, 3일 만에 부활하신 사실을 믿고, 구주로 받아들였기 때문입니다. 캘커타 시민 여러분, 여러분의 후손에게 무엇을 유산으로 남겨 주시겠습니까? 수많은 신들을 유산으로 남겨 주시겠습니까? 카스트 제도를 유산으로 남겨 주시겠습니까? 아니면 유일신 하나님을 믿는 신앙과 축복을 유산으로 물려주시겠습니까?

예수 그리스도를 여러분의 구주로 영접하십시오. 예수 그리스도께서 여러분의 죄를 대신 지시고 십자가에서 죽으심으로 여러분의 죄를 사함 받고, 구원받은 하나님의 자녀가 되었음을 믿으십시오. 이와 같은 신앙이 생긴 분은 그 자리에서 일어나십시오. 내가 기도해 드리겠습니다. 예수님을 힌두의 3억 3천의 신 중 하나로 믿는 것이 아니라, 유일신이심이 믿어지는 분들만 일어서십시오."

크고 강하게 구원 초청을 하였다. 2,500여 좌석을 가득 메운 힌두교도들이 놀랍게도 90% 이상 자리에서 일어나 신앙을 고백하였다. 나는 감격에 겨워 저들을 위해 간절한 영접기도와 더불어 하나님의 보호하심을 간구하였다. 지난밤에 집회 날씨도 주관하시고, 적어도 1,000~1,500여 명이 구원받게 해달라고 간구하였다. 그런데 하나님은 구하는 것보다 더 넘치게 주셔서 구름으로 태양을 가려서 시원하게 하시고, 2,000여 명 이상이 구원 초청에 응해 하나님의 자녀가 되었다. 할렐루야!

이 선교님은 인도에서 매년 대형집회를 할 테니까 나보고 매년 와서 설교를 해달라고 요청했다. 한 주간에 세 번의 헌당식 설교, 모바일스쿨 설교, 초등학교와 예배당 방문 설교, 목회자 세미나, 그리고 오늘 대형집회의 설교와 구원 초청은 너무나 소중한 진리를 쉽게 이해시켜 준 명설교라는 것이다. 나 역시 전도훈련을 통해 복음을 분명하게 전해서 인도에 복음의 바람, 전도의 불이 붙게 하려고 온 것이다. 이 선교사님은 인도 기독교인들이 힌두교도에게 전도하면 큰일 날 줄 알고 전도하지 않았는데, 오늘 목사님께서 분명하게 복음을 제시하셔서, 전도해도 소란이 일어나지 않고, 90% 이상이 구원 초청에 응하고 구원받은 것을 보고 큰 충격을 받았을 것이라고 했다.

모든 것이 하나님의 은혜이다. 안디옥성결교회 24365 무릎 선교사들의 기도의 열매다. 모든 영광을 하나님께 돌리고 싶다. 이제 우리들은 윌리엄 캐리의 선교 흔적들을 더듬어 보고 남아공으로 떠나려고 한다.

1차 1-10

# 남아공

2004/02/09~2004/02/22

# 남아공 (남아프리카 공화국)

- 국가 일반 정보
  ① 면적 : 122만km²
  ② 인구 : 5천만
  ③ 수도 : 행정수도/프리토리아(Pretoria), 입법수도/케이프타운(Cape Town), 사법수도/블룸폰테인(Bloemfontein)
  ④ 언어 : 아프리칸스, 영어
  ⑤ 1인당 GDP : 10,000$
  ⑥ 화폐단위 : 랜드(Rand)
  ⑦ 종교 : 시온 기독교 11%, 오순절 8.2%, 천주교 7%, 감리교 7%, 네덜란드 개혁교회 6.7%, 성공회 3.8%, 기타 그리스도교 36%
  ⑧ 종족 : 아프리카 흑인(79%), 백인(9.6%), 유색인(8.9%), 인도인/아시아인(2.5%)

- 아프리카 대륙의 최 남단에 위치.
- 17세기 네덜란드인의 이주 이후 백인이 유입.
- 1815년 영국의 식민지가 되었다가 1910년 5월 31일 영국으로부터 독립.
- 1961년 5월 남아프리카 공화국 선언.
- 인종차별정책으로 말미암아 1974년 국제연합(UN)에서 축출되기도 하여 한동안 국제적 고립 상황에 처하였으나, 1994년 5월 넬슨 만델라 집권 이후 인종차별정책을 철폐함.

남아공, 이집트, 그리고 요르단 사역을 함께 하며 경험한 AWMJ 팀은 예상 치 못한 충격이었습니다. AWMJ 팀을 만나기 전에는 단기선교 팀 하면 누구보다 많이 경험해 보았고 잘 안다고 생각했습니다. 그 이유는 나이로비 예수전도단(YWAM)에서의 단기 팀 코디(SOS) 사역, 그리고 지금도 지속되고 있는 여의도순복음교회 '월드미션' 프로그램을 1989년 말 처음부터 디자인하고 초대 디렉터를 맡아 주관해 왔던 선교사였기 때문입니다. 그러나 신화석 목사님을 리더로 하는 AWMJ 팀은 아프리카 오지의 선교사 못지않게 헌신된 팀이요, 세계 복음화에 생명을 걸고 도전하며, 매 순간 예수의 생명으로 호흡하며, 분명한 목적과 사명을 가지고 복음을 선포하고, 제자도를 가르치는 강력한 선교 팀이었습니다. 이 팀은 우리가 흔히 경험하는 단기선교를 통해 선교지를 탐방하는 수준의 팀이 아니었고, 현대를 사는 초대교회 사도들의 공동체 같은 강력한 팀이었습니다. 그 충격이 저에겐 선교사로서 단기 팀을 대하는 높아졌던 마음자세를 낮추게 만들었고, 아프리카 선교사로서 파송될 때의 처음 마음을 다시금 추스릴 수 있었던 축복이었으며, 복음에만 삶을 온전히 걸어야겠다는 순교자적 각오를 새롭게 하게 된 기념비적 사건이었습니다.

2010년 7월 10일
정운교 선교사

예수님과 신 목사님의 체력 비교
여우도 집이 있으나 예수님 자신은 머리 둘 곳이 없다고 하셨던 가난함과 십자가 지시러 예루살렘에 입성하실 때 새끼 노새 타신 것이 운송 수단의 전부처럼 보였던 예수님의 발은 매우 부지런하고 건강해 보인다. 전도하는 사역이라면 드시지 않아도 좋고 한없이 걸으셔도 지치시지 않았던 그분의 체력이 매우 돋보인다.
세계일주 선교 팀의 신화석 목사님을 2004년과 2009년 두 번 이곳 남아공과 보츠와나에서 뵈었다. 남아공에 오실 때쯤에는 벌써 여러 나라를 거쳤기에 육신은 매우 힘드셨을 텐데 잠깐 자리에 앉았다 일어나시거나 다음 날 아침이면 늘 활기에 찬 모습이셨다. 하루 종일, 그것도 연이어 며칠씩 강의를 하거나 들으셔도 그 요동하지 않고 진지한 몸가짐에는 변함이 없으셨다. 전도자님들의 체력은 하나님께로부터 타고나나 보다.

2010년 7월 19일
조성수 선교사

## 현지교수,
## "강도 만난 아프리카 살려 달라"

2004년 2월 27일 〈국민일보〉 보도자료

선교 팀은 5주간의 아프리카 대장정에 들어갔다. 아프리카 대륙 최남단 남아프리카 공화국에서부터 중서부 가나, 중동부 케냐, 북부 이집트 등에서 전도의 불씨를 지피고 선교전략을 개발하는 계기가 될 것이다.

### "강도 만난 아프리카를 살려 달라"

남아공에서 아프리카 선교의 백전노장 정운교·조성수 선교사의 도움을 받았다. 3박 4일간은 정 선교사와 요하네스버그에서, 4박 5일간은 조 선교사와 러스텐버그에서 사역했다. 우리를 위해 요하네스버그 느헤미야 신학교 마사모카 목사는 남아공의 종교 상황을, 러스텐버그의 하나님의성회 신학교 학장 말랑구 박사는 아프리카 교회사와 선교를 강의해 주었다. 그 밖에 여러 대

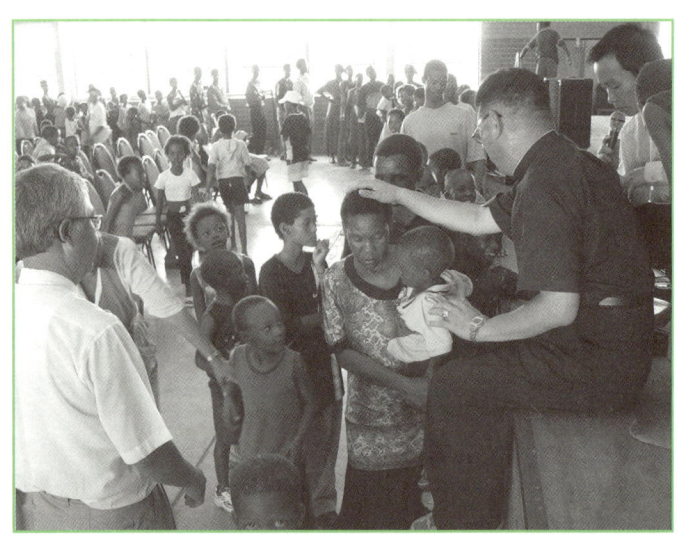
▲ 메리팅 시청 홀에서 열린 전도집회에서 하나님을 영접한 현지인들이 신 목사에게 안수기도를 받고 있는 모습.

학 교수와 현직 교사들이 정치, 역사, 문화, 교육 등에 대해 유익한 정보를 제공해 주었다.

그중 말랑구 박사의 강의는 잊을 수 없다. 그는 아프리카 복음화의 실패 원인을 다음과 같이 지적했다. 첫째, 백인 선교사들이 아프리카 토속 종교와 문화를 이해하지 못한 채 백인 중심의 기독교 문화를 강요, 아프리카 기독인의 신앙을 이중적 관습주의로 전락시켰다. 둘째, 돈 때문에 복음을 받아들인 사람들이 많았다. 셋째, 아프리카에 실제적인 도움은 주지 않고 그 원인만 탓했다.

그는 "불난 집에 누가 불을 질렀느냐, 불이 난 원인이 무엇이냐 등을 따지기 전에 우선 불부터 꺼주면 좋겠다. 선한 사마리아인으로 강도 만난 아프리카를 살려 달라"고 눈물로 호소했다.

아울러 매년 스와질란드 인구만큼 에이즈로 죽어가는 아프리카는 결국 사라질 운명에 처해 있다고 울먹였다. 9·11테러로 죽은 사람보다 더 많은 사람이 매일 에이즈와 기아, 폐결핵으로 죽어 가고 있다고 말할 때 우리 눈가에는 어느새 눈물이 고여 있었다.

1,500여 명이 모이는 생명샘교회에서 이틀간 집회를 인도하며 예수님의 제자훈련 방법론을 소개했다. 이 교회는 올해 셀 교회 운동을 선언, 기존의 구역제도를 해체했다고 한다. 그러나 셀 교회 운영에 대해 전혀 교육이 돼 있지 않았다. 따라서 이번 집회가 건전한 셀 운동의 방향을 제시해 준 계기가 됐다고 정 선교사가 치켜세웠다.

교회 담임목사는 수차례 "안디옥 선교 팀는 하나님께서 보내 주신 사자들"이라고 극찬했다. 그는 또 성령 세례에 대해 올바르게 메시지를 전달하고 체험하게 할 뿐 아니라 제자훈련을 강조하겠다고 공개적으로 선언하기도 했다. 안디옥교회 지원 팀 중 남아공 목장 리더인 최수련 집사가 20명의 성도로 시작, 4년 만에 4개의 가정교회(목장), 108명의 성도로 성장시킨 동력이 제자훈련에 있었음을 간증, 현지 기독인들에게 많은 도전을 주었다.

## 선교사 간 부익부 빈익빈 문제 해결 필요

요하네스버그와 프리토리아 지역의 모든 한인선교사를 초청, 세미나도 가졌다. 십자가는 희생이 아닌 사명이라고 선교사들에게 강조했다. 3시간이 넘는 선교사 좌담회에서 한 선교사는 아프리카에는 희망이 없다고 토로했다. 서양선교사들이 수백 년간, 그리고 한국 선교사들이 수십 년간 힘을 쏟았지만 여전히 구태를 벗지 못하고 있다고 지적했다.

어떤 선교사는 지도자 재교육과 좋은 지도자 양성이 가장 시급하다고 했으며, 어떤 선교사는 때 묻지 않은 어린이 선교가 이 땅의 희망이라고 말했다. 또 어떤 선교사는 실업률 40%의 남아공에서 흑인 전도는 직업교육 선교라고 했다. 어떤 선교사는 30%에 육박하는 에이즈 환자로 아프리카가 사라져 가고 있기 때문에 에이즈 예방교육 선교와 에이즈 환자 구원 선교가 시급하다고 강조했다.

선교사들은 한국 교회에 다음과 같은 것을 요청했다. 첫째, 초교파적으로 아프리카 선교를 후원해 줄 것. 둘째, 선교사 간 부익부 빈익빈 문제를 해결하고 지원을 강화해 줄 것. 셋째, 현장을 존중하는 선교 시각을 가져줄 것. 예를 들면 남아공에서는 벤츠나 BMW를 국민차로 사용하는데 한국의 시각으로 이를 보고 단편적으로 평가해서는 안 된다는 것. 넷째, 자비량 선교사역을 지원해 줄 것.

### 찬양하고 춤추며 복음 전한 노방전도단

우리는 러스텐버그 하나님의성회 신학교에서 교회지도자 세미나를 가졌다. 고유문화와 풍습에 젖어 복음이 변색돼 있는 그 땅에 큰 도전과 충격을 주었다. 교무처장인 한 교수는 "나는 많은 한국인과 교제하고 이메일을 주고받고 사진도 찍었는데 당신 같은 한국인은 처음 보

▲ 노방전도 시 현지 마을 아이들과 함께힌 신화석 목사.

았다"고 말했다. 학장인 말랑구 박사는 "러스텐버그의 목회자들이 모두 들었어야 하는데 오늘 참석하지 않은 사람이 적지 않다"면서 "또 이 같은 세미나를 가졌으면 좋겠다"고 제안했다.

우리는 메리팅 지역에서 영어와 줄루족어를 사용하며 노방전도를 했다. 선교 팀과 교회 지원 팀 및 조 선교사가 운영하고 있는 코리아나 선교센터 스태프와 제자 등 50여 명이 동원됐다. 순식간에 100여 명의 어린이와 어른들이 따라붙었다. 골목마다 사람들이 나와서 전도 메시지를 들었다. 넓은 공터에서 스태프가 찬양하며 춤을 추었다. 그런데 흑인들의 찬양과 율동을 우리는 도저히 따라갈 수 없었다. 하나님이 주신 은사로 가히 천부적이었다. 우리는 6시간이나 곳곳에서 찬양하고 춤추며 복음을 전했다.

15일 주일 오전 11시에는 지역 비신자들을 시청 홀에 초청, 전도집회를 가졌다. 300평의 넓은 홀을 가득 메운 비신자들과 함께 4시간에 걸쳐 찬양과 공연, 전도 메시지를 전해 수백 명의 영혼을 구원했다. 안수기도 시간에는 너무 많은 사람이 몰려들어 한 번씩 안수하기에도 버거웠다.

시청 홀 바로 옆 1,500평의 땅에 안디옥교회 남아공 목장이 2천만 원을 헌금해서 안디옥선교센터가 세워지고 있다. 선교 팀이 도착하기 전 건물을 완공하려고 했지만 계속된 비로 공사가 늦어져 헌당식을 갖지 못했다. 향후 선교센터는 평일에는 무료 유치원, 주일에는 예배당으로 사용될 것이다.

정리 = 함태경 기자

## '검은 대륙 선교 아버지' 숨결 들리는 듯

2004년 3월 5일 〈국민일보〉 보도자료

선교 팀은 남아프리카 공화국 사역을 은혜롭게 마치고 '아프리카 선교의 아버지'로 불리는 데이비드 리빙스턴의 발자취를 더듬어 보기 위해 케이프타운으로 향했다. 어린 시절 나는 그에 대한 글을 읽고 흥분했던 것을 잊을 수 없다. 그곳에서 우리는 남아공 교회사를 쓰고 현재 신학대학에서 강의하고 있는 한 교수를 만났다. 그 교수에게 2시간쯤 리빙스턴에 대한 강의를 들은 뒤 리빙스턴의 첫 기착지인 워터프런트 항구를 찾았다. 리빙스턴의 흔적은 온데간데없고 여느 항구와 다를 바 없었다.

1813년 스코틀랜드의 가난한 집안에서 태어난 리빙스턴은 10세 때 학업을 중단하고 노동을 해야만 했다. 그러나 17세 때 강력한 소명을 받고 의학과 신학을 공부하면서 중국선교에 관심을 갖게 됐다. 런던 선교회에 가입한 그는 아프리카 선교사였던 머펫의 영향을 받게 된다. 의학과 신학공부를 마친 그는 머펫 선교사의 딸 메리와 결혼하고 아프리카로 떠났다.

▲ 리빙스턴 동상 앞에서 기념촬영을 하고 있는 선교 팀. 리빙스턴은 아프리카를 사랑한 위대한 선교사였다.

1840년 워터프런트 항구에서부터 아프리카 사역을 시작했다. 리빙스턴은 이곳에서 1년쯤 사역하다가 머펫 선교사의 사역지 쿠르만(남아공과 보츠와나 접경지역)으로 이주했다. 그 후 탐험가적 기질과 개척자적 정신에 따라 그는 한 지역에 머무르지 않았다. 자연히 제자를 양성, 훈련시키고 교회를 세우는 데 소홀했다. 오히려 아프리카 곳곳을 탐험하며 후임 선교사들이 사역을 할 수 있는 길을 터 주었다.

리빙스턴은 남아공, 보츠와나, 짐바브웨, 잠비아, 콩고, 앙골라, 르완다, 케냐 등에서 사역했다. 그는 영국 왕실의 명령으로 잠베지 강과 나일 강의 근원을 알아내기 위해 1855년 11월 3일 쿠르만을 떠나 12일 후 칼라히 섬에 도착했다. 그는 그곳에서 하루를 보낸 뒤 계속 항해를 하던 중 커다란 구름기둥을 보고 지금의 리빙스턴 섬에 도착, 서양인 최초로 거대한 폭포를 발견했다. 원주민들은 그곳을 '천둥 속의 연기'라고 부르고 있었다. 리빙스턴은 그 폭포를 빅토리아 여왕의 영광을 기리기 위해 '빅토리아 폭포'로 명명했다.

그는 또다시 선교지를 잠비아 내륙으로 옮겨 여러 곳에 선교기지를 마련하고 복음을 전했다. 몸이 쇠약해지자 영국 왕실과 주위에서 은퇴를 종용하자 그는 은둔해 버렸다. 그를 사랑하던 사람들은 스탠리 기자를 동원, 리빙스턴을 찾게 했다. 스탠리는 리빙스턴이 치탐보에서 사역하는 것을 알게 됐다.

리빙스턴은 은퇴 후 좋은 조건에서 살 수 있도록 조치하겠다는 영국 왕실의 제안을 받았지만 거부했다. 오히려 사랑하는 아프리카에서 죽겠다고 했다. 후에 그의 제자들은 침대 위에서 기도하던 중 하나님의 품에 안긴 리빙스턴을 발견했다. 그때 리빙스턴의 나이는 60세였다. 아프리카인들과 그의 제자들은 그의 심장을 치탐보에 묻었고, 그의 시신은 영국의 웨스트민스터 사원에 안장됐다.

선교 팀은 칼라히 섬을 방문하기 위해 잠베지 강을 거슬러 올라갔으나 리빙스턴의 흔적은 찾아볼 수 없었다. 단지 빅토리아 폭포 앞에 그의 동상이 서 있을 뿐이었다.

선교 팀은 그의 흔적이 가장 많이 남아 있는 잠비아의 리빙스턴 타운과 리빙스턴 박물관, 리빙스턴 기념교회를 찾아갔다.

먼저 박물관에 들어서니 초라하기 그지없었다. 리빙스턴이 쓰던 모자, 입던 재킷, 사용하던 의약통, 총, 책, 가족사진, 그가 다녔던 지역을 표시한 지도 뿐이었다.

안내원의 설명을 들었다. 국가 후원자들에 의해 박물관이 운영된다고 한다. 그녀에게 리빙스턴에 대한 평가를 요구했다. 그녀는 "리빙스턴은 아프리카에 복음을 가지고 왔고, 노예 해방에 큰 공헌을 하였으며, 가난하고 병든 아프리카를 사랑한 위대한 선교사다. 그래서 우리들은 그를 사랑하고 존경한다"라고 말했다.

선교 팀은 빈약하기 짝이 없는 박물관을 뒤로하고 리빙스턴 기념교회를 찾았다. 담임목사를 만나 리빙스턴의 선교 발자취에 대해 듣고 싶다고 했더니 자신은 리빙스턴에 대해 잘 모른다는 어처구니없는 대답을 들었다.

"기념교회 목사가 리빙스턴의 선교 흔적을 모르면 되느냐"라고 물었더니 그는 "며칠 공부하면 알 수 있다"라고 엉뚱한 대답을 했다. 그런 그에게 리빙스턴에 대한 평을 요청했더니 아프리카에 와서 몇몇 지도자들에게 들은 이야기와 비슷한 평가를 했다.

리빙스턴이 의도한 것은 아니겠지만 그가 선교지 탐험과 개척사역을 하면서 만든 지도와 그림, 사진 등이 외부에 알려지면서 오히려 제국주의에 이용됐다는 평가다. 그가 수집한 정보로 인해 노예상이 활개를 쳤으며, 수많은 아프리카의 보고들이 강탈당했다. 침략 루트로 이용되기도 했다.

리빙스턴에 대한 상반된 평가 때문에 선교 팀은 잠시 혼란스러워졌다. 이미 출판된 책들과 현지인들의 목소리, 박물관에 보관된 기록과 흔적들이 서로 달랐던 것이다. 책을 기록할 때 고증과 현장 확인이 반드시 필요하다는 것을 절감했다.

그렇지만 선교 팀이 내린 결론은 리빙스턴은 아프리카를 사랑한 위대한 선교사였다는 점이다. 한 가지 아쉬운 점은 그가 제자 양성과 훈련에 소홀했다는 것이다. 교회를 든든히 세우는 일에 힘쓰지 못했던 것은 현대교회의 선교에 커다란 교훈이 될 것이다.

정리 = 함태경 기자

## 1.
### 희망 제로 아프리카

선교사님들과의 만남에는 항상 가슴 설렘이 있다. 도전적인 그들의 삶 속에서 복음의 위대함을 보기 때문이다. 오늘도 요하네스버그 인근의 선교사님들과의 만남이 있다. 남아공에 한국인 선교사 약 50여 가정이 사역을 하고 있고, 요하네스버그 주변에는 15가정쯤 된다고 한다.

오전 10시경부터 선교사님들이 선교센터로 모여들었다. 한 번도 만나본 적이 없지만 그리스도의 용사들을 만나는 것은 큰 기쁨이자 행복이다. 서로 반갑게 인사를 나누고 세미나를 가졌다. 지난해 내 인생의 전환점이 되었던 요한복음 19장 17절의 말씀, 예수께서 자기 십자가를 지신 말씀으로 1시간 가량 은혜를 나누었다.

"십자가는 희생이 아니라 사명이다. 그러므로 자랑할 것이 못 된다. 선교사의 길 가는 것은 희생이 아니다. 만일 희생이라고 생각하면 그때부터 자랑할 것이 많고, 또 자신의 노고를 알아주지 않을 때 속상하다. 그러나 사명이라고 생각하면 마땅히 할 일을 하는 사람이므로 결코 자신의 노고를 자랑할 수 없다. 절망하지도 않는다. 사명은 예수님처럼 침묵으로 완수해야 하며, 아무리 어려운 상황에서도 내가 해야 할 것을 해야 한다. 그리고 죽어야 한다. 예수님께서는 죄인 된 피조물이 의로운 창조주를 욕하고 침 뱉고 모욕해도 대항하거나 변명하거나 책망하거나 저주하지 않고 침묵하셨다. 인간의 한계상황을 이미 넘은 십자가 위에서도 강도의 요구를 들어주며 배려하셨고, 십자가 아래에 있는 어머니를 제자 요한에게 부탁하셨다. 마땅히 자신이 해야 할 일을 하신 것이다. 그리고 아주 죽으셨다. 이것이 사명자가 가야 할 길이다"라고 강의했다. 선교사님들이 많은 은혜를 받았다고 했다.

이어서 '남아공에서 효과적인 선교사역은 무엇인가? 그리고 한국 교회가 남아공선교를 위해 어떻게 후원을 해야 할 것인가?'에 대한 좌담회를 했다. 많은 이야기가 오갔다.

오후 4시에 겨우 절제하고 끝났으니 참으로 오랜 시간을 이야기한 것이다. 그 많은 대화 중에 한 분의 선교사님이 폭탄선언을 하였다. "아프리카는 희망이 제로입니다. 이미 서양 선교사들이 수백 년간 온 힘을 다 쏟았으나 이 모양입니다. 한국 선교사들이 와서 온 힘을 쏟고 있으나 이들의 모습에 큰 변화가 없습니다. 이 아프리카 대륙을 뒤덮고 있는 게으름의 문화, 부도덕의 문화는 누구도 해결할 수가 없습니다."

얼마나 답답하면 저렇게 말씀하실까? 복음이 수백 년 또는 2천 년 동안 크게 역사하지 못했던 지역을 다니면서 쌓인 그 가슴 답답함을 어떻게

▲ 한인선교사들과 세미나 및 좌담회를 갖는 모습.

표현 할 수 있었겠는가? 선교사님의 말씀에 충분히 공감한다. 그러나 희망을 버릴 수는 없다. 그 까닭은 살아 있는 복음이 사람을 새롭게 창조하기 때문이다. 아무리 망가진 그릇도 용광로 속에 들어갔다가 나오면 새로운 그릇으로 변화되듯이 어떠한 사람도, 어떠한 문화도 복음 안에 들어가면, 예수 안에 있으면 새로운 피조물이 된다. 그래서 아프리카에 대한 희망을 포기해서는 안 된다.

아프리카 희망 제로가 아니라 아프리카 희망 100%이다. 이것은 복음이 위대하기 때문이다. 복음은 반드시 승리하기 때문이다. 복음의 감격이 약한 것 같다. 예수 그리스도와의 감격적인 만남이 부족한 것 같다. 복음은 문화도, 전통도, 악함도 모두 변화시키고 새것을 창조한다. 이 위대한 복음이 힘 있게 증거되는 한 아프리카에는 희망이 있다.

포기하지 말자! 하나님은 희망 제로인 범죄한 인간을 포기하지 않으셨다. 그리고 그의 독생자를 보내 주셨다. 예수님의 죽기까지의 복종은 결국 사악한 인간, 희망 제로인 인간을 변화시켰다. 그리고 많은 선교사님들이 예수 그리스도를 위해 생명을 버리는 것을 기쁘게 감당하고 있다. 바로 이 피 묻은 복음이 아프리카를 살릴 것이다.

아프리카 희망 100%! 이렇게 소리칠 날이 오게 하자! 선교사님들의 외로운 싸움에 우리 함께 동참하자, 그리고 동역하자!

아프리카 희망 100%!!!

## 2.
## 당신 같은 한국인은 처음입니다

러스텐버그에 소재한 신학교에서 남아공의 교회 지도자들을 초청해서 세미나를 열었다. 사회자는 이 신학교 교무과장이며 교수였다. 아울러 신학교 학장 부부를 비롯한 신학교 학생들과 이곳 교회 지도자들이 한자리에 모였다.

사회자가 "안녕하십니까? 감사합니다"라는 인사말을 했다. 우리 선교팀이 깜짝 놀라니까 자기는 한국 사람들을 많이 알고 있다고 했다. 한국 사람과 찍은 사진이 많이 있고, 남아공에서 많은 한국인들과 교제하며 편지를 주고받는다고 말하며, 자신이 남아공 한국통임을 자랑한다. 그가 한국 사람들에게 친근감을 표시하는 것이 싫지 않았다.

남아공에서는 조선 교회사를 통해 바른 신앙을 심어 주고 바른 교회 공동체 생활을 가르치면 "그것은 너희 한국의 문화가 아니냐?"라고 치부해 버린다고 한다. 그래서 세미나를 시작하면서 쐐기를 박았다.

"오늘 여러분과 나눌 말씀은 하나님의 말씀입니다. 성경 속에 있는 하나님의 계시된 말씀입니다. 이 말씀은 한국의 문화가 아닙니다. 하나님의 말씀은 시대를 뛰어넘어 모든 사람들에게 주신 것이며, 모든 사람을 변화시켜 왔습니다. 복음은 문화를 뛰어넘어 사람을 새롭게 하였습니다. 복음은 종족과 피부색을 뛰어넘고 전통도 뛰어넘어 새 창조를 했습니다. 이제 하나님의 말씀이 여러분 속에서 여러분을 변화시키며 자유롭게 역사하도록게 하려면 지금까지 여러분이 굳게 지키고 또 가지고 있던 지식, 경험, 문화, 전통을 내려놓으십시오. 그래야 하나님의 말씀이 여러분을 변화시키고 새롭게 할 것입니다. 하나님의 말씀 앞에서는 여러분의 문화도, 전통도, 국교도, 사상도 모두 내려놓아야 하나님의 사람이 되는 것입니다."

모두가 아멘으로 화답하고 박수를 친다. 나는 가장 건강한 삶으로서 그리스도인의 길을 보여 주시고 가신 예수님의 삶을 소개하였다.

"가장 폐쇄적인 나라, 자기들의 종교와 문화와 전통을 끝까지 고수하면서 자기들만이 하나님의 선민이라고 고집하고, 세계 모든 족속을 이방인으로 치부하고 짐승처럼 대하는 나라, 이스라엘! 이곳에 예수님은 오셨다. 그리고 유대의 전통과 문화도 지키고, 짐승 취급하는 이방인들과 사마리아 동네에도 복음을 전하셨다. 모든 사람을 하나님의 자녀로 받으시고 사랑하신 것이다.

예수님은 태어나실 때부터 성령으로 태어나셨다. 죄악의 종자로서는 성령의 열매를 맺을 수가 없다. 콩 심은 데 콩 나고, 팥 심은 데 팥 난다. 첫 단추를 잘 끼워야 다음 단추도 바로 끼워진다.

▲ 신화석 목사께 감사하는 신학교 학장과 통역하는 Jun 형제.

성령으로 거듭났는가? 아프리카의 기독교인들은 입으로는 모두 거듭 났다고 고백한다. 그런데 생활은 엉망이라는 소리를 들었다. 진정 거듭났 는가? 그렇다면 열매를 보여라. 증거를 보여라. 생명은 성장하며 열매를 맺는다. 그러나 무생명은 성장도 없고, 열매도 없다.

거듭났으면 고난의 학교 졸업장을 가져오라. 신학교 졸업장이 좋은 목 회자 자격을 주는 것이 아니다. 고난의 학교 졸업장이 좋은 목회자를 만 든다. 예수의 일생은 고난을 이기는 생애였다.

가정 경제를 책임져야 한다. 예수 그리스도는 어려서부터 가정의 경제 를 책임지셨다. 노동은 인격을 드러낸다. 성경에 일하기 싫거든 먹지도 말라고 했다. 목회자의 노동은 기도노동, 성경연구노동, 전도노동, 양육 노동, 제자훈련노동이다. 이 노동에 땀을 흘려야 먹을 것이 생겨난다."

예수님의 인생을 3시간 가까이 있는 힘을 다해 전했다. 20번 이상 박수가 쏟아지고 아멘을 연호했다. 어느 순간에는 심각하게 얼굴이 굳어지는 때도 있었다. 세미나가 끝나고 감사의 인사를 신학교 학장 말랑구 박사(Dr. E Mahlangu)가 나와서 했다.

"이런 강의는 처음 듣는다. 러스텐버그 모든 교회 지도자들이 한 사람도 빠짐없이 다 들었으면 좋겠다. 앞으로 이런 세미나를 또 열어 닥터 신의 강의를 듣고 싶다"라고 했다. 또한 사회자는 "나는 한국 사람을 많이 만나 보았다. 그런데 당신 같은 한국 사람은 처음 본다. 우리를 새롭게 해 주었다"라고 감사의 말을 했다. 다시 박수와 아멘이 터져 나왔다. 피곤이 싹 가셨다.

내가 복음을 전하기 위해, 세계를 변화시키기 위해 선교여행을 떠난 이유가 여기에 있다. 주님의 명령에 순종하면 반드시 좋은 열매가 있다.

## 3.
## 메리팅 시청 홀

러스텐버그 시에 메리팅 지역이 있다. 이곳에 시청 홀이 있는데, 시청 홀 바로 옆에 1,500평의 땅을 매입하고 안디옥선교센터가 건립되고 있다. 우리 선교 팀이 도착하기 전에 건물을 완공하려고 했지만 허가를 받고 건축을 시작하려고 할 때 계속해서 비가 와서 기초를 파놓은 땅이 허물어져서 공사가 늦어졌다. 건물 입구에 벽돌을 쌓고 그 위에 안디옥선교센터라는 간판을 붙여 놓았다. 안디옥성결교회 남아공 목장(목자 최수련 집사)에서

2천만 원을 헌금해서 세워지게 된 것이다. 건물이 완공되지 못해 헌당식을 못했지만 곧 이곳에서 유치원을 운영하고, 많은 어린이들이 무료로 양육되며, 주일에는 예배당으로 사용할 것이다.

안디옥선교센터와 경계를 두고 있는 메리팅 시청 홀을 빌려 전도집회를 하게 되었다. 바닥 면적이 300평은 족히 될 공간이다. 이 넓은 공간에 인근 주민들을 초청하기 위해 어제 노방전도를 6시간이나 했다. 주일 아침 8시에 코리아나선교센터에서 조성수 선교사님과 모든 스태프, 그리고 안디옥 선교 팀이 모여 예배를 드렸다. 오전 10시에 전도집회를 위해 메리팅에 있는 시청 홀로 향했다. 현수막을 붙이고, 음향과 영상 시스템을 점검하고 넓은 홀에 의자를 배열하고 11시가 되었는데, 모인 사람은 불과 100여 명뿐이다. 조성수 선교사께서 나에게 다가오시더니 "목사님, 이곳 남아공은 11시에 시작한다고 하면 12시쯤 모여듭니다. 걱정하지 마세요. 이제 오기 시작할 것입니다"라고 했다. 어린이들이 먼저 와서 자리를 잡았다. 찬양 팀이 찬양을 인도하고 있는 사이 사람들을 동원하기 위해 안디옥 선교지원 팀과 선교센터 스태프들이 주변을 한 바퀴 돌면서 주민들을 초청했다.

12시가 되면서 시청 홀이 가득 찼다. 예정했던 예배가 1시간이나 늦게 시작되었다. 우리 선교 팀은 지금까지 거쳐 온 8개국에 대한 영상 선교보고를 하였다. 러스텐버그 시민들은 영상을 호기심 어린 눈으로 지켜보았다. 찬양 팀이 즐겁게 율동하며 찬양한 후에 내가 메시지를 전했다.

"'수고하고 무거운 짐을 진 자들아, 다 내게로 오라. 내가 너희를 편히 쉬게 하리라'라고 초대하신 예수 그리스도께 여러분의 모든 문제들을 가지고 오십시오. 구원의 문제, 죄와 용서의 문제, 육체적·정신적 질병의

▲ 메리팅 시청홀에서 말씀을 선포하는 신화석 목사.

문제, 예수 그리스도를 믿다가 낙심한 영적 질병의 문제 등 모든 문제를 예수 그리스도에게로 가지고 오십시오. 예수 그리스도께서는 여러분의 모든 짐을 대신 지시고, 여러분에게 구원과 평안을 주실 것입니다. 우리 가정에도 2002년도에 너무나 크고 불행한 고통이 있었습니다. 그것은 큰 딸 신혜화 전도사가 임신을 했는데, 축복기도를 할 때 태아가 장애인이라는 것을 하나님께서 보여 주셨고, 병원에서 의사가 검사를 한 후 장애인이라고 하였습니다. 너무나 기가 막혀 기도의 동지들에게 기도를 부탁했더니 두 사람으로부터 뱃속에 있는 아이가 장애인이라는 환상을 보았다고 연락이 왔습니다. 우리들은 이 문제를 주 예수께로 가지고 갔습니다. 그리고 처절한 기도를 하였습니다. '지금 뱃속에서 창조되는 아이입니다. 사지백체 오장육부를 튼튼하게 창조하시고, 뱃속에서부터 세례 요한처럼 성령 충만하게 하소서' 기도하였습니다. 그리고 열 달이 지나 아이가 태어났습니다. 그 아이를 영상으로 보여드리겠습니다."

손녀 누리의 영상을 보여 주었다. 우레와 같은 박수가 터져 나왔다. 누리의 간증을 가는 나라마다 했다. 누리는 세계적인 사람이 되어 버렸다. 설교 후 구원 초청을 하였다.

"모든 문제를 예수 그리스도에게 맡기고 기도하겠습니다. 나의 죄를 용서해 주시고, 나를 구원해 주실 분은 예수 그리스도뿐이심을 믿는 사람은 일어서십시오. 모든 불행의 문제를 예수 그리스도께 맡기면 해결해 주실 줄 믿는 사람은 일어서십시오. 내가 여러분을 위해 기도해 드리겠습니다."

수백 명의 사람들이 자리에서 일어섰다. 영접기도를 하고 그들을 앉혔다. 이때 조성수 선교사가 나와서 "신화석 목사님의 영력이 있는 기도를 받기를 원하시는 분은 앞으로 나오십시오"라고 초청할 때 사람들이 구름떼처럼 모여들었다. 사람이 너무 많아 일일이 안수기도를 할 수 없다고 하자 조성수 선교사는 한 번씩 터치만 해달라고 했다. 그리고 조 선교사 본인부터 안수해달라고 했다. 길게 늘어선 사람들의 머리나 등에 한 번씩 터치만 하는데도 계속해서 사람들이 모여들었다.

"주님의 성령이 충만하면서 이들의 생각을 사로잡으시고, 예수 그리스도를 왕으로 모시고, 항상 신앙의 기쁨을 누리게 하소서. 이들의 모든 문제를 주님께 가지고 나올 때 주님께서 이들의 짐을 덜어 주시고 응답하소서." 터치를 마치고 간절히 기도했다.

메리팅 시청 홀. 하나님께서 오늘 전도집회의 열매를 거두시고, 재생산되도록 하실 것이다. 할렐루야!

여차 1- 11

# 가나

2004/02/23~2004/02/29

# 가나(가나 공화국)

- 국가 일반 정보
  ① 면적 : 24만$km^2$
  ② 인구 : 2,400만
  ③ 수도 : 아크라
  ④ 언어 : 영어, 토착어
  ⑤ 1인당 GDP : 1,500$
  ⑥ 화폐단위 : 세디(Cedi)
  ⑦ 종교 : 기독교 63%, 이슬람교 16%, 토착종교 21%
  ⑧ 종족 : 아프리카 흑인 98.5%, 유럽인 및 기타 1.5%

- 1874년 영국의 식민지가 되었다가 1957년 3월 6일 가나로 독립하여 1960년 공화국이 됨.

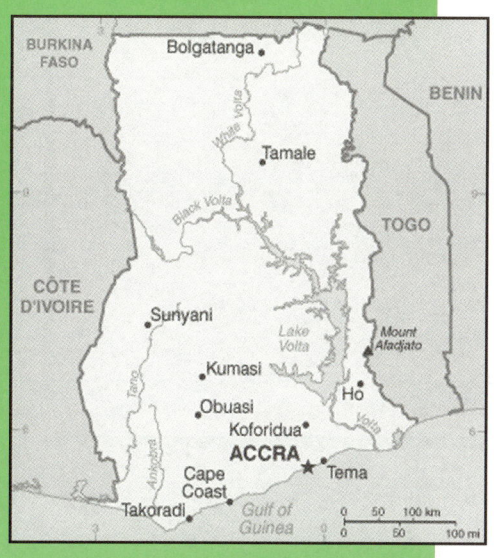

안디옥 선교 팀의 선교 여정은 은혜의 물결이 넘쳐 감동적이었습니다. 무엇이라 형용할 수 없을 만큼 그들의 시간과 마음과 생각과 열정들은 주님을 향한 십자가 위의 산 제물이었습니다. 그 제물들이 하늘의 신령한 불로써 이 땅 위에서 태워지며, 태워진 공간에는 주님의 영광과 은혜로 충만했습니다. 말씀을 통한 기적의 역사와 세미나를 통한 영혼 변화의 모습들 속에서 가나와 열방의 영혼들을 향한 새로운 비전과 영혼들을 향하여 내 자아를 번제물로 드리고픈 결단의 감동들이 가득했습니다.

2010년 7월 10일
유미현 선교사
가나 신학대학 학장

## 노예무역 아픈 상처 믿음으로 치유

2004년 3월 12일 〈국민일보〉 보도자료

아프리카 서부 대서양 연안에 위치한 가나에 도착한 선교 팀은 먼저 살인적인 더위와 각종 질병과 싸워야 했다. 아크라 공항에서 유미현, 양택식 선교사의 따뜻한 영접을 받은 우리는 먼저 섭씨 40도의 무더운 날씨에 맥이 풀렸다. 게다가 독일의 바셀 선교회 선교사 141명의 목숨을 앗아간 말라리아, 콜레라, 장티푸스, 뇌수막염 등 무서운 복병이 우리를 기다리고 있었다.

선교 팀이 도착하기 전 이미 콜레라와 뇌수막염 경계령이 발효된 상태였다. 지난달에도 이로 인해 수십 명이 숨졌고, 지난 3년 동안 가나에 정착했던 한국인의 10%가 풍토병으로 목숨을 잃었다. 그러나 전능하신 하나님께서 우리를 지켜 주실 것으로 믿고 담대히 사역을 시작했다.

가나의 공용어는 영어이지만 75개 부족이 각기 다른 언어를 사용하고 있다. 가나 기독교계에서 가장 존경을 받고 있는 아조리 목사님은 강의를 통해 기독교 69%, 이슬람 15.6%, 토속종교 8.5% 등의 분포율을 보이고 있다고

▲ 신화석 목사가 베고로 안디옥교회 헌당예배를 마친 뒤 현지 어린이를 안고 즐거워하고 있다.

소개했다. 그러나 그는 "가나의 기독 인구는 단지 기독교 선호자들일 뿐 진짜 기독인은 35% 정도에 불과하다"고 안타까워했다. 한인 선교사들의 평가는 더욱 비관적이었다. 주일예배에 한 달에 두 번 정도 참석하는 사람은 20% 정도, 거듭난 성도는 5% 미만이라는 것. 외국 선교사들은 거듭난 성도가 10% 미만일 것이라고 평가했다.

가나 교계의 또 다른 문제점은 수천 개에 달하는 교파이다. 교회 2~3개가 모인 교파가 부지기수이고 신학교를 나오지 않은 목회자, 사복음서도 잘 모르는 목회자가 많다. 게다가 토속종교 행사에 참석, 제사를 드리는 목회자도 셀 수 없을 정도다.

그러나 가나에는 선교사의 피가 짙게 흐르고 있었다. 1815년 독일에서 세워진 바셀 선교회 소속 선교사 4명이 1825년 가나로 파송을 받았다. 이들 중 3명은 1829년 8월에, 1명은 1831년에 풍토병으로 순교했다. 선교회는 1832

년 또다시 3명의 선교사를 보냈다. 그러나 도착 6주 만에 1명이 사망하고 곧바로 뒤를 이어 1명이 사망했다. 단지 앙드레드 니스 선교사만 살아남았다. 이들의 피 위에 가나의 기독교가 세워진 것이다.

선교 팀은 한인 선교사들의 사역 열매를 일일이 확인하며 자부심을 느꼈다. 교회 개척은 물론 유치원, 농장, 신학교 사역 등을 통해 복음적인 현지인들을 세워 가고 있었다. 특히 유미현 선교사는 초등학교, 농장, 신학교 사역과 교회개척, 제자훈련 등을 잘 감당해내고 있어 현지 교계로부터 주목을 받고 있다.

유 선교사는 신학교를 수도원처럼 운영하고 있었다. 한 달에 4일간 모든 교수진과 학생이 금식하며 '여호와께 성결' 이라는 모토로 교육과 훈련을 시키고 있었다. 여기서 훈련받은 목회자들은 금식과 철야예배를 드리며 영혼 구원에 적극 나서고 있다. 이슬람 지역에 교회를 개척한 한 교역자는 1년 만에 성도 100여 명이 출석하는 교회로 성장시켰다. 이번에 안디옥교회가 세운 3개의 예배당 중 하나를 이곳에 세웠다. 예배당을 건립하는 사이 50여 명이 하나님을 영접, 지금은 출석성도가 150여 명에 달한다.

가나는 아픈 역사를 갖고 있다. 1470년 포르투갈인이 처음 발을 내디딘 이래 1481~1482년 지금의 케이프 코스트 서쪽 엘미나에 성채를 지어 금과 노예무역을 시작했다. 엘미나 노예성은 가나인들의 수치심을 자극하는 곳이다. 지금도 가나인들은 이곳을 방문하면 슬픔에 잠기곤 한다. 노예상들은 10명이 들어갈 수 있는 방에 70~80명을 집어넣고 공기구멍 몇 개만 뚫어 놓았다. 그리고 성채 중앙에 아름다운 2층 예배당을 세웠다. 이것이 기독교가 아프리카에서 자행한 아픈 흔적이다.

선교 팀은 테마 시에서 대형교회를 이끄는 목사와 대화하면서 얼굴이 뜨

▲ 신화석 목사 등 선교 팀이 아크로퐁 마을에서 유미현 선교사 및 현지인들과 함께 노방전도하는 모습.

거워지는 경험을 했다. 그는 백인들이 와서 기도를 가르쳐 준 뒤 기도하라고 해서 기도했는데 눈을 떠보니 자신들의 소중한 것들을 모두 가져가 버렸다고 웃지 못할 조크를 던졌다. 선교사들은 가나의 음란, 게으름, 구걸, 거짓말 문화에 치를 떨면서 "흑인의 피는 검을 것"이라는 말로 사역의 어려움을 우회적으로 표현했다. 답답했다.

그러나 집회가 계속되면서 그 해법을 찾기 시작했다. 목회자 세미나, 평신도 집회, 노방전도, 교회 헌당식 등의 사역을 벌이면서 성령의 역사는 검은 피도 붉은 피로 바꿀 수 있고, 굴절된 문화를 새롭게 바꿔 나갈 수 있다는 희망을 갖게 됐다.

특히 예배당 헌당식은 감동의 물결을 이뤘다. 당시 추장의 장례식도 열렸다. 가나의 장례식 문화는 특별하다. 모든 일이 중단된다. 그래서 대추장의 장례식 때문에 예배당 헌당식에 사람들이 오겠느냐고 걱정을 했는데 입추의 여지 없이 모여들었다. 감격적인 예배를 드렸다.

노방전도 때는 더 큰 감동을 받았다. 전도집회를 마치고 노방전도에 나서자 집회에 참석했던 성도 300여 명이 참여했다. 2시간 동안 아크로퐁 시를 뒤흔들어 놓았다. 이 도시는 바셀 선교회 본부와 가나 최대의 교육대학, 가나 최초의 신학교가 있는 지역이다. 300여 명이 안디옥 선교 팀의 뒤를 따라가며 찬양하고 춤추며 복음을 전했다.

선교사 세미나 후 좌담회에서 한국 선교사들은 이구동성으로 팀 사역의 필요성을 강조했다. 그리고 신학교와 일반학교를 세워 제대로 된 목회자와 사회지도자들을 양성하고, 어린이 사역을 통해 아프리카의 잘못된 문화에 물들기 전 성경의 사람으로 키워내는 것이 가나 선교의 최우선 과제라는 데 동감했다.

아울러 선교사들은 한국 교회가 선교현장을 정확히 이해해 주기를 바란다고 밝혔다. 한국적 시각이 아닌 선교 현지의 시각으로 사역을 격려하고 후원해 주길 바랐다. 선교사의 생존 문제인 의식주와 자녀교육 문제를 적극 도와줄 것도 호소했다.

가는 곳마다 한국 교회를 부르고 있다. 문제는 한국 교회가 건강하고 강해져야 한다는 것이다. 선교 팀은 사막 길을 16시간이나 달려가 사막 한복판에서 사는 미전도 종족 툴카나 부족을 만나기 위해 길을 재촉했다. 가나의 영혼에 대한 부담을 안은 채…….

정리 = 함태경 기자

## 1.
## 가나에서 보내는 SOS

두 번째 SOS를 보냅니다. 이곳 가나 공화국에 도착했습니다. 우리를 기다리고 있는 것은 가나 정부의 콜레라에 대한 비상 경계령과 뇌수막염에 대한 비상 경계령이었습니다. 그리고 장티푸스와 말라리아가 우리를 위협하고 있었습니다. 현지에서 콜레라로 30여 명이 죽었다고 합니다. 이곳 한인교회에서 사역하시던 사모님이 3년 전 말라리아로 사망했고, 남아공에 계신 한인 장로님이 지난해 가나를 방문했다가 말라리아로 사망하셨습니다. 우리를 돕는 선교사님도 얼마 전 말라리아에 걸려 체중이 8kg이나 빠졌는데 겨우 회복이 되었고, 다른 선교사님 한 분은 사모님이 말라리아에 두 번이나 걸려 사역을 포기하고 한국으로 돌아간다고 하셨습니다.

말라리아 환자를 문 모기가 다른 사람을 물면 곧바로 말라리아를 옮긴다고 합니다. 말라리아는 곧바로 증상이 나타나기도 하고, 몇 주 후에 나타나기도 하고, 보균상태로 있다가 몸이 너무 피곤해서 저항력이 떨어지면 나타나기도 한다고 합니다. 이곳 선교사님은 우리 선교 팀에게 "그렇게 강행군하시고 일주일에 며칠씩 밤을 새우시면 말라리아에 걸릴 확률이 높습니다. 조심하십시오"라고 충고를 하였습니다.

우리 선교 팀도 약간 겁을 먹고 있습니다. 계속 사역을 진행해야 하는데 누구 한 사람만 넘어져 있어도 사역에 막대한 지장이 오기 때문입니다. 또 어느 나라에서 말라리아 모기에 물려 어느 때 증상이 나타날지 모르니 긴장할 수밖에 없습니다. 콜레라, 뇌수막염, 장티푸스, 말라리아가 가나에서 우리를 기다리고 있습니다. 그리고 다음 주에 가는 케냐는 사막 한복판입니다. 어느 선교사님은 "그곳을 가는 것은 화로를 머리에 이고 사는 것 같다고 생각하십시오"라고 하셨습니다. 그곳 역시 말라리아와 독사, 풍토병 등이 우리를 기다리고 있습니다.

사랑하는 안디옥성결교회 24365 무릎 선교사 여러분! 사랑하는 안디옥성결교회 교우 여러분! 사랑하는 동역자 여러분! 기도해 주십시오. 정말 깊은 기도를 해주십시오. 간절한 기도를 해주십시오. 전능하신 하나님이 우리를 지켜 주셔야 합니다. 하나님만이 우리를 지킬 피난처요, 요새요, 산성이십니다.

오늘 아내와 신 전도사가 모기에 물렸습니다. 내가 농담 삼아 아내에게 "당신이 죽으면 심심해서 어떻게 살지?"라고 했더니, "난 안 죽어요. 하나님이 지켜 주실 거예요"라고 대답을 하였습니다. 아이들은 묵묵히 사역을 하고 있습니다. 어깨에 15kg 이상 되는 장비를 짊어지고 종일 강행군을 하며, 저녁에는 사역을 편집하는 일을 하느라 녹초가 되어 있습니다. 매일 온몸에 근육통 파스를 붙이고 있습니다. 기력이 쇠약해진 상태라서 이곳에서 우리들을 기다리고 있는 무서운 복병들에게 곤욕을 치를까 걱정이 되어 여러분에게 SOS를 보냅니다. 그리고 우리 하나님께도 SOS 기도 전문을 보냈습니다.

계속되는 선교사역에서 하나님의 이름이 높임을 받으시고, 이 땅에 복음의 불길이 솟아오르는 모습을 보고 있습니다. 그래서 감사와 감격이 있습니다. 이것이 우리를 견디게 하고, 용기를 갖고 사역을 계속하게 하고 있습니다. 여러분을 만날 날을 고대하면서 이곳 가나 공화국에서 두 번째 SOS를 보냅니다.


## 2.
## 말라리아가 아프리카를 지켰다

아프리카 대륙은 15세기경 구라파의 말발굽 아래 짓밟힌 슬픈 역사를 간직하고 있다. 특히 노예상인들에 의해 가정이 파괴되고, 사회가 붕괴되면서 동족 간에 반목할 수밖에 없었던 아픔이 있다. 수많은 사람이 노예로 팔려가고, 수많은 지하자원과 문화유산을 강탈당해야 했다.

이들은 지금도 조상들의 아픔을 이야기하며 눈물을 글썽인다. 역사에 대한 강의를 하던 교수도 이 아픔을 이야기할 때 목이 메는 것을 보았다. 듣는 나도 가슴이 미어지는 아픔을 함께 느낄 수 있었다. 우리 민족도 타민족의 지배 아래에서 겪어야 했던 서러운 역사가 있다.

▲ 바젤 선교회에서 파송했던 선교사들의 묘지.

　지배했던 민족들은 지배받은 민족의 아픔을 이해하지 못한다. 궤변으로써 침략을 합리화하고 있다. 자신들의 침략이 그 민족을 발전시켰고, 구습에서 자유롭게 하였고, 발전된 문화를 누리게 해주는 등 공헌을 했다고 한다.
　그러나 행복은 좋은 문화, 좋은 환경, 좋은 조건에 있지 않다. 행복은 화목한 가정, 평화로운 사회를 통해 나오는 것이다.
　아프리카! 너무나 슬픈 역사를 가지고 있다. 그런데 더 많은 슬픔에서 아프리카를 건진 공로자가 있는데, 그가 말라리아라고 한다.
　말라리아가 없었다면 구라파인들과 세계의 열강들이 아프리카를 통째로 삼켰을 것이다. 다행스러운 것은 말라리아가 있어서 구라파 사람들이 이곳에 왔다가 많이 희생을 당하면서 말라리아가 무서워서 아프리카 땅에 와서 사는 것을 두려워했고, 그 결과 아프리카는 이 정도 선에서 지켜

지게 되었다. 말라리아의 지독한 사망률이 얼마나 무서운 것인가를 우회적으로 설명한 것이다.

구라파 백인들의 총칼보다 말라리아는 더 무섭다. 이곳 아프리카에 도착해서 한국인들이 말라리아에 걸려 최근에 사망한 사례도 적지 않다는 얘기를 들었다. 아프리카 교회사에도 보면 많은 선교사와 그 가족들이 말라리아에 의해 순교를 당해야 했다. 그래서 우리 선교 팀은 "가나에서 보내는 SOS"라는 글을 게시판에 올리고 긴급하고 간절한 기도 부탁을 하였다.

세계일주 선교사역이 이제 열한 번째 나라, 열네 번째 주를 맞이하면서 탄력이 붙게 된다.

선교현장에서 그 나라 교계 지도자들과의 만남과 세미나 인도, 그 나라 선교사들과 세미나 및 좌담회, 전도훈련과 실습, 전도집회, 부흥집회들이 시간이 갈수록 더 큰 역사로 나타나고 있다. 언론에 대한 자료 준비와 편집도 시간이 갈수록 더 노련해지고 능숙해져서 선교에 대한 홍보, 이해, 전달, 평가, 반성, 도전, 계획을 세우는 데 탄력이 붙고 있다. 그런데 풍토병에 의해 이 엄청난 선교사역이 중단된다면 얼마나 많은 영혼을 잃어버리게 될 것인가?

절대로 두고 볼 수만은 없다. 그렇게 되도록 방치할 수 없다. 여러 어려운 환경이 발목을 잡더니 이제는 무서운 풍토병이 발목을 잡으려고 하고 있다. 그러나 이 모든 올무에서 벗어나게 하시고 승리케 하실 분이 계시다. 전능하신 우리 아버지와 우리 구주 예수 그리스도, 그리고 우리를 능하게 하시는 성령님이 함께하시기 때문이다.

이제 말라리아가 아프리카를 지키는 것이 아니다. 복음이 아프리카를 지키게 해야 한다. 에이즈에서, 폐결핵에서, 토속 신앙에서 아프리카를 구출해야 한다. 복음만이 이 일을 할 수 있다. 말라리아에 걸린 사람을 모기가 물고 그 모기가 다른 사람을 물면 100% 말라리아가 전염이 된다. 복음은 말라리아보다 전염성이 더 강하다. 이제 "복음이 아프리카를 지켰습니다"라고 고백하게 하자.

1차 1-12

# 케냐

2004/03/01~2004/03/07

## 케냐(케냐 공화국)

- 국가 일반 정보
  ① 면적 : 58만km²
  ② 인구 : 3,800만
  ③ 수도 : 나이로비(Nairobi)
  ④ 언어 : 영어, 스와힐리어
  ⑤ 1인당 GDP : 1,600$
  ⑥ 화폐단위 : 케냐 실링(Kenya Shilling, KSH)
  ⑦ 종교 : 개신교 45%, 천주교 33%, 토착종교 10%, 이슬람교 10%
  ⑧ 종족 : 키쿠유족 22%, 루야족 15%, 루오족 13%, 카렌친족 12%, 캄바족 11%, 키시족 6%, 메루족 6%

- 1963년 12월 12일 독립.

우리 안디옥성결교회의 세계 선교여행은 주님의 지상명령을 준행하는 최고의 프로젝트이며, "주님! 속히 오시옵소서" 주님을 향한 강한 열망이 안겨준 거룩한 프로젝트이다. 주님께서 속히 오시길 소원하고 주님 오심을 앞당기기 위한 안디옥교회의 목사님과 성도님들의 열정의 산물이다. 이를 위해 하나님으로부터 태초부터 선택된 우리 신화석 목사님이라고 생각한다. 그분은 세계선교를 위해 태어난 분이다. 그리고 흔들리는 한국 선교의 길을 바로잡고 선교의 뿌리를 견고하게 정착시키기 위해 최선을 다하시는 분이다. 말라리아에 걸려 죽음과 사투하시면서도 흔들림 없이 선교일정을 감당해 내시던 목사님의 그 모습을 지금도 잊지 못하고 있다. 앞으로 우리 안디옥교회의 세계 선교여행이 한국 선교를 이끌어 갈 것을 생각할 때 너무 기대가 되고, 이 사역에 함께 동역자가 되었다는 것이 너무 행복하다.

2010년 7월 19일
박흥순 선교사

## 원시 부족 '툴카나' 뜨거운 예수 영접

2004년 3월 19일 〈국민일보〉 보도자료

 세계일주 선교여행 1단계 중 가장 난코스가 케냐였다. 복병 말라리아가 선교 팀을 강타했기 때문이다. 선교 팀은 가나에서의 사역으로 무척 지쳐 있었다. 그러나 사역은 멈출 수 없었기 때문에 선교 팀 중 일부가 말라리아에 걸렸는지도 모르고 지난 1일 오후 8시 가나 아크라 공항을 이륙, 다음 날 새벽 5시 케냐 나이로비 공항에 도착했다.

 반갑게 맞이하는 안디옥교회 파송 박흥순 선교사의 지프에 몸을 싣고 곧바로 사역지 북동부 툴카나로 이동, 밤 9시에 도착했다. 시차를 빼면 꼬박 22시간이 걸린 셈이다. 사막 한복판, 전기는 물론 전화와 수도도 없는 곳에 박 선교사의 숙소가 있었다. 선교 팀 일부는 선교사 숙소에, 일부는 모래밭에 텐트를 치고 여장을 풀었다.

 나이로비는 해발 1,800~2,000m에 위치하고 있어서 시원했지만 툴카나는 섭씨 40도를 오르내렸다. 툴카나는 사막과 산악지대로 이뤄져 있다. 모래

▲ 말라리아에 감염됐음에도 불구하고 안디옥교회 선교 팀의 케냐 사역은 멈추지 않았다. 사진은 엘렐레 안디옥교회에서 집회를 인도하고 있는 신화석 목사.

와 마른 강바닥, 자갈과 언덕들로 이루어진 이 지역은 인간과 동물의 생존 자체가 불가능할 만큼 빈약한 강우와 타는 듯한 더위가 휘감고 있었다.

어느 선교사는 아프리카에 3대 불가사의가 있는데 첫째는 킬리만자로 산의 만년설이 녹지 않는 것, 둘째는 빅토리아 호수의 물이 마르지 않는 것, 셋째는 툴카나 부족이 사라지지 않는 것이라고 말했다. 그만큼 살기 힘든 곳에서 툴카나 부족 35만 명이 살고 있다. 직접 보니 정말 원시 상태 그대로였다. 케냐인조차 툴카나 부족이 자민족에 포함되는 것을 부끄러워해 숨겼으나 그들이 식량난으로 죽어 가자 할 수 없이 외부세계에 알려 구호품을 받게 했다고 한다. 툴카나 부족은 아프리카에서 가장 원시적인 삶을 살고 있다.

툴카나에 도착한 다음 날 박 선교사의 사역지를 돌며 복음을 증거했다. 박 선교사는 노고리 지역을 중심으로 약 150km 반경에 10개 교회를 개척했으며, 이번에 안디옥교회에서 예배당 2곳을 헌당했다.

선교 팀은 우선 노고리를 중심으로 주위에 개척된 6개 교회부터 방문했다. 선교 팀이 도착하기 전 각 교회당은 툴카나인들로 가득 차 있었다. 그들은 찬양하며 춤추며 우리를 기다리고 있었다. 예배당에 들어서니 모두 일어나 악수를 청했다.

순간 냄새가 코를 찔렀다. 그들의 모습은 짐승과 크게 다를 바 없었다. 비위생적이었다. 그들에게 복음을 전하면서 가슴 저미는 아픔을 느꼈다. '똑같은 하나님의 창조물인데 어떻게 이렇게 살 수 있을까?' 이들이 예수님을 구주로 영접해서 짧은 나그네 인생을 정리하고 본향에 가서 천국의 행복을 누리게 하는 것이 우리의 사명이라고 생각했다.

6개 교회를 돌며 복음을 전하다 보니 지치고 말았다. 선교 팀은 노고리 6개 교회를 중심으로 비신자 초청 대형 전도집회와 강아지풀 지역에서 대형집회를 계획했다. 그런데 강아지풀 마을로 가려고 하는데 신혜화 전도사가 심하게 설사를 하면서 다리가 풀려 갈 수가 없다고 했다. 틀림없는 말라리아 증상이었다.

우리는 일정을 중단하고 그곳 보건소에 들러 말라리아 감염 여부를 검사했다. 결과는 의외였다. 신 전도사는 괜찮고 신 목사와 신빛나 사모가 말라리아에 감염돼 있었다. 사실 신 목사는 가나를 떠나기 하루 전날 심한 통증에 시달려야 했다. 신빛나 사모 역시 가나에서 다리가 풀려 사역을 하루 중단한 적이 있었다. 말라리아 증상이 있었던 것이다. 말라리아 감염 통보를 받고도 선교 팀은 사역을 중단할 수 없었다. 오직 하나님께 기도하고 믿음으로 행하는 것 외

▲ 나이로비~툴카나 간 비포장 도로에서 잠시 쉬고있는 박흥순 선교사(왼쪽)와 신 목사.

에 다른 길이 없었다. 일부는 사역을 중단하고 휴식해야 생명을 건질 수 있다고 건의했다. 그러나 신 목사는 사명이 있는 자는 죽지 않는다며 일정대로 강행하기로 했다.

3일째 툴카나에서 첫 번째 대형집회를 가졌다. 모임은 오전 10시부터 시작이었지만 8시부터 사람들이 모여들기 시작했다. 수십km 떨어진 곳으로부터 사람들이 몰려왔다. 사막에 웬 사람들이 그리도 많은지, 새까맣게 모여들었다. 찬양하며 춤추는 것은 다른 아프리카 사람들과 비슷했지만 툴카나 사람들의 노랫말과 춤은 더욱 단순했다. 집회를 위해 발전기와 음향기기들을 이번에 구입했다는 박 선교사는 "최초의 대형 전도집회"라고 말했다. 툴카나 부족은 짐승에 대한 이야기를 좋아한다고 해서 나는 동물에 비유를 해서 요한복음 3장 16절을 설교했다. 구원 초청을 할 때 90% 이상의 사람들이 영접했다. 감동의 물결이었다.

4일째 되는 날 우리는 아침 7시 노고리 고등학교 학생들에게 선교여행지 비디오를 보여 주며 복음을 전했다. 그들은 한 번도 이 사막을 벗어나 다른 지역에 가본 적이 없었다. 그러니 영상 자체가 가히 문화적 충격이었다. 또 타민족, 타 국가의 영상을 보는 것조차 신비스러운 일이었다.

우리는 강아지풀 마을로 향했다. 도착하니 거기에도 역시 수많은 인파가 모여 있었다. 반라의 여인들이 춤을 추고 찬양하며 선교 팀을 환영했다. 그곳은 노고리보다 더 원시적이었다. 마태복음 1장 21절을 중심으로 구원의 복음을 전하자 거의 100%에 가까운 사람들이 예수님을 구주로 영접하겠다고 일어섰다.

사막에서 '햇반'으로 점심을 때우고 우리는 나이로비로 향했다. 오후 7시쯤 중간 지점인 엘도렛에 도착, 저녁식사를 하고 그곳에서 숙박하기로 했다.

숙소에서 신 목사는 오한과 통증으로 너무나 힘든 밤을 보냈다. 말라리아 때문이었다. 할 수 없어 안디옥교회에 긴급 특별기도 SOS를 보냈다. 탈진 상태에 빠진 선교 팀을 위한 기도 요청이었다. 또 교회 게시판에 신 목사의 선교현장 글들을 올렸다.

선교 팀은 말라리아 예방약을 복용했었지만 가나에서 결국 감염되고 말았다. 그렇잖아도 힘든 여정에 큰 고통이 찾아온 것이다. 하지만 하나님께서는 반드시 강건하게 하시고 승리하게 하시리라는 확신을 갖고 다음 사역지 이집트로 떠났다.

정리 = 함태경 기자

## 1.
## 거짓말이 되었네요

툴카나에 도착한 첫날 밤은 환상적이었다. 광야에 끝없이 펼쳐진 지평선, 나지막한 사막의 나무들, 그 사이에 군데군데 세워진 움막집들, 천지를 밝히는 반달과 반짝이는 별들, 그리고 시원한 산들바람……너무나 지쳐 있는 우리 선교 팀의 마음을 하나님께서 달래 주시는 것 같았다.

선교사님 사모님은 연신 "이상한 일이네. 웬 바람이 이렇게 분담? 참으로 이상한 일이에요. 어제까지만 해도 찜통더위 때문에 잠을 잘 수가 없었어요. 툴카나에 살고 있는 한 형제는 어젯밤 물속에 여섯 번이나 들어갔다 나왔대요. 그런데 왜 이렇게 바람이 불지?" 하였다.

들기에 따라 이상하게 들린다. 마치 '찜통더위로 인해 선교 팀이 사막의 더위 맛을 좀 보았으면 좋았을 텐데' 하는 말인 것 같기도 하다. 그러

▲ 툴카나 노고리 지역에서의 집회 모습들.

나 그 마음은 그런 것이 아니었을 것이다. 너무나 더운 사막의 저녁이 갑자기 시원해지니까 탄복해서 나오는 말이었다.

이때 선교사님이 멋쩍어하시면서 "결국 내가 한 말이 거짓말이 되어버렸네요. 그러나 목사님, 결코 거짓말이 아니에요. 정말 저녁에 잠을 잘 수 없을 정도로 뜨거웠어요. 사실입니다"라고 말씀하셨다.

아내도 "하나님께서 선교사역에 지친 선교 팀을 보호하시기 위해 사막에 이런 시원한 바람을 주신 것 같습니다" 하였다.

이때 사모님이 거드신다. " '주신 것 같아요' 가 뭐예요? 주셨지! '이스라엘에게 주신 구름기둥을 선교 팀에게 주신 거예요"라고 환하게 웃으시며 말씀하신다.

정말이다. 너무나 지쳐 있다. 너무 피곤하거나 말라리아 모기에게 물리면 곧바로 발병해서 죽을 수도 있다면서 선교 팀이 지나치게 무리를 하는데 조심하라고 수없이 들은 탓인지 겁도 났다. 그러나 하나님께서 우리들을 불쌍히 여기시고 시원한 바람이 불게 하셔서 사막 한복판에서 환상적인 밤을 맞게 하신 것이다.

숙소가 모자라서 마당에 텐트를 치고 홍 전도사 부부와 박 전도사 부부가 그곳을 숙소로 삼아 자고, 나와 아내는 선교사님 숙소에서 선교사님 부부와 함께 지내게 되었다.

이렇게 이번 한 주간은 툴카나 사역을 해야 한다. 내일 아침 사막에서의 첫날을 맞이할 것이다. 그리고 힘찬 복음의 행진을 계속할 것이다. 사도행전 29장을 복음의 감동과 하나님의 역사하심으로 기록해 나갈 것이다.

## 2.
## 케냐 선교여행기

안디옥 세계일주 선교여행 1단계 중 가장 난코스가 케냐이다. 우선 가는 길이 매우 험난하였다. 가나 사역에서 우리 팀은 매우 지쳐 있었다. 적도의 섭씨 40도에 달하는 날씨와 풍토병의 위협은 선교사역을 하는 선교팀 전원을 힘들게 하였다.

그렇게 지친 몸으로 가나 아크라 공항을 3월 1일 오후 8시 이륙, 3월 2일 새벽 5시에 케냐 나이로비 공항에 도착했다. 반갑게 맞이하는 안디옥성결교회 파송 선교사인 박흥순 선교사님의 차에 짐을 싣고 곧바로 선교사님의 사역지 툴카나로 출발, 저녁 9시에야 도착했다. 시차를 빼면 꼬박 22시간 걸려 도착한 것이다.

▲ 툴카나 노고리 지역에서의 집회 모습들.

문제는 자동차로 가는 길이 800km인데도 16시간이 걸렸다. 이유는 구멍 난 아스팔트 길과 비포장도로와 사막 길을 지나왔기 때문이다. 나중에 알게 된 일이지만 김연혜 사모는 차 안에서 "주여, 내장이 제 위치에 있게 해주소서"라고 기도했다고 한다. 사막 한복판, 전기, 전화, 수도도 없는 곳에 선교사님은 숙소를 짓고 그들과 함께하고 있었다. 우리 선교 팀은 이곳에서 일부는 선교사님 숙소에서, 일부는 모래밭에 텐트를 치고 여장을 풀었다.

케냐 역시 적도의 나라이다. 나이로비는 해발 1,800~2,000m이기에 시원하지만 툴카나는 그야말로 섭씨 40도를 오르내리고 있었다. 케냐 사역은 다른 나라처럼 일정을 잡을 수가 없었다. 오고 가는 길에서만 자동차로 꼬박 36시간을 달려야 하기 때문이다. 그래서 우리 선교 팀은 툴카나에서의 사역으로 케냐 사역을 정리하기로 하였다.

하얀 산을 의미하는 케냐는 적도가 관통하는 동부 아프리카에 자리 잡고 있다. 북으로는 에티오피아, 수단, 소말리아, 서로는 우간다, 남으로는 탄자니아가 있다. 면적은 남한의 약 6배, 인구는 3천만 명, GNP는 360불 정도이다. 종교는 기독교 82.1%, 아프리카 전통종교 1%, 회교 6%이다. 기독교는 명목상 기독교인이 12.5%, 등록교인은 69.6%, 이중에 천주교인 25.9%를 빼면 기독교 인구는 43.7%이다. 언어는 영어와 스와힐리어를 사용하고 있으나 55개 정도의 부족 언어들이 있다.

15세기에 유럽인들이 들어오면서 침략당했고, 긴 세월 영국으로부터 식민통치를 당했던 아픔을 안고 있는 나라이다. 1963년 12월 12일에 케냐는 독립하며 공화국을 선언하였다. 초대 대통령은 조모 케냐타(Jomo Kenyatta)였다. 그 후 모이(Moi) 대통령이 장기집권을 하면서 많은 부정부패가 있었고, 2002년 12월 30일에 야당 지도자 키바키(Mwai Kibaki)가 대통령에 취임하여 지금 케냐를 통치하고 있다.

케냐의 북동부에 위치한 툴카나는 약 53,097m²의 면적으로 불모지인 사막과 산악지대로서, 동부 아프리카 길이만큼 되는 지구의 갈라진 틈인 거대한 리프트 밸리(rift vally)의 일부이다. 모래와 마른 강바닥, 자갈과 언덕들로 이루어진 이 지역은 인간과 동물의 생존이 불가능할 만큼 빈약한 강우와 타는 듯한 더위가 이글대는 반사막 지대이다. 이곳에 툴카나 부족 35만 명 이상이 살고 있다.

어떤 선교사는 아프리카에 3대 불가사의가 있는데 첫째는 킬리만자로 산의 만년설이 녹지 않는 것, 둘째는 빅토리아 호수의 물이 마르지 않는 것, 셋째는 툴카나 부족이 사라지지 아니하는 것이라고 했다. 그만큼 살기 힘든 곳에서 저들은 살고 있었다. 가서 보니 정말 원시적 상태 그대로였다. 케냐인들조차 이들이 자기 나라 사람으로 드러나는 것을 부끄러워하며 숨겼다고 한다. 그러나 이들이 식량난으로 죽어 갈 때 할 수 없이 외부 세계에 알려서 구호품을 받게 했다고 한다. 이들은 아프리카에서 가장 낮은 원시적 삶을 살고 있고, 비위생적 사람들로 알려져 있다.

선교 팀이 툴카나에 도착한 그 이튿날, 박 선교사의 사역지를 다니며 복음을 증거했다. 노고리(Lokori)를 중심으로 약 150km 반경에 10개의 교회를 개척해서 6개 교회당을 건축했고, 이번에 안디옥성결교회에서 2개의 예배당을 건축해서 모두 8개의 예배당을 건축한 것이다.

우리 선교 팀은 먼저 노고리를 중심으로 주변지역에 개척된 6개 교회부터 방문했다. 선교 팀이 도착하기 전 각 교회당은 툴카나 부족들로 가득 차 있었고, 저들은 찬양하고 춤추며 우리를 기다리고 있었다.

가는 길에 사막 위에 세워진 작은 움막집들이 군락을 이루고 있었다. 들어가 보니 2~3평 되는 공간에서 모든 식구들이 살고 있었다. 사막의 나무와 풀로 만든 움막이었다.

예배당 안에 들어서니 모두 일어나 악수를 청한다. 냄새가 코를 찌르는데 사람의 언어로는 그 정도를 표현할 수가 없다. 그들의 모습은 짐승과 크게 다를 바 없는 비위생적인 모습이었다. 그들에게 복음을 전하면서 가슴 저미는 아픔을 느꼈다. 똑같은 하나님의 창조물인데 이렇게 살 수도 있을까? 이들이 예수님을 구주로 영접해서 짧은 나그네 인생을 정리하고 본향에 가서 천국의 행복을 누리게 하는 것이 우리들이 할 일이라고 생각된다.

6개 교회를 다니며 복음을 전하다 보니 사막에서의 사역이 지치고 말았다. 우리들은 내일 이곳 노고리 6개 교회를 중심으로 불신자를 초청해

대형 전도집회를 하고, 모레는 강아지풀 지역에 두 번째 대형 전도집회를 계획하고 있었다. 그래서 강아지풀 마을로 가려고 하는데 신혜화 전도사가 설사가 나고 다리가 풀려 더 갈 수가 없다고 한다. 틀림없는 말라리아 증상이다.

우리는 일정을 중단하고 이곳에 있는 보건소에 들러 말라리아 감염여부를 검사했다. 결과는 의외였다. 신혜화 전도사는 괜찮고, 신화석 목사와 신빛나 사모가 말라리아에 감염되었다는 것이다. 사실은 신화석 목사 역시 가나를 떠나기 하루 전날 심한 통증과 아픔을 겪었고, 신빛나 사모 역시 가나에서 다리가 풀려 사역을 하루 중단한 적이 있었다. 그리고 신화석 목사는 어젯밤에도 심한 고통을 호소했었다. 그것이 바로 말라리아 발병 때문이었던 것이다.

말라리아 감염 통보를 받고도 선교 팀은 사역을 중단할 수 없었다. 오직 하나님께 기도하고, 믿음으로 행하는 것밖에는 다른 길이 없었다. 선교 팀 가운데 일부는 사역을 중단하고 휴식을 취해야 생명을 건질 수 있다고 건의했지만 팀장 신화석 목사는 사명이 있는 자는 죽지 않는다며 일정대로 진행할 것을 명령했다.

툴카나 3일째 날 첫 번째 대형 집회가 열렸다. 10시부터 모임이 있는데 8시부터 사람들이 모여들기 시작했다. 수십km 떨어진 곳에서 모여들었다. 사람이 살고 있는 것 같지 않은 사막에서 웬 사람들이 이리도 많이 오는지, 새까만 사람들이 새까맣게 모여들었다. 찬양하며 춤추는 것은 다른 아프리카 사람들과 비슷하나, 툴카나 사람들의 노랫말과 춤이 더 단순했다. 이것은 더 원시적이라는 의미다. 이 대형 집회를 위해 박 선교사는 발전기와 음향 기기들을 이번에 구입했다고 한다. 최초의 대형 전도집회라는 것이다.

툴카나 부족은 사막에서 짐승과 함께 살고 있기에 짐승에 대한 이야기를 좋아한다고 해서 신화석 목사는 동물에 비유를 해서 요한복음 3장 16절의 복음을 풀어 설명했다. 그리고 구원 초청을 할 때 90% 이상의 사람들이 영접했다. 감동의 물결이었다.

툴카나에서 4일째 되는 날, 우리 선교 팀은 아침 7시에 노고리 고등학교 아이들에게 선교여행지의 비디오를 보여 주고 복음을 전했다. 이들은 한 번도 이 사막을 벗어나 다른 지역에 가 본 적이 없는 아이들이었다. 그래서 영상을 보는 것은 문화적 큰 충격이었다. 또 타 민족, 타 국가에 대한 영상을 보는 것은 신비스러운 일이었다. 이들에게 구원자 예수 그리스도를 소개하고, '하나님께서는 여러분을 향한 놀라운 계획을 갖고 계시니 기도하라. 기도하는 자가 그 계획을 알고 꿈을 갖게 된다. 여러분이 툴카나를 변화시켜야 한다'고 1시간 이상 영상을 보여 주며 설교하고, 모든 짐을 자동차에 싣고 노고리에서 2시간 떨어진 강아지풀 마을로 향했다.

이곳에도 역시 수많은 인파가 모여 있고, 반라의 여인들이 춤추며 찬양하며 선교 팀 주변을 둘러싸고 환영하였다. 이곳은 노고리보다 더 원시적이었다. 마태복음 1장 21절을 중심으로 구원의 복음을 전하자 거의 100%에 이르는 사람들이 예수님을 구주로 영접하겠다고 일어섰다.

사막에서 햇반으로 점심을 때우고, 우리들은 나이로비를 향해 오후 2시가 넘어서 출발했다. 저녁 7시 무렵, 중간지점인 엘도렛에 도착하여 저녁식사를 하고 이곳에서 자고 가기로 하였다.

숙소에 도착한 신 목사는 오한과 통증으로 너무나 힘든 밤을 보냈다. 말라리아의 영향이다. 그리고 비로소 이곳에서 전화로 안디옥성결교회에

긴급 SOS를 보냈다. 말라리아에 감염된 신화석 목사와 신빛나 사모를 위한 특별기도를 요청한 것이다. 그리고 탈진상태인 다른 선교 팀을 향한 기도 요청이었다. 또 인터넷으로 교회 게시판에 신화석 목사의 피 묻은 선교현장의 글들을 올렸다.

선교 팀은 떠나오기 전 말라리아 때문에 계속 예방약을 복용했으나 가나에서 말라리아 모기에 의해 결국은 감염되었고, 그렇지 않아도 힘든 선교 여정에 더 큰 고통이 찾아왔다. 그러나 하나님은 반드시 강건케 하시고, 승리케 하시리라 믿는다.

선교 팀은 이튿날 나이로비에 도착, 하루를 쉬고 다음 사역지 이집트를 향해 복음의 소망을 안고 떠났다.

일차 1-13

# 이집트

2004/03/08~2004/03/14

## 이집트(이집트 아랍 공화국)

- 국가 일반 정보
  ① 면적 : 100만km²
  ② 인구 : 8천만
  ③ 수도 : 카이로
  ④ 언어 : 아랍어
  ⑤ 1인당 GDP : 5,400$
  ⑥ 화폐단위 : 이집트 파운드
  ⑦ 종교 : 이슬람교 90%, 콥트 교회 9%
  ⑧ 종족 : 이집트인 98%, 기타 1%

- 1882년 영국이 수에즈 운하 보호를 이유로 이집트 정부를 장악.
- 1922년 입헌군주국으로 독립.
- 1953년 나세르가 쿠데타를 일으켜 공화국 수립.

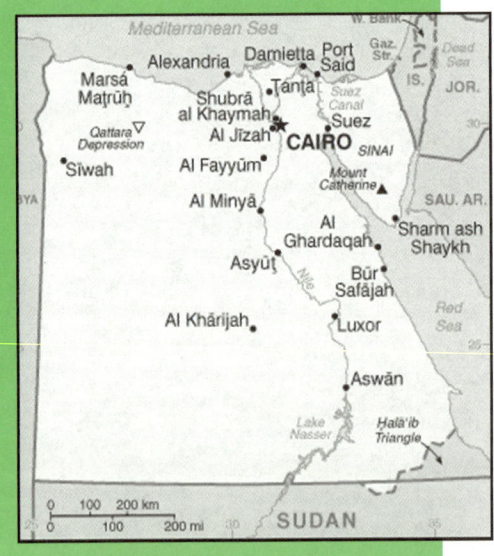

## 빼앗긴 복음삼각주 유유히 영성물결

2004년 3월 26일 〈국민일보〉 보도자료

안디옥성결교회 선교 팀은 비행기에서 사하라 사막을 꿰뚫고 펼쳐진 이집트 나일 강의 녹색지대를 보면서 흥분하기 시작했다. 이집트는 기독교의 성지라고 할 수 있기 때문이다. 창세기 12장에서 아브라함이 이집트에 처음 발을 내디딘 후 요셉이 형들에 의해 이집트로 팔려와 이집트 총리대신이 되고(창 39장) 야곱의 일가가 이집트로 내려와(창 46장) 살다가 430년 동안 이집트에서 노예생활을 한 역사의 현장이다.

당시 이집트는 세계를 지배하는 강국으로서 막강한 권력을 휘둘렀다. 아브라함이 B.C. 2090년께 이집트에 왔을 때는 이미 하이집트 카이로에 B.C. 2600년쯤에 세워진 거대한 피라미드가 존재하고 있었다. 아브라함이 피라미드를 구경하지 않았을까 하는 생각도 든다. 그리고 출애굽 당시 이집트의 수도였던 룩소르에는 웅장한 왕들의 무덤과 신전들이 세워져 있었다. 그 흔적들이 현재에도 룩소르에 그대로 남아 있다. 이 엄청난 유적들은 당시 이집

▲ 하나님의성회 신학교에서 특강을 인도한 신화석 목사와 김연혜 사모가 교수 및 신학생들과 자리를 함께했다.

트의 번영상을 잘 보여 주고 있다.

또 예수 그리스도께서 헤롯의 살해 계획을 피해 이집트에 피난 왔다가 헤롯이 죽은 후 나사렛으로 이주, 성장하셨는데 그 흔적들이 여기저기 많이 남아 있는 성지가 이집트이다. 마가 요한이 서기 44년께 이집트 알렉산드리아에 와서 구두수선공에게 복음을 전한 것이 콥틱 교회의 출발이 됐다고 한다. 특히 알렉산드리아에는 기독교 최초의 대학과 도서관이 있었다. 히브리어 구약성경을 헬라어로 번역한 70인 역본이 탄생한 지역이기도 하다.

반면 콥틱 교회와 서방교회 간의 마찰은 이슬람교를 받아들이게 했고, 결국 670년께 모슬렘에 의해 정복당하고 이집트는 이슬람 국가가 됐다. 그러나 지난 1,300년간 무수한 순교자를 내며 콥틱은 신앙을 지켜 왔다. 6,500만 이집트 인구 중 1,000여 만 명이 콥틱 교도들이다.

선교 팀은 이 같은 영욕의 역사를 갖고 있는 이집트에 들어온 첫날, 이집트에서 25년째 선교사역을 하고 있는 A선교사로부터 2시간에 걸쳐 이집트의 역사와 성경에 대한 강의를 들었다. 17년째 사역을 하고 있는 B선교사로부터는 이집트 기독교 역사와 모슬렘에 대한 강의를 들었다.

선교 팀은 콥틱 교회가 탄압 속에서도 합법적인 교회로 살아남아 있음에 놀랐다. 그리고 하나님께서 이들을 기독교가 발붙일 틈이 없는 아랍 세계의 제사장으로 세우시리라는 확신도 갖게 됐다.

선교 팀은 콥틱의 출발지인 알렉산드리아를 방문, 마가 요한의 순교 기념 예배당에서 콥틱의 역사를 알게 되었다. 1대 교황 마가 요한과 그 후 아타나시우스 등 기독교의 위대한 공헌자들을 배출한 뿌리 깊은 교회였다. 특히 4세기 께 최초의 수도원 운동을 일으켜 기독교의 영성을 주도했던 것도 콥틱이었다.

선교 팀은 성 마카리우스 수도원에 들러 그들의 영성훈련을 보고 큰 감동을 받았다. 세속화되어 가고 있는 기독교에 옛 수도원의 영성 운동이 절실히 필요함을 인식한 시간이었다. 선교 팀은 하지만 현재의 콥틱이 전통과 형식에 너무 치우쳐 생명력이 약화되어 있는 모습을 보고 가슴이 아팠다.

콥틱 내에서 개혁운동을 하다 파문당한 파더 다니엘이 이끄는 개혁 그룹의 모임에 참여했다. 성령운동을 일으키며 뜨겁게 예배하는 역동성이 있었다. 복음주의교회 성도수가 50여 만 명이 된다고 한다. 하나님의성회 총회장 교회에서 집회를 인도하고 하나님의성회 신학교에서 강의도 했다.

하나님의 말씀은 생명수가 흐르는 강과 같다. 나일 강이 흐르는 좌우에 녹색지대가 형성되듯 하나님의 말씀과 성령의 강이 흐르는 곳에 복음의 녹색지대가

▲ 현지 교회에서 주일 예배에 참석, 설교말씀을 전하고 있는 신 목사.

형성되는 것이라고 신 목사는 강조했다. "성경을 일독 이상 한 사람은 손을 들어 보세요." 신학생 80명 중 반이 성경을 일독도 하지 않은 상태였다. 참으로 안타까웠다.

선교 팀은 선교사로서는 유일하게 현지인 교회를 이끄는 B선교사의 사역지를 찾았다. 청년 집회와 전 교인 집회를 인도하며 이집트의 빼앗긴 복음의 영광을 다시 되찾자고 호소했다. 참석자들은 아픈 과거의 흔적을 매만지며 눈가에 이슬이 맺혔다. 그리고 뜨겁게 기도하며 복음의 영광 회복을 간구했다.

세계 교회는 이슬람권 선교를 위한 넓은 가슴을 가져야 한다. 그동안 이단시했던 콥틱을 선교의 동반자로 끌어안아야 한다. 콥틱 역시 영적 교만이 가득 차서 기독교를 이단시하고 있는데, 이들의 편견과 교만을 시정하도록 기독교의 본질과 신앙의 모습을 보여 주는 등 콥틱과 깊은 대화를 나눌 필요가 있음을 확신했다. 우리는 그동안 분쟁으로 나누어진 서방교회, 동방교회, 그리스정교회, 러시아정교회, 콥틱 교회, 아르메니아 교회들에 대해 교회사적으로 다시 냉정하게 분석해 보아야 한다. 본질과 비본질을 구별할 수 있어야 한다. 그리고 세계 선교의 동반자로서 함께 갈 수 있는 길을 모색해야 한다.

1,000만 명의 콥틱 성도들은 아랍어를 쓰고 아랍의 어느 나라든지 비자 없이 자유롭게 드나들 수 있다. 50여 만 명의 복음주의 성도들 역시 마찬가지이다. 철옹성 같은 이슬람권에 복음을 전할 수 있는 지름길이 여기에 있다는 생각을 해보았다.

이슬람은 전 세계를 모슬렘화하기 위한 전략을 세우고 세계 곳곳에서 활동하고 있다. 한국 교회는 무엇을 하고 있는가? 교회는 이제 깨어 일어나야 한다. 그리고 마지막 땅 끝 이슬람권 선교를 위해 무엇을 어떻게 해야 할 것인지를 모두 함께 기도하면서 협력하는 거룩한 공동전선을 구축할 때이다.

정리 = 함태경 기자 ▩

## 1.
### 나일의 장관

나이로비 공항에서 비행기가 이륙한 후 오전 10시쯤에 창밖을 보니 끝없는 사막이 펼쳐지고 있다. 사하라 사막이다. 케냐와 이집트는 1시간의 시차가 있고, 이집트는 서울과 7시간 차이가 있다. 창밖을 보다가 너무나 신기하고 아름다운 모습에 감탄이 저절로 나와서 잠을 자고 있는 아내와 아이들을 모두 깨워 창밖을 보라고 했다. 그리고 카메라를 가지고 와서 사하라의 장관을 필름에 담기 시작했다. 끝없이 펼쳐진 사하라 곳곳에 호수가 보였다. 나일 강이 흘러들어 생긴 호수들이다. 그리고 그 호수에서 물을 끌어내는 수로가 만들어지고 있다.

조금 더 가다가 나는 너무나 큰 신비로움에 빠졌다. 가도 가도 끝이 없는 황량한 사하라에 녹색지대가 나타난 것이다. 비행기에서 내려다보니

▲ 나일 강 주변의 녹색지대.

나일 강이 선명하게 보이고, 강 좌우편으로 싱그러운 녹색지대와 수없이 많은 집들이 보인다. 나일 강 좌우로 10여km 족히 넘을 녹색지대가 흐르고 있다. 그리고 그 녹색지대가 끝나는 지점부터 다시 황량한 모래벌판이 펼쳐지고 있었다.

　나일 강의 장관을 하늘 높이 떠 있는 비행기 안에서 1시간 가까이 바라보는 내 머리에 수없이 많은 생각들이 스쳐 지나가고 있다. 나일 강의 생명력 때문에 인류는 이곳에서 문명의 꽃을 피웠던 것이다. 그리고 신앙의 조상 아브라함도 하나님이 약속하셨던 가나안 땅에 흉년이 들자 왕의 대로를 따라 이곳 이집트로 내려오는 불신앙의 행동으로 많은 위험과 고생 끝에 다시 가나안 땅으로 돌아갔던 것이다. 그리고 요셉이 애굽에 팔린 사건이 야곱 가족을 애굽으로 내려오게 했고, 모세의 출애굽으로 다시 가나안에 정착했던 이들에게 메시아 예수 그리스도가 오셨고, 헤롯의 칼

날을 피해 성가족은 이집트로 피난을 오게 된 것이다. 그리고 마가 요한의 전도로 애굽에 복음이 전파되면서 콥틱 교회가 생겨났고, 모슬렘의 말발굽 아래에서도 1,300년의 암울한 시대를 견디어 오며 신앙을 지키고 있는 것이다.

왜 이집트에 이런 역사가 있었을까? 그것은 나일 강 때문이다. 물은 생명이기에 물이 있는 곳은 사막도 옥토가 된다. 그러나 물이 없는 곳은 옥토도 사막이 되고 있다. 나일 강 좌우에 펼쳐진 생명의 녹색 띠는 인간의 그 어떤 언어로도 이처럼 아름다운 장관을 표현할 수가 없다. 사막에 펼쳐진 생명의 아름다움이었다.

죄악으로 만들어진 인간 사막지대, 하나님의 형상을 상실해 버리고 사람의 모습으로 바뀐 인간 사막지대, 너무나 황량하고 살벌한 죄악의 사막지대인 인간 사하라에 생명의 강수가 흐르고 있다. 그것은 말씀이신 예수 그리스도이시다. 말씀이 있는 곳에는 예수 그리스도가 있다. 예수 그리스도가 있는 곳에는 물로 비유된 성령님이 흐르고 있다. 물과 성령으로 거듭나고 명령하신 예수 그리스도의 말씀이 진리이다. 사하라였던 인간들에게 물과 성령으로 거듭나는 역사가 일어나면 하나님의 형상이 회복되고, 나일 강의 장관과 비교되지 않는 말씀의 강, 성령의 강의 아름다운 장관이 사람의 삶 속에 펼쳐진다.

이곳 모슬렘의 사막 속에도 분명히 말씀의 강, 성령의 강이 흘러 들어가면 다시 이집트에 있었던 복음의 영광이 되살아나고, 하나님의 형상의 띠가 만들어지면서 나일 강의 녹색 띠와 비교가 되지 않는 아름다운 하나님의 형상의 띠가 사람과 사람 사이를 엮어 나갈 것이다.

벌써 카이로 공항이다. 정 선교사의 모습이 공항 출구 밖에 보인다. 성지, 그리고 모슬렘의 국가. 이곳에서 역사하실 하나님의 계획을 가슴 설 레는 마음으로 기대해 본다.

## 2.
### 빼앗긴 영광, 살아남은 콥틱

지금은 모슬렘 국가가 되어 버린 이집트, 이곳에 지난 2천 년 동안 예수 그리스도를 구주로 믿고 있는 콥틱 교회가 있다. 인구 7,000만 명의 이집트에 1,000만 명에 이르는 성도를 보유하고 있는 교회이다. 마가가 내려와서 복음을 전함으로써 콥틱 교회가 생겨났고, 제1대 교황이 마가이다.

콥틱이 이단인지, 기독교의 한 종파인지를 따지기 전에 모슬렘이 이집트를 지배한 후 지난 1,300년간 신앙을 지켜 온 이들에 대한 존경심은 우리 모두가 가져야 할 것이다. 기독교 초기에 너무나 소중한 지역이었고, 또 기독교가 왕성했던 그 영광스러운 이집트 교회 콥틱!

이집트에는 맨 먼저 아브라함이 내려왔었고, 그 뒤 요셉과 야곱이 내려왔고, 모세가 출애굽을 시켰고, 예수 그리스도와 그 가족이 애굽에 내려온 성지이다. 초기 기독교시대에 위대한 지도자들을 배출시켰고, 특히 이집트 북부 해안도시 알렉산드리아는 기독교에 엄청난 영향을 끼친 도시였다. 기독교 최초의 대학, 도서관이 생겼고, 히브리어 구약성경을 헬라어로 번역한 70인 역본을 만들어낸 지역이다. 이 영광스러운 기업을 7세기 모슬렘에 빼앗기고, 모슬렘 국가로 전락하고 말았다. 그것은 교만과

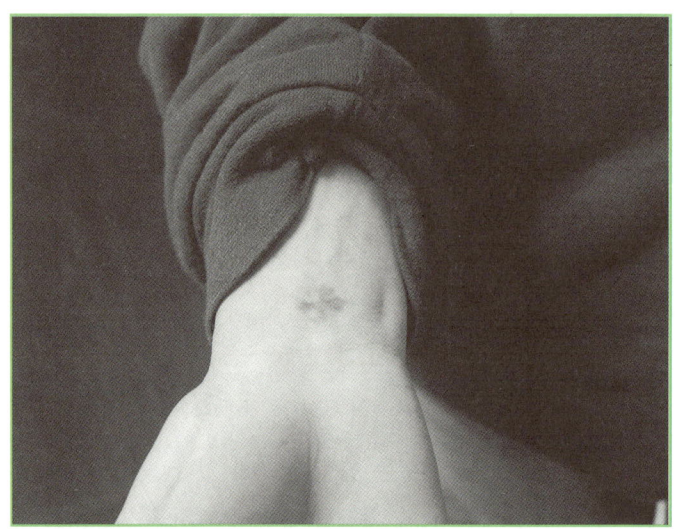
▲ 콥틱의 표시인 십자가 문신.

방심 때문이었다.

　서방교회와의 감정적 대립 때문에 아랍인들이 이집트에 모슬렘을 갖고 들어오는 것을 묵인했다고 한다. 이것이 결국은 모슬렘이 발호하는 계기가 되었고, 모슬렘에 의해 지배를 받게 되었다. 콥틱의 형식에 치우친 생명력 없는 신앙이 신흥종교 모슬렘을 막아 내지 못하고 허무하게 무너져 내린 것이다. 지나친 형식주의는 교만에 빠지고, 교만은 자만심을 동반해서 스스로를 몰락하게 만드는 것이 역사의 교훈이다.

　교만은 적을 가볍게 여기게 한다. 모슬렘을 가볍게 여기고 아랍인을 받아들였으며, 생명력 없는 형식주의에 빠진 저들은 영광스러운 기업을 빼앗기고 말았다.

　그러나 저들은 모슬렘에 의해 수없이 많은 순교자를 양산하면서도 신앙을 지켜 온 것이다. 저들은 모슬렘에 밀려 하애굽에서 상애굽 쪽으로 가게 되었고, 자신들의 신앙을 지키기 위해 손목에 십자가 문신을 새기고 모슬렘과 대항하며, 지금까지 천만여 명의 성도를 보유하고, 모슬렘국가 이집트에서 합법적 교회로서 살아남아 있는 것이다.

기독교 최초의 수도원을 세우고 영성운동을 주도해 왔던 콥틱 교회가 영광스러운 복음의 기업을 빼앗겨 버렸다. 수치다. 이제 살아남은 저력으로 빼앗긴 영광을 다시 찾아야 할 것이다.

그러나 이집트에 와서 콥틱을 보니 아직도 전통과 형식에 매여 생명력을 잃어 가는 모습에 안타까운 마음을 어찌할지 모르겠다. 이제는 우리들이 나서야 할 때인 것 같다.

한국 교회는 콥틱의 존재조차 모르는 지도자들이 너무나 많다. 그리고 콥틱과 그들의 역사적 배경에 대한 연구 없이 간단하게 이단으로 치부해 버리는 지도자들도 있다. 철옹성 모슬렘을 무엇으로 무너뜨릴까? 합법적 교회로 모슬렘 국가에서 인정받고 복음활동을 하고 있는 콥틱을 우리는 더 깊이 연구하고 알아야 한다. 그리고 동반자로 세워 가야 한다. 콥틱을 변화시켜야 한다. 그것은 우리들의 몫이다.

아울러 콥틱과 함께 모슬렘을 무너뜨릴 전략을 세워야 한다. 콥틱은 모슬렘을 무너뜨리는 쐐기로 사용하는 것이 지혜로운 방법이다. 그러기 위해서는 콥틱을 동반자로 끌어안고 가야 한다. 본질이 같은데도 비본질 때문에 성급하게 따지거나 변화를 요구하는 것은 좋은 동반자를 잃어버릴 우려가 있다. 살아남은 콥틱을 사랑해야 한다. 살아남은 콥틱을 존중해야 한다. 그리고 그들로 하여금 빼앗긴 영광을 다시 찾도록 우리들이 도와야 한다. 그것은 21세기 마지막 땅 끝 모슬렘을 무너뜨려야 하는 우리들의 몫이 아닐까?

모슬렘 국가 이집트에서 사역하고 있는 선교사들이 콥틱의 존재에 대한 깊은 연구와 이해를 통해 그들을 한국 교회에 정확하게 알리고, 콥틱을 변화시켜 동반자로 세워 가는 일에 크게 노력해야 할 것이다.

차 1-14

# 요르단

2004/03/15~2004/03/21

## 요르단(요르단 하심 왕국)

- 국가 일반 정보
  ① 면적 : 92,300km$^2$
  ② 인구 : 620만
  ③ 수도 : 암만(Amman)
  ④ 언어 : 아랍어
  ⑤ 1인당 GDP : 5,000$
  ⑥ 화폐단위 : 요르단 디나르(JD)
  ⑦ 종교 : 수니파 이슬람교 92%, 그리스도교 6%
  ⑧ 종족 : 아랍인 98%, 체르케스인 1%, 아르메니아인 1%

- 중동의 유일한 입헌군주국.
- 1차 세계대전 후 영국의 위임통치를 받다가 1946년 5월 25일 독립함.

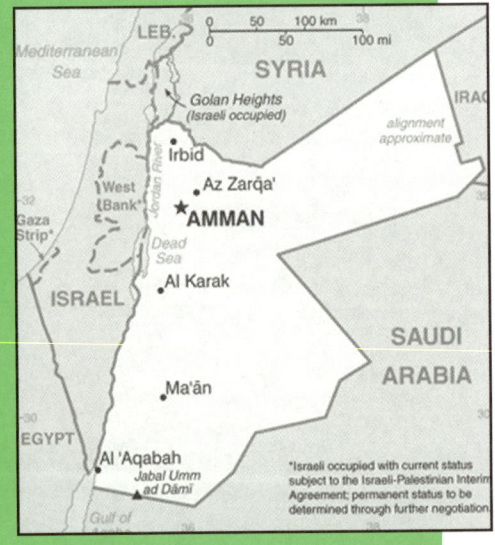

## 모슬렘 영적 틈새 파고드는 복음물결

2004년 4월 2일 〈국민일보〉 보도자료

선교 팀은 롯의 첫째 딸이 낳은 아들 모압의 후손, 둘째 딸이 낳은 암몬의 후손(창 19:36~38)과 에돔 족속(창 25:23~30)이 살았던 요르단에 도착했다.

성경에 기록된 기독교 성지가 100여 곳이 넘는 요르단은 요르단 강 사이로 이스라엘과 국경을 이루고 있으며, 출애굽 당시에는 르우벤 지파, 갓 지파, 므낫세 반 지파가 거주했던 곳이다. 다윗 시대부터 지금까지 영원한 피난처 역할을 해온 요르단은 현재 입헌군주제를 채택한 이슬람 국가로 전체 인구의 90%가 모슬렘이다. 개신교, 가톨릭, 그리스정교 교인은 7%. 그나마 복음주의 기독인은 최대 6,000여 명에 불과하며 60여 개의 교회가 있다. 요르단 복음주의신학교(JETS)가 있고 정부는 기독교 신앙생활을 보장해 주고 있다. 그러나 모슬렘에게 전도하거나 개종시키는 것은 금지하고 있다.

선교 팀은 공일주 박사, 김영섭, 이병구 선교사로부터 요르단의 역사, 문화, 정치, 경제, 교육, 종교 등에 대한 강의를 들었다. 요르단에서 사역하는 한

▲ 신화석 목사가 요르단 나사렛 교회에서 집회를 마친 뒤 한 남자 성도의 머리에 손을 얹고 기도하고 있다.

인 선교사 중에는 신분을 드러내지 않고 활동하는 분들도 있다. 그래서 선교사들과의 모임이 쉽지 않았다.

그러나 신화석 목사의 세미나와 선교 좌담회, 만찬 시간이 있다고 알려지자 선교사 가족 72명이 모였다. 아마 요르단 역사상 가장 많은 한인 선교사가 한자리에 모였을 것이다. 오후 6시 30분에 시작된 모임은 밤 11시 30분이 되어도 끝날 줄 몰랐다. 신 목사의 극동방송 "출발 새아침" 생방송 때문에 서둘러 마쳐야만 했다.

이날 좌담회에서 선교사들은 다음과 같은 공감대를 이뤘다. 첫째, 합법적 틀 안에서 두려워 말고 사역을 하는 것이 중요하다. 둘째, 박해와 어려움 속에 놓여 있는 개종자들에게 진정한 친구와 보호자가 돼야 한다. 셋째, 한국 교회가 요르단이 아랍 선교의 가장 중요한 전진기지임을 깨닫고 섬겨야 한다. 넷째, 요르단의 지도자 양성을 위해 제자훈련에 힘써야 한다. 다섯째, 아랍의 특별한 문화인 가정 중심의 상황을 알고 가정교회 운동이 필요하다. 여섯째, 아랍어가 세계에서 가장 어려운 언어 중 하나임을 알고 이슬람권 선교를 위해 청소년 때부터 아랍어를 배우게 하고 신학교에 아랍어과를 신설해야 한다.

한국 교회가 힘을 합친 바그다드 복음주의신학교 개교식에 참석하기 위해 김성영 성결대 총장이 마침 요르단에 와 있어 잠시 상봉의 기쁨을 나누었다. 특히 최근 폭탄 테러로 서양선교사 4명이 숨지는 등 위험한 상황이었기 때문에 선교 팀은 김 총장과 일행을 위해 특별 기도를 했다.

현재 요르단 최대의 교회 성도 수는 250명 정도라고 한다. 그 외에는 대부분 50~100여 명 선이다. 신 목사는 요르단 최대 교회인 하나님의성회 총회장이 시무하는 곳에서 집회를 인도하며 선교사로 죽을 준비가 돼 있다는 담임목사의 사모와 전도에 대해 많은 이야기를 나누었다. 그리고 C&MA 교단 교회에서 말씀을 전하는 시간도 가졌다.

이 두 교회에서 신 목사는 자신이 신앙생활을 하던 1960년대 마을에서 왕따가 돼 가족이 마을을 떠나야 했던 아픈 과거사를 털어놓으면서, 어려움이 있더라도 전능하신 하나님이 지켜 주실 것을 믿고 성령 충만한 전도자의 삶을 살아야 한다고 강조했다.

선교 팀은 아울러 하나님의성회 총회장, 나사렛 교회 총회장, C&MA 교회 총회장, 지하교회 지도자 등 요르단 교계 지도자들과 만남의 시간을 갖고 모슬렘 복음화 전략에 대해 의견을 교환했다. 신 목사는 이라크 교계 지도자들에게 예수님의 방법을 사용할 것을 권고했다. 유대교의 탄압, 로마 정권의 박해, 지중해 연안의 잡신들 속에서도 복음이 전염병처럼 세계에 퍼질 수 있었던 것은 예수님께서 제자훈련을 시키셨고, 성령 세례를 받게 하셨으며, 초대교회가 가정교회 중심으로 복음을 전파했기 때문이라고 강조했다.

특히 가장 인상적인 만남은 이슬람에서 개종, 이슬람 전도를 위해 지하교회 운동을 펼치고 있는 한 형제와의 만남이었다. 그는 미국 유학파 출신이었다. 중·고교 때 종교에 대해 고민했고, 소수의 크리스천 학생들의 모습이 모슬렘과 다름을 알고 용돈을 절약해가며 신약성경을 사서 읽다가 예수님을 영접한 케이스였다. 그는 400회 이상 경찰서에 끌려가 취조를 받고 여러 번 투옥된 경험을 갖고 있었다. 지금은 8개의 가정교회를 창립, 이슬람 전 지역으로 복음을 확산시킬 비전을 갖고 기도하고 있다. 복음과 제자훈련, 가정교회에 대한 의견을 교환할 때는 눈가에 이슬이 맺히며 아멘을 연발했다. 그는 헤어질 때 신 목사를 끌어안고 놓아주지 않았다.

선교 팀은 자투리 시간을 이용, 야곱이 하나님과 씨름했던 얍복 강 나루터와 브니엘을 찾았다. 그곳에서 21년째 사역하고 있는 진 목사는 대다수 성지 순례 팀이 얍복 강 하류만 지나갈 뿐이라며 그곳을 찾은 것은 안디옥 선교 팀이 두 번째라고 말했다. 예수님이 세례 받으셨던 곳으로 추정되는 세례터와 요르단 강도 방문했다. 철옹성 같은 이슬람 국가들에도 적잖은 영적 틈새가 있음을 알 수 있었다.

선교 팀은 지난 한 달간 동행해 준 정운교 선교사와 이별을 했다. 그리고 예수님이 태어나고 성장하고 사역하시다가 죽으신 뒤 부활하고 승천하신 땅인 이스라엘로 발걸음을 돌렸다. 선교 팀은 하마스 지도자 셰이크 야신에 대한 살해 소식과 이스라엘에 피의 복수를 하겠다는 이슬람 진영의 분노가 담긴 목소리를 CNN 방송을 통해 전해 들으며 테러 위기가 한층 고조되고 있는 땅, 이스라엘로 발길을 옮겼다.

정리 = 함태경 기자

## 1.
## 죽을 준비가 된 사람

요르단에서 하나님의성회 총회장과의 만남이 있었다. 처음 만났지만 그리스도인 간의 만남은 항상 행복하다. 그는 나와 함께 전도에 대한 이야기를 하였다. 나는 개인전도, 노방전도, 축호전도, 문서전도, 전화전도, 방송전도 등 내가 할 수 있는 모든 수단을 동원해서 전도하였고, 평생을 전도자로 살기를 원하며, 그래서 세계일주 선교사역을 하게 되었다고 하였다.

그는 자기 아내를 자랑했다. 자기 아내는 죽을 준비가 되어 있는 전도자라고 했다. 이슬람 국가에서는 모슬렘에게 전도하여 개종을 강요하면 감옥에 가게 되고, 또 극단적 분리주의자인 모슬렘을 만나면 살해되기도 한다. 그런데 자신의 아내는 그것을 두려워하지 않고 모슬렘에게도 전도

한다고 자랑을 한다. 그러다가 그의 눈에 눈물이 고이고 한동안 말을 잇지 못했다. 2주 전에는 자기 동생의 부인이 암으로 세상을 떠났다고 한다. 자신의 아내가 내내 동서를 극진히 치료해 주었단다.

1년 반 동안 투병을 하다 2주 전에 죽었는데, 죽기 얼마 전 병원에 입원해 있을 때 그 병실에는 10명 이상의 환자들이 있었다. 그런데 자신의 아내가 하도 극진히 동서를 돌보니까 거기 있는 환자 중 한 사람이 동생이냐고 묻더란다. 그래서 동생이 아니고 동서라고 하니까 "동서끼리는 대체로 사이가 좋지 않은데, 너는 정말 착한 사람이구나"라고 칭찬을 했다고 한다.

그때 자신의 아내는 "내가 이런 사람이 된 것은 예수 그리스도를 믿었기 때문이다. 예수 그리스도는 우리의 구원자이시다"라고 전도를 하니까 칭찬하던 여인이 태도가 돌변해서 "성경은 오염된 책이다. 그리고 예수는 메시아가 아니다"라고 떠들더란다. 병실 안에 있는 모든 사람들은 모슬렘이었는데, 사람들이 떠드는 여인에게 "조용히 해라. 예수에 대해서 저 여인이 말하는 것을 듣고 싶다"라고 해서 자신의 아내는 1시간 이상을 예수님에 대해서 이야기하면서 전도하였다는 것이다. 그리고 가지고 간 신약성경을 갖고 싶은 사람이 있냐고 물으니까 그렇게 떠들며 반대했던 여인이 자기에게 달라고 해서 주었다고 한다. 그리고 며칠 후 자기 동생의 부인이 죽고 장례식을 할 때 다른 목사님께 설교를 하라고 했는데 가족들이 자신더러 하라고 해서 설교단 위에 올라가 한동안 눈물이 복받쳐 설교를 못하다가 천국과 지옥, 예수 그리스도를 믿어야 천국에 간다고 설교를 하였다고 한다. 장례식에 700여 명이 왔는데 350여 명은 모두 모슬렘이었지만 자신이 힘 있게 복음을 전했다고 자랑을 하였다.

▲ 하나님의성회 총회장 교회에서 집회(왼쪽 신화석 목사, 오른쪽 하나님의성회 총회장).

그날 저녁 총회장 교회에 가서 설교를 하였다. 힘찬 설교였다. 이 교회는 암만 상류층 사회가 모여 있는 지역에 예배당이 있었고, 요르단 최고의 큰 교회라고 한다. 성도가 250여 명이 된다는 것이다. 이것이 요르단 교회의 현실이다.

아울러 나는 총회장 목사의 부인 전도자를 만났다. 그리고 전도자임을 칭찬했더니 너무 행복해한다. 죽을 준비가 되어 있는 전도자를 보는 기쁨, 선교여행에서 맛보는 최고의 행복이었다. 전도를 위해 죽을 준비가 된 사람, 이 말은 이슬람 국가에서 해당되는 말이다. 그러나 한국에서도 이런 각오가 되어 있는 사람은 자신의 삶을 그리스도께 온전히 드린 사람일 것이다. 주님은 이런 제자를 원하신다.

## 2.
## 아랍 여인의 초대

세계일주 선교사역은 성령님의 인도하심을 따라 짜여진 틀 안에서 한 주간이 언제 지나갔는지 모르게 분주하다. 그런데 요르단에서 기이한 일이 벌어졌다. 아랍 여인이 우리 선교 팀을 자신의 집으로 초청한 것이다. 그것도 간절히 요청했다.

자신이 나가는 교회 기도회 모임이 있는데 그 기도 모임도 이 여인이 담임목사님께 요청을 해서 허락을 받아 시작되었다. 보통 10여 명이 모여서 기도회를 한다고 한다. 그런데 우리 선교 팀에 대한 소식을 듣고 꼭 자신의 집에 와서 만찬을 하고 기도회를 인도해 달라는 요청이었다. 성령님의 인도하심인 줄 알고 다른 큰 모임들을 주선하겠다는 선교사님의 권유를 뿌리치고, 선교 팀은 정 선교사님이 잡아 놓은 일정에 의해 그 여인의 집을 방문했다.

요르단의 전형적인 중산층 가정이었다. 우리 선교 팀이 들어서자 가장인 형제가 그 가족과 함께 나와서 반갑게 맞이했다. 응접실에는 음료와 과일이, 주방에는 음식이 준비되어 있었다. 가족 소개를 하는 시간이었다. 형제는 요르단 항공사 엔지니어이고, 조상 때부터 신앙생활을 해오고 있단다. 아랍세계에서 신앙생활을 하는 일은 그렇게 간단하고 쉬운 일이 아니다. 그는 아내와 딸 여섯과 아들 둘, 모두 8남매를 두었다.

예루살렘에 살고 있는 자매의 언니 아들이 얼마 전에 와서 이 집 셋째 딸을 아내로 맞이하겠다고 해서 첫째, 둘째를 제치고 셋째가 먼저 이종사촌 오빠와 결혼을 하게 되었다. 아랍 문화가 옛 성경문화와 같다. 야곱이

▲ 이슬람 세계에서 전도지를 만들어 복음사역에 힘쓰는 가정과 복음을 나눈 뒤 기념촬영.

라헬을 아내로 맞이했던 풍습과 같다. 그들은 우리들을 접대하는 것이 하나님의 축복이며, 자신의 가문에 영광이라고 했다. 어찌나 기쁘게 대접하던지 황송할 뿐이었다. 온 가족이 모두 즐거움으로 대접하고 요르단 음식을 함께 먹으며 기쁨을 나누었다.

식사 후에 우리들은 자매가 나가는 예배당에서 있는 기도회에 갔다. 평소 10여 명이 모여 기도하는데, 이 자매가 초청장 190매를 친히 제작해서 주변 사람들을 초대했다고 한다. 예배당에 가니 벌써 60~70명 정도의 사람들이 모여 있다. 평소 주일예배 때도 이만큼 모이지 않는다고 한다. 그런데 한 여인의 열심이 이렇게 많은 아랍 사람들을 모았다. 그중 대부분은 성도들이지만 상당수는 모슬렘이었다. 이 여인의 열심이 잠자는 성도들을 깨우고, 모슬렘에게 용감하게 전도한 것이다. 이 교회 담임목사나 성도들에게 큰 자극과 도전이 된 것이다. 기도회이기 때문에 기도에 대한 설교를 하고, 합심하여 기도 후 안수를 받는 시간에 아무도 가지 않고 모두가 나와서 안수를 받았다. 담임목사와 그의 모친, 우리를 초대한 자매와 그 가족, 모든 사람들이 줄을 서서 안수를 받기 위해 기다리고 있었다.

이슬람 국가 속에서도 거룩한 그루터기들이 있음을 보여 주는 감동의 시간들이었다. 우리를 초대한 여인은 얼마나 많은 눈물을 흘렸는지 눈이 벌겋게 충혈되어 있었다. 그녀의 아들과 큰딸이 주의 종으로 헌신하겠다며 기도해 달라고 요청을 했다. 이미 성년이 된 그들의 헌신이 아름답다. 안디옥 세계일주 선교여행을 하면서 루디아처럼 준비된 한 여인의 아름다운 신앙에 우리들은 큰 은혜와 위로와 용기를 얻었다. 주의 은총 있을 지어다.

## 3.
### 지하교회 지도자와의 만남

모슬렘이 개종하여 그리스도의 사람이 되고, 그가 모슬렘에게 복음을 전해서 지금은 요르단 최대의 교인 숫자를 자랑하는 지하교회를 이루었다. 우리는 그 지도자를 저녁 9시부터 11시 30분까지 만났다. 그는 초등학교부터 고등학교 때까지 줄곧 1등을 했고, 국비로 미국 유학을 갔다 온 수재였다.

1957년 요르단 북쪽지역 농부의 아들로 태어난 그는 조상 대대로 섬기는 이슬람 교도였다. 고등학교 시절 종교에 대한 깊은 생각을 하게 되었고, 같은 학교에 다니는 소수의 크리스천 친구들을 볼 때 이슬람 교도와는 다른 모습을 보고는 신약성경을 사서 읽으려고 용돈을 모아 시내에서 신약성경을 샀다.

이슬람에서는 성경은 오염된 책이고, 예수는 마지막 날 다시 와서 이슬람을 전파할 것이라고 하는 데 의문을 가졌다고 한다. 그는 마호메트가 다시 와서 이슬람을 전파해야 하지 않는가? 그런데 왜 예수가 와서 해야 하는가? 이런 의문을 가지고 신약성경을 읽다가 예수 그리스도께서 인류의 죄를 용서하시기 위해 십자가를 지셨고, 죽은 지 3일 만에 살아나셨으며 승천하셨다가 다시 재림하신다는 사실을 알게 되었다.

그는 유학을 가서 모슬렘으로서 살았으나 교수의 초대와 좋은 그리스도인들과의 만남을 통해 예수 그리스도를 구주로 영접하고 세례를 받았다. 이후 요르단으로 와서 좋은 직장에서 행복하게 살았지만 자신이 그리스도인임을 밝히지 못하고 신앙이 약해졌다고 한다.

그때 신앙생활을 잘하고 어려운 직장을 선택할 것인가, 신앙생활을 숨어서 하고 좋은 직장을 선택할 것인가를 고민하다가 신앙생활을 잘하고 어려운 직장을 선택하기로 결심하고 사표를 냈다. 가족들의 충격은 이루 말할 수 없었다. 그러나 형제는 그리스도의 뜻에 순종하였고, 그때부터 아랍 모슬렘에게 전도했다. 의외로 모슬렘들 중에 예수 그리스도를 영접하는 사람들이 생겨났고, 드러나게 신앙생활을 할 수 없는 사회적 상황 때문에 그는 비밀리에 그들에게 성경을 가르치고 세우는 일을 하였다. 여러 번 투옥되고 400여 번이 넘게 경찰서에 불려가 조사를 받았지만 지금은 8개의 가정교회가 만들어졌고, 아랍의 주변 국가로 퍼져 나가고 있다.

현재 400여 명의 성도가 모이고 있다. 요르단 최대의 교회가 250명 모

▲ C&MA 교회(현지교회) 집회 후 지도자 압둘라 형제와 함께하는 선교 팀.

이는데, 지하교회인 이들의 모임이 최대 교회가 된 것이다. 처음 모슬렘이 개종해서 공인된 기존 기독교회에게 세례를 줄 것을 요청했더니 모두 두려워하며 거부해서 할 수 없이 사해에 가서 자신들이 세례를 주었다. 이 형제는 지난 16년간 이들을 전도하고 세우는 일을 하면서 직장을 다녔으나 도저히 직장 다니며 8개 그룹을 섬길 수 없어서 3년 전에 직장을 그만두고 이들을 섬기고 있다.

나는 그에게 예수님의 제자훈련과 초대교회의 가정교회 이야기를 하고, 아랍 세계의 가정중심 문화 속에서 가정교회는 아랍 복음화의 지름길임을 이야기했다. 또한 형제 같은 사람이 거룩한 씨라고 했더니 눈가에 이슬이 맺히며 아멘을 연발하였다.

나는 그에게 지하교회의 장·단점을 이야기하고, 제도권 교회 지도자들과 좋은 교제와 관계를 가지라고 했다. 그리고 전통이나 습관에 매여 있는 잠자는 그리스도인들을 깨우는 자극제가 될 것이라고 했다. 자칫 잘못하면 독선이나 잘못된 신앙으로 흐를 수 있음을 지적했더니, 그는 꾸준히 제도권 목사님들을 모시고 지하교회 성도들을 훈련시키는 일을 한다고 했다.

모슬렘이 개종하면 박해와 불이익은 엄청나다. 그래서 은밀하게 저들을 세워 가는 일을 하고 있다. 제도권 교회는 대체로 이미 조상 때부터 믿어 오고, 국가가 주민등록증에 기독교인으로 기록하여 인정하는 사람들만 합법적으로 신앙생활을 하고 있다. 그러나 모슬렘이 개종하는 데는 엄청난 박해가 따른다. 그래서 교회에서도 모슬렘을 전도하여 개종시키는 일에 두려움을 갖고 있는 것이다. 이 같은 사회에서 이 형제와 같은 전도와 저들을 세워 가는 지하교회 운동은 매우 효과적인 선교가 될 것이다. 지금 이들의 모임이 주변 국가로 퍼져 나가고 있다는 것이 그 증거이다. 복음의 폭발력을 갖고 있는 모임이다.

대화를 마치고 헤어질 때 형제가 나를 끌어안으며 놓아주지 않는다. 좋은 신앙의 동지를 만난 것이 요르단 선교사역의 기쁨이었다.

여차 1- 15

# 이스라엘

2004/03/22~2004/03/29

## 이스라엘

- 국가 일반 정보
  ① 면적 : 2만km²
  ② 인구 : 760만
  ③ 수도 : 예루살렘
  ④ 언어 : 히브리어, 아랍어, 영어
  ⑤ 1인당 GDP : 28,200 $
  ⑥ 화폐단위 : 세켈(New Israeli Sheqel, NIS).
           1$ = 3.85(2010년 7월 기준)
  ⑦ 종교 : 유대교 76.5%, 이슬람교 15.9%
  ⑧ 종족 : 유대인 75%, 아랍인 20%, 기타 5%

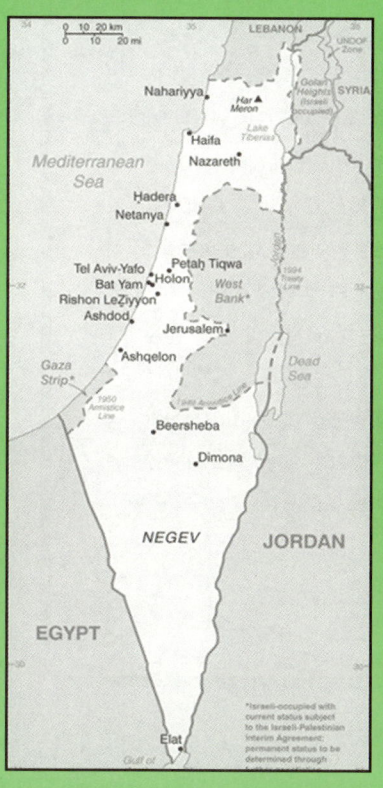

- 2차 세계대전 후 팔레스타인에 아랍·유대의 개별 국가를 각각 건설한다는 UN의 결정에 따라 1948년 5월 14일 이스라엘이라는 국명으로 건국된 세계 유일의 유대교 국가.

주님께 사랑 고백하는 이들은 많지만, 정작 주께서 명하신 지상명령(Great Commission)을 위해서 자신을 부인하고 자기 십자가를 지고 묵묵히 주의 길을 따르는 이들이 흔하지 않은 시대입니다. 인기 있고 주목받는 사람들은 많지만, 정작 주님의 다시 오실 길을 위해 광야의 외치는 소리가 되는 삶을 살아가는 이들은 흔하지 않은 시대입니다. 부활하신 주님을 버리고 옛 직업으로 돌아간 베드로를 만나 사랑 고백을 들으신 주님께서 그에게 "나를 따르라"고 말씀하시며, 그 길이 순교자의 길이 될 것을 말씀하셨습니다. 우리 시대에는 사랑 고백 이상으로, 대중의 인기와 주목받는 것 이상으로 '따르는 자들'이 필요합니다.

저는 신화석 목사님과 선교 팀이 이스라엘에 왔을 때, 그 가슴속에 타오르는 '따르는 자들'의 열정을 보았습니다. 기독교 2천 년 동안 영혼들의 구원을 위해, 세상 사람들이 미련하다고 여기는 십자가의 복음을 위해 순교자의 심정으로 주님을 따랐던 선교사들의 발자취를 뒤따르는 신화석 목사님과 선교 팀을 통해 주님께서 요구하시는 그 따름의 길을 저 역시 따르고자 하는 다짐을 하게 되었으며, 영혼을 향한 불타는 열정과 순전한 십자가 복음만이 이 세대를 주님께로 인도할 수 있다는 것을 새롭게 깨닫고 도전을 받는 귀한 시간이 되었습니다.

이스라엘에는 수많은 사람들이 하나님을 따르고 경배를 드리지만, 그의 독생자 되시는 예슈아(예수)를 메시아로 받아들이지 못하는 어리석음을 범하고 있습니다. 과거 이들에게 불었던 성령의 바람이 다시 불어 일어날 것을 확신하는 것은, 이름 없는 선교사들의 땀과 열정, 그리고 순교자적인 따름이 이 땅에 심겨졌기 때문입니다. 신화석 목사님과 선교 팀이 이 땅을 밟고 다녀간 흔적은 소리 없이 사라졌지만, 영혼을 위해 뿌린 씨앗은 결코 썩는 법이 없으며, 훗날 반드시 귀한 선교의 열매를 풍성하게 맺게 될 것을 확신합니다.

2010년 7월 11일
이춘석 선교사

## '영원한 성지' …… 선교는 아직도 먼 길

2004년 4월 9일 〈국민일보〉 보도자료

이스라엘로 떠나기 전 뜻하지 않은 변수로 인해 선교 팀의 행로에 이상이 생길 뻔했다. 출발하기 바로 이틀 전, 하마스 지도자 야신이 이스라엘군의 미사일 공격으로 사망하고 팔레스타인 자치정부와 하마스가 피의 보복을 선언하고 나섰기 때문이다.

주위에서는 이스라엘행을 재고하도록 조언했다. 복음의 시작과 끝인 나라, 기독인들의 영원한 성지인 이스라엘을 눈앞에 두고 돌아갈 수 없었다. 선교 팀은 성령이 길을 여시면 어디든지 간다는 신앙관을 갖고 유언장을 써놓고 한국을 떠나온 터라 길을 재촉했다.

이스라엘은 초긴장 상태였다. 선교 팀은 곧바로 예루살렘으로 이동, 숙소에 짐을 푼 뒤 이스라엘의 역사, 문화, 정치, 경제, 교육, 종교, 기독교 역사에 대해 집중 강의를 들었다. 예루살렘 바이블칼리지 데이비드 보이드 학장, 최대 규모의 유대인 교회 담임교역자 메노 장로, 이스라엘에서 8~17년간 사역

▲ 선교 팀은 한국 교회가 역동적인 선교 시스템을 갖춘다면 얼마든지 이스라엘에서 사역 영역을 넓힐 수 있음을 확인할 수 있었다. 사진은 비아돌로로사에서 예수 그리스도의 십자가 수난을 재현하고 있는 신화석 목사.

중인 한인 선교사들을 강사로 초빙했다.

이스라엘은 1948년 5월 14일 독립을 선언했지만 팔레스타인 및 아랍 연맹과의 끝없는 전쟁과 테러로 세계의 시한폭탄으로 전락했다. 인구 600만 명 중 기독인은 1만 명에 불과하다. 교회는 100여 곳에 달하지만 교역자의 25%만이 정식 신학교육을 받았을 뿐이다. 대부분은 단기교육만 받았다. 그러나 유대인 특유의 선민의식은 대단해 보였다.

이스라엘의 인구당 선교사 수는 세계 최고지만 선교사와 유대 기독교인 간 협력 사역은 활발하지 못한 편이다. 예를 들면 한국인 선교사 가운데 유대 기독교회에서 한 번 이상 설교한 선교사가 거의 없다. 사역한 지 18년 된 한 선교사가 지난 4일 처음으로 설교 부탁을 받았을 정도다. 유대인 교역자에게 왜 이런 현상이 벌어지냐고 물었더니 그는 언어, 유대인의 문화, 신앙과 신학사상에 대한 미검증 등을 꼽았다.

이스라엘 사역 3일째 되는 날 선교 팀은 시청각교육을 위한 단막극과 성경 낭송 시간을 가졌다. 유대인 전통복장을 급하게 구한 선교 팀은 25편의 단막극을 대본도 없이 즉석에서 촬영했다. 선교 팀 모두 목회자들이었기 때문에 가능했다고 생각된다. 관련 성경구절을 낭송하며 50편의 이스라엘 현지 시청각 교재도 제작했다.

테러의 위험이 가장 높은 시점에서 촬영은 쉽지 않았다. 베다니 같은 곳은 성지순례 팀들이 들어갔다가 돌 세례를 받아 차량이 크게 파손됐었다. 팔레스타인 자치구에 있는 성지는 갈 수도 없는 상황이었다. 그렇지만 선교 팀은 시청각 교재를 만들기 위해 촬영을 강행했다. 예수님의 최후의 만찬과 겟세마네 동산 기도를 촬영할 때는 선교 팀 100m 전방 시온 산에서 폭탄장치가 발견돼 이스라엘군이 급히 해체작업을 하는 것을 목격하기도 했다.

선교 팀은 히브리 대학교의 기도회에도 참석하고 말씀도 전했다. 한인교회에서의 말씀 사역, 한인 선교사들과의 선교 좌담회 등도 차질 없이 진행했다. 히브리 대에서는 지난해 폭탄 테러가 발생, 많은 학생이 사망하고 부상했기 때문에 기도회에 참석하는 선교 팀도 보안검색을 받았다. 현재 2만 명의 히브리 대 학생은 모두 등교하면서 가방은 물론 몸수색을 받아야 한다.

좌담회에 참석한 선교사들은 한국 교회가 유대인 선교를 잘 감당해주기를 바란다며 다음과 같이 부탁

▲ 선교 팀이 이스라엘에서 가장 빠르게 성장하고 있는 유대 기독인교회를 담임하고 있는 메노 장로(오른쪽 네 번째)와 좌담회를 마친 뒤 기념촬영을 하고 있다.

했다.

첫째, 복음의 시작과 끝인 땅 끝, 즉 이스라엘 선교에 더 많은 관심을 가져주기를 바란다. 성지로 사모하면서도 정작 선교에는 무관심하다는 지적이다.

둘째, 유대인은 많은 고난을 겪은 민족이다. 마치 결손가정의 자녀와 같은 아픔을 가지고 있다. 인내하며 선교해야 한다.

셋째, 선민의식이 분명히 있다. 성경은 그들의 삶이다. 그들을 존중하는 마음으로 접근해야 한다.

넷째, 빠른 열매를 요구해서는 안 된다. 이스라엘은 지금 열매를 요구할 때가 아니고 씨를 뿌릴 때이다.

다섯째, 이스라엘은 선진국이기 때문에 선교비가 많이 소요된다. 그래도 장기적인 차원에서 지속적으로 지원해야 한다.

한국 교회를 향한 선교사들의 기도요청은 매우 간절했다.

이스라엘의 기독교는 교파가 없다. 그러나 각기 다른 신학적 배경을 갖고 있기 때문에 하나가 되지 못한다. 이것 역시 유대인의 특유의 문화라고 한다. 유대인 중, 정통 유대교인은 15%에 불과하다. 나머지는 세속적인 종교인이다. 현재 러시아에서 귀환한 유대인들이 100만 명을 넘어섰다. 이들 대부분이 세속적인 종교인들이다. 율법에 매이지 않고 세속적인 삶을 지향한다. 따라서 이들에게 복음을 전하는 것이 유대 기독인 수를 늘리는 지름길이라고 선교사들은 지적했다.

이슬람교에도, 유대 교회에도 복음이 들어갈 틈새가 보였다. 희망적인 모습이었다. 문제는 한국 교회가 이 틈새를 비집고 들어갈 강한 선교 정신과 체질 강화에 나서야 한다는 것이다.

이스라엘 사역을 끝까지 선교 팀은 1단계(2003년 12월~2004년 3월) 4개월 동안의 선교사역을 마치고 안디옥성결교회로 돌아왔다. 잠시 재충전한 뒤 2단계(오는 5~8월) 사역을 위해 선교 팀은 또다시 떠난다. 복음 전파는 모든 기독인들의 선택 과업이 아니라 필수사역이기 때문이다.

정리 = 함태경 기자 ▩

## 1.
## 가야만 하는가?

파키스탄에서는 오사마 빈 라덴의 오른팔인 알 와지르가 산악지대에서 400여 명의 대원과 함께 파키스탄 정부군과 미국의 포위망 속에 있고, 이스라엘에서는 어제 아라파트의 정신적 지도자이며 하마스의 창설자인 셰이크 야신을 헬리콥터 미사일 사격으로 살해하여 하마스는 모든 이스라엘에 죽음의 보복을 선언하였다.

이슬람 과격단체는 피의 보복을 선언하고, 전 세계가 초긴장 상태에 있는 것을 CNN 방송을 통해 알았다. 이스라엘은 가자 지구를 봉쇄했고, 비상 각료회의를 소집했다. 가장 험악한 역사의 소용돌이 한복판에 우리 선교 팀은 서 있다. 팀장으로서 결단해야 한다. 이런 상황 속에서도 이스라엘을 향해 가야만 하는 것인가? 이미 유언장을 써놓고 온 상태이다. 그

▲ 이스라엘에 도착해 이춘석 전도사님 내외분과 만난 선교 팀의 모습.

리고 품위 있게 죽자고 약속도 하였다. 몇 번씩 죽음의 고비를 넘겼다. 인도네시아에서, 태국에서, 남아프리카 공화국에서 과로와 교통사고 위험으로부터 생명의 위협이 있을 때 하나님은 보호해 주셨다. 그리고 가나에서 말라리아에 감염되어 선교사역을 포기해야 할 위기 속에서도 우리를 건지셨다. 성령께서 막으시면 할 수 없지만 성령께서 길을 여시면 어디든지 가야 한다. 그것은 하나님의 뜻이기 때문이다.

이춘석 전도사가 올린 게시판에도 셰이크 야신이 죽기 전 이스라엘 곳곳에서 테러와 총격 사건이 있었다고 했다. 팔레스타인 사역을 하고 있는 이○○ 선교사는 총성이 들리지 않는 날이 없을 정도라고 했다.

그곳에서의 이스라엘과 팔레스타인 사이의 긴장과 적대감은 공개된 글로 쓸 수가 없다. 인간세계가 이렇게 참혹할 수 있을까? 인간이 인간을 대하는데 인격은 무시되고, 짐승처럼 대한다는 것이 지옥의 현실과 같다.

우리는 그곳으로 가야 한다. 짧은 1주일간이지만 그곳의 지도자들과도 만나야 하고, 평신도들과도 만나야 하고, 선교사들과도 만나야 한다. 그리고 선교의 재도전 기회를 제공해야 한다. 금식하며 기도하고 있는 나에게 팽팽한 긴장감이 새 힘을 준다. 안디옥성결교회에 대한 기도, 안디옥 세계일주 선교여행에 대한 기도, 성전 건축에 대한 기도, 안디옥 지도자들에 대한 기도, 그리고 선교지에 대한 중보기도, 내가 가슴에 안고 있는 영적 부담 때문에 금식기도에 들어갔는데 이스라엘의 상황이 또 다른 부담으로 다가오고 있다.

주여! 이스라엘에서 무엇을 준비하고 우리를 기다리고 계십니까? 주의 거룩한 이름이 영광을 받으소서.

## 2.
## 이스라엘 선교 여행기

복음의 시작과 끝인 나라, 우리들의 영원한 성지, 제1차 안디옥 세계일주 선교여행 1단계 마지막 국가인 이스라엘을 꼭 가야만 하는가?

이스라엘로 떠나기 바로 이틀 전 하마스 지도자 야신이 이스라엘의 미사일 공격으로 사망하고, 팔레스타인 정부와 하마스는 피의 보복을 선언하고 나섰다. 주변에서는 재고하라고 했지만 떠나올 때 유언장을 써놓고 온 선교 팀은 성령이 길을 여시면 어디든지 가야 한다는 분명한 신앙관을 갖고 있다.

초긴장 상태인 이스라엘 땅을 밟은 선교 팀은 비장한 마음이었다. 예

▲ 예수님과 제자들의 최후의 만찬 장면을 촬영하는 선교 팀.

루살렘으로 이동한 후 숙소에 짐을 풀고 곧바로 이스라엘의 역사, 문화, 정치, 경제, 교육, 종교, 기독교 역사에 대한 집중강의를 들었다.

예루살렘 바이블칼리지 학장, 메시아닉쥬 교회의 가장 개혁적이고 가장 많이 모이는 교회 담임교역자, 이스라엘에서 8년부터 17년까지의 기간에 선교사역을 하고 있는 한국 선교사님들이 강사로 초빙되었다.

200여 년 디아스포라로 고난의 길을 가던 유대인들은 1948년 5월 14일에 독립을 하였으나, 팔레스타인과 아랍 연맹과의 끝없는 전쟁과 테러로 세계의 시한폭탄과 같은 지역이 되어 있다. GNP는 16,500달러 정도이고, 선진국 대열에 있다. 이스라엘에는 지금 600만 명 인구가 있는데, 거의 대부분이 유대교인들이고 기독교인(메시아닉쥬)은 8,000~10,000여 명 사이라고 한다. 교회는 100여 개가 되며, 교역자는 25%만이 정식 신학교육을 받았고, 나머지는 단기 코스 교육을 받은 사람들이다. 그러나 유대인들 특유의 선민의식 때문에 대단한 자부심을 갖고 있다.

세계에서 인구 단위로는 가장 많은 선교사들이 와 있는 나라이지만 유대 기독교인들과 선교사님들의 협력사역은 그다지 활발하지 못한 편이다. 예를 들면 한국인 선교사님들 가운데 유대 기독교회에서 설교를 한 번이라도 한 분들이 거의 없다는 사실이다.

이곳에 온 지 18년 된 선교사님은 이번 4월 4일, 18년 만에 처음으로 설교 부탁을 받고 설교를 하게 되었다면서 기도를 부탁했다. 유대인 교역자에게 왜 이런 현상이 있냐고 물어봤더니 첫째는 언어문제라고 했고, 둘째는 유대인들의 문화문제라고 했고, 셋째는 신앙과 신학과 사상에 대한 검증이 되지 않았기 때문이라고 했다. 그들로서는 충분한 이유라고 하겠지만 선교 팀으로서는 잘 이해가 되지 않았다.

선교 팀은 선교사역을 하는 가운데 하나님께서 엄청난 선물을 이스라엘에서 준비해 놓고 계심을 알았다. 우리들은 그것을 전혀 모르고 이스라엘 사역을 시작했는데 사역 3일째 되는 날 하나님께서 보여 주셨다. 그것은 시청각 교육을 위한 단막극과 성경낭송이었다. 유대인 전통복장을 수소문해서 소품으로 사서 선교 팀은 25편의 단막극을 대본도 없이 연습도 없이 즉석에서 촬영을 하였다. 선교 팀 모두가 목회자들이기에 가능했다고 생각된다. 또 성지 현장에 대한 설명과 현장에서 일어났던 성경말씀을 낭송하는 일을 하여 50편의 이스라엘 현지 시청각교재를 만들었다.

테러의 위험이 가장 높은 시점에서 현장에서의 촬영은 쉽지만은 않았다. 베다니 같은 곳은 성지순례 팀들이 갔다가 돌 세례를 맞아 차량이 크게 파손되었고, 팔레스타인 자치구인 성지는 갈 수 없는 상황이었다.

그럼에도 불구하고 선교 팀은 시청각 교재를 만들기 위해 현장에서 촬영을 하였다. 예수님의 최후의 만찬과 겟세마네 동산 기도를 재현하는 촬영을 할 때 우리 선교 팀은 100m 전방 시온 산에서 폭탄장치를 발견해 해체작업을 하는 이스라엘군을 목격하기도 했다.

히브리 대학에서의 기도회 참여와 말씀 전파 및 한인교회에서의 말씀 사역, 한인 선교사님들과의 선교 좌담회도 하나님께서 준비해 놓으신 선물이었다. 히브리 대학에서는 지난해 폭탄 테러로 많은 학생들이 죽고 부상을 당했다. 그래서 기도회에 참석하러 가는데 철저한 보안검색을 받았다. 2만 명의 학생 모두가 학교에 등교하면서 모두 가방과 몸의 검색을 받고야 들어가고 있었다.

선교사님들은 유대인 선교를 위해 한국 교회에 몇 가지 부탁을 하였다.

"첫째, 복음의 시작과 끝인 진짜 마지막 땅 끝 이스라엘 선교에 더 많은 관심을 가져 주십시오."

성지라는 생각으로 이스라엘을 사모하면서도 정작 선교에는 무관심하다고 지적했다.

"둘째, 유대인은 많은 고난을 겪은 민족입니다. 마치 결손가정의 자녀와 같은 아픔이 있습니다. 따뜻한 시선으로 가슴으로 인내하며 선교해야 합니다. 셋째, 선민의식이 있습니다. 그리고 성경은 그들의 삶입니다. 그들을 존중하는 마음으로 접근을 해 주십시오. 넷째, 열매를 급히 요구하지 마십시오. 이스라엘은 지금 열매를 요구할 때가 아니고 씨를 심을 때입니다. 다섯째, 이스라엘은 선진국입니다. 선교비가 많이 듭니다. 그래도 투자해 주셔야 합니다. 이스라엘을 축복해 주십시오."

한국 교회를 향한 선교사님들의 요구는 매우 진지하였다. 이스라엘의 기독교(메시아닉쥬)는 교파가 없다. 하나처럼 움직이고 있다. 그러나 각기

다른 신학적 배경과 관련 단체나 교회가 있어서 하나 되지 못하고 있다. 이것 역시 유대인의 특유의 문화라고 한다.

유대인들 중에 정통 유대교인은 15%이고, 나머지는 세속적 종교인이라고 한다. 또 러시아에서 귀환한 유대인들이 100만 명이 넘어서고 있는데, 이들 역시 세속적 종교인들이 대부분이라고 한다. 이들은 율법에 매이지 않고 세속적인 삶을 살고 있다. 그래서 이들에게 접근해 복음을 전하는 것이 유대 기독교도들을 확산시키는 지름길이다.

이슬람에도, 유대 교회에도 복음이 들어갈 틈새가 보인다. 선교를 하는 우리 모두에게 대단히 희망적인 모습이다. 문제는 한국 교회가 이 틈새를 비집고 들어갈 수 있도록 선교정신과 체질을 강화시키는 작업이 선행되어야 한다는 것이다.

선교 팀은 제1단계(2003년 12월~2004년 3월) 4개월의 선교사역을 마치고 안디옥으로 귀환해서 잠시 재충전과 준비를 하여 제2단계(2004년 5~8월) 선교사역을 하기 위해 한국으로 향하는 비행기에 몸을 실었다.

## 제2부

# 1차 선교여행

### 2단계 : 중앙아시아 · 유럽 지역
2004/05/24~2004/08/23

1. 몽골 - 김성철 선교사 (2004/05/24~05/30)
2. 러시아 - 장인관 선교사 (05/31~06/08)
3. 카바르딘 - 장인관 선교사 (06/09~06/13)
4. 체르케스 - 장인관 선교사 (06/14~06/20)
5. 카자흐스탄 - 김영준 · 김홍배 선교사 (06/21~06/27)
6. 터키 - ○○○ 선교사 (06/28~07/04)

차 2-1
# 몽골
2004/05/24~2004/05/30

## 몽골(몽골리아)

- 국가 일반 정보
  ① 면적 : 156만km²
  ② 인구 : 300만
  ③ 수도 : 울란바토르(Ulaanbaatar)
  ④ 언어 : 몽골어
  ⑤ 1인당 GDP : 3,200$
  ⑥ 화폐단위 : 투그릭(Tugrik)
  ⑦ 종교 : 샤머니즘 31%, 불교 22.5%, 이슬람교 4%, 기독교 0.7%, 무교/기타 41.5%
  ⑧ 종족 : 몽골족 95%, 투르크계 5%

- 국가 이름: 몽골(Mongol), 대외적 공식명칭: 몽골리아(the Republic of Mongolia)
- 13세기 초 칭기즈칸이 등장하여 최대의 몽골 대제국 건설.
- 1924년 11월 24일 중화민국으로부터 독립.

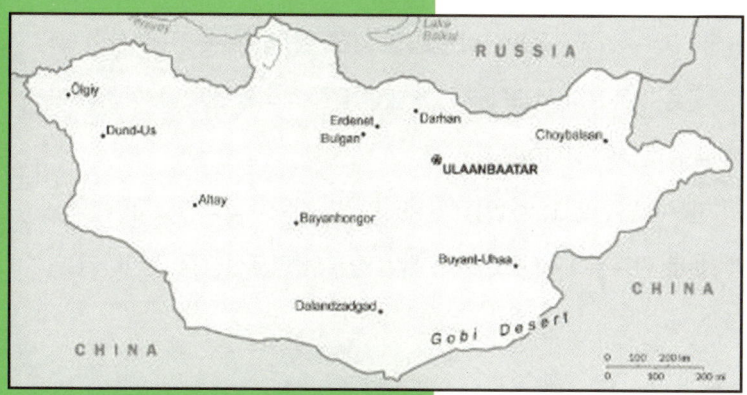

## "몽골에 복음씨앗을……" 뜨거운 기도

2004년 6월 15일 〈국민일보〉 보도자료

'마케도니아의 환상'을 바라보며 선교 팀은 세계일주 2단계 여행을 시작했다. 첫 기착지는 몽골. 지난달 24일 수도 울란바토르에 도착했다. 몽골 한인회에서 '맥가이버'로 통하는 김성철 선교사의 따뜻한 영접을 받고 빠듯한 일정에 들어갔다.

선교 팀이 갖고 있던 몽골관은 우랄 알타이 어족이라는 동질감, 칭기즈칸의 후예, 우리 땅을 줄기차게 침략해 많은 피해를 입혔던 민족이라는 정도였다. 우리는 다음 날 아침부터 몽골 국립대 역사학 교수와 민속학 교수, 종교학자 및 신학교 교수, 선교사들로부터 몽골의 역사, 문화, 정치, 경제, 사회, 교육, 종교는 물론 기독교와 선교사역 등에 대한 집중 강의를 들었다. 몽골을 이해하는 데 매우 소중한 시간이었다.

몽골의 면적은 남한의 16배, 인구는 250만 명. 사회주의국가였지만 1989년 소련 붕괴로 민주주의 국가로 변모됐다. 정부가 경제성장을 견인하기 위

▲ 신화석 목사는 2단계 세계일주 선교여행의 첫 기착지인 몽골에서 현지 교회의 성장 가능성을 엿볼 수 있는 기회를 가졌다. 사진은 몽골 마르티스 교회 주일예배에서 말씀을 전하고 있는 신 목사.

해 부단히 노력 중이나 기독교 선교는 아직 자유롭지 못한 형편이다. 사회주의국가가 되기 전 라마교와 무속신앙이 몽골인의 심성을 지배했다. 그래서 무신론인 사회주의 체제가 붕괴되면서 몽골인들은 라마교와 무속신앙을 자신들의 종교로 생각했다.

몽골은 7세기쯤 네스토리안 교회가 복음을 전했지만 지속되지 못했다. 라마교의 영향권 아래에 있었다. 1989년까지 기독교인은 1명도 없었다고 한다. 1990년 영국의 존 기븐슨 선교사가 몽골에서 성경을 번역하고 예수 그리스도의 복된 소식을 전했다. 한국에서는 1991년 '사랑의 쌀'을 보내면서 선교사들이 들어가기 시작, 지금 선교사 100여 가정이 사역하고 있다. 14년 만에 맺힌 선교열매는 실로 놀라웠다. 5월 현재 220개 교회, 2만 1,588명의 성도가 있다.

선교 팀은 몽골의 기독교 및 선교역사를 살펴보면서 잘 훈련되고 성숙한 교회 지도자를 세우는 전략이 매우 유효함을 깨달았다. 선교사 초청 세미나와 선교 좌담회 등을 통해 몽골 선교를 도왔다. 특히 화요일 저녁부터 목요일 저녁까지 몽골 교회 지도자와 신학생을 위한 세미나를 개최했다. 건강한 목회자가 되기 위해서는 반드시 영적 기초를 강화한 뒤 목회기술을 배워야 한다고 강조했다.

3일간 지속된 세미나의 열기는 대단했다. 밤 10시면 버스가 끊기기 때문에 몇 시간씩 걸어서 집에 돌아가야 함에도 불구하고 목회자들의 배우려는 의욕이 흘러넘쳤다. 그들은 한결같이 '하마구이'라고 외쳤다. 몽골어로 하마구이는 상관없다는 뜻이다. 선교사들은 "이런 일은 처음"이라며 놀랐다.

신학생들은 회개하기 시작했다. "지식만 추구했지 영성은 죽었었습니다. 이제는 영적 기초 체력을 쌓고 행동하는 신앙인이 되겠습니다. 전도하는 삶을 살겠습니다." 서로 격려하며 몽골 기독교의 내일을 위해 밀알이 될 것을 다짐했다.

바쁜 일정 중에 신화석 목사는 감리교 신학교에서 강의했다. 새로운 도전의식에 불타오른 신학생들은 매일 성경을 30장씩 읽고 1시간 이상 기도하기 시작했다.

금·토요일에는 몽골 한인 선교사를 위한 컨퍼런스를 개최했다. 세계일주 선교사역에 대한 설명과 영상 보고 외에 "자기의 십자가를 지고 가자"란 제목

▲ 몽골 국립대 뭉거치 교수와 기념촬영하고 있는 신 목사와 선교 팀원들.

의 메시지를 전했다. 어느 선교사가 "영성과 선교사명이 회복돼 행복하다"며 선교 팀에게 선교비를 헌금하는 놀라운 일이 벌어졌다.

주일에는 마르티스 교회와 오잉게르 교회에서 집회를 가졌다. 예배당을 가득 메운 마르티스 교회 성도의 90%는 대학생들이었다. 집회가 끝난 뒤 김성철 선교사가 회중에게 "안디옥교회를 통해 마르티스 교회당이 확장될 수 있게 됐다"고 밝히자 우레와 같은 박수가 터져 나왔다.

오잉게르 교회에서는 저녁 늦게까지 말씀을 전해 주지 않는다고 불만이 이만저만이 아니었다. 점심까지 거르고 총 7시간 30분을 강의하고 설교했다.

31일에는 90명의 선교사가 참석해 선교 좌담회를 가졌다. 선교지의 문제는 선교사에게 있다는 데 모두 동의했다. 따라서 선교사의 능력을 극대화할 필요가 있음을 공감했다. 특히 이상적 연합론을 지양하고 실질적이고 현실적인 연합사역을 추구해야 한다고 의견 일치를 보았다. 선교사들은 또 한국 교단이나 교회가 몽골의 교회 및 연합기관을 위해 물질과 시간을 투자해 달라고 요청했다.

한국 교회는 선교 열매를 조급하게 요구하지 말고 선교사가 언어와 문화에 적응할 수 있는 시간을 주어야 한다고 선교사들은 조언도 아끼지 않았다. 단기선교 여행객들이 몽골에 1년간 4,000명에서 1만여 명 가까이 오는데, 훈련되지 않아 오히려 선교지에 피해를 주고 있다는 비판의 목소리도 높았다. 단기선교여행에 앞서 교육에 좀 더 치중하고 신중해 줄 것을 요구했다. 선교사들은 또 한국 교회가 선교사 자녀교육에 대해 폭넓은 관심과 협력을 해 줄 것을 주문했다.

몽골은 분명 복음의 씨를 뿌리기에 좋은 땅이다. 이제 뿌리고 가꾸는 좋은 농부가 필요하다. 한국 선교사들의 활약이 기대된다. 몽골을 떠나면서 선교 팀의 발걸음은 가벼웠다. 그리고 행복했다. 우리는 다음 행선지인 러시아로 떠났다. 하나님이 준비하신 선물이 무엇인지를 기대하면서……. 

정리 = 함태경 기자 ▨

## 1.
## 마르티스 교회의 선교비

마르티스는 희랍어로서 '증인' 또는 '순교자'라는 의미이다. 몽골에서 순교할 각오로 복음의 증인이 되겠다는 굳은 의지를 담고 있다.

오늘은 마르티스 교회에서 주일예배를 인도하게 되었다. 성도들이 예배실에 가득 찼다. 의자가 모자라서 보조 의자를 가져왔다. 교회가 개척된 지 2년 정도 되었고, 성도의 90%가 현지 대학생들이다.

어제 안디옥성결교회 교회 홈페이지에 들어갔더니 신순자 권사님의 답글이 있었다. 심야기도회를 마치고 예배당에 남아서 더 기도하고, 새벽기도회를 하기 전에 잠시 눈을 붙였는데 꿈을 꾸었다는 것이다. 그분의 꿈에 내가 좋은 밭에서 씨를 뿌리고 있었는데, 몽골이 좋은 밭인 것 같다는 내용이었다.

▲ 김성철 선교사가 사역하고 있는 마르티스 교회에서 주일예배를 드린 후 마르티스 교회에서 선교팀에게 선교비를 전달해 주고있다(오른쪽 신빛나 사모)

그래서 오늘은 마태복음 13장 1~9절의 말씀을 토대로 "옥토마음, 100배, 60배, 30배"라는 제목으로 설교를 했다.

먼저 좋은 밭을 만들기 위해서는 예수 그리스도를 구주로 영접할 것을 자세하게 전했고, 복음을 중점적으로 강조했다. 아울러 구원 초청을 했는데, 담임교역자인 김성철 선교사는 잘해야 50% 정도만 일어설 것이라고 생각했는데 98%가 일어서는 기적이 나타났다. 따라서 오늘도 수많은 영혼이 구원을 받았다.

이들은 설교가 2시간에 달했지만 바른 자세로 진지하게 경청하였다. 예전에 내가 어린 시절에 복음을 받는 태도와 같았다. 그야말로 좋은 밭이었다. 하지만 한국 교회는 이미 박토가 되어 가고, 박토가 되어 버린 것 같다. 한국 교회를 생각하면 마음이 아프다.

마르티스 교회는 커다란 두 마리의 양을 잡았지만 우리 선교 팀은 점심을 먹지 못하고 다음 선교장소로 떠났다. 이곳에서는 마가복음 2장 1~12절의 말씀을 나누었다. 그리고 다시 마르티스 교회로 가서 오후 4시부터 6시 30분까지 말씀을 전했다. 저들은 전도자가 되겠다고 결심하였다. 금년에 남은 7개월 동안에 약 2,000명 가량을 전도하겠다고 하였다. 오늘 구원받은 감격과 하나님의 말씀이 저들을 전도자로 변화시킨 것이다.

설교를 마쳤는데, 우리 선교 팀을 러시아로 보내면서 파송의 노래와 기도를 하고, 선교비를 주었다. 몽골 돈으로 64,000투그릭이었다. 이 돈은 몽골인 한 달 월급이나 마찬가지로, 한화로는 64,000원 정도이다. 한화로는 푼돈이나 다름없지만 몽골 교회로서는 한 달 월급을 선교비로 드린 것이다. 망설이다가 감사히 받았다. 왜냐하면 마르티스 교회가 하나님께 심는 씨이기 때문이다.

이 씨는 곧바로 200배, 300배로 열매를 맺었다. 마르티스 교회는 빚을 져서 대지 1,000평 위에 허름한 건물 200평을 6,700만 원에 샀다. 차후에 허름한 건물을 수리하고 이층을 올리려고 한다고 했다. 그 비용이 1,500~2,000만 원이 든다고 해서 안디옥성결교회에서 해외 예배당 건축을 위해 헌금이 들어오면 첫 번째로 마르티스 교회당을 수리하고 세우는데 보내겠다고 약속하였다. 저들은 선교의 씨를 심고 곧바로 200배, 300배의 열매를 맺은 것이다.

하나님은 몽골 땅에서 선교사님의 선교비를 받게 하시더니, 또 연약한 몽골인들이 섬기는 마르티스 교회에서 선교비를 받게 하셨다. 우리 선교 팀의 선교사역이 저들을 감동시켰나 보다. 저들은 우리 같은 선교 팀은 아직까지 만나 보지 못했다면서 무척 감격했다. 우리도 감동 또 감동이었다.

## 2.
## 황석어젓갈

"사모님, 황석어젓갈 가지고 가실래요? 제 어머니께서 보내 주셨는데, 선교지에서 음식이 입에 맞지 않거나 느끼하고 한국 음식이 생각날 때 황석어젓갈 한 입 먹으면 개운하거든요."

턱수염이 있는 귀공자 스타일의 형제가 나와 아내에게 제안했다.

"어머니가 바닷가에 살고 계세요?"

"아닙니다. 서울에 계십니다."

"그러면 형제가 바닷가 출신인가요?"

"아닙니다. 그런데 황석어젓갈이 좋던데요."

우리는 그에게 황석어젓갈을 꽤 많이 선물로 받았다. 군침이 돌았다. 이제 아내는 황석어젓갈로 인해 선교지에서 음식문제가 해결될 것 같다. 나도 곁다리로 끼어 황석어젓갈을 먹을 수 있어서 행복하다.

그런데 참으로 놀라운 일은 황석어젓갈을 우리에게 준 그 형제였는데, 그의 신분을 알고 깜짝 놀랐다. 그는 이름만 말해도 세계 사람들이 알고 있는 사람이었다. 52세인 그는 교도소에서 7년을 복역하고 출소한 후 몽골 땅에 살고 있다. 예전부터 알았던 주님을 교도소에서 다시 만났고, 주님께 더 가까이 가게 되었다고 한다. 전심으로 회개하고 복음을 위해 살고 싶어서 몽골 땅을 밟은 지 1년이 되어 가고 있었다. 그는 평생을 몽골에서 몽골인의 복음화를 위해 살고 싶다고 고백하였다.

궁금하지 않은가? 그 형제는 한국과 전 세계가 깜짝 놀란 삼풍백화점 사건! 삼풍백화점 사장이었다. 그도 우리 선교 팀의 사역 현장에 있었고,

은혜로 함께 교제하는 시간을 가졌다. 그리고 그는 어머니가 보내 준 황석어젓갈을 선교 팀에게 선물로 주었다.

　세상은 참 넓고도 좁다. 그리고 하나님을 만난 사람은 참으로 위대하다. 신앙은 가치관을 변화시키고, 세계관을 변화시키고, 인생관을 변화시키는 것이다. 황석어젓갈처럼 농익은 한국인 선교사가 되어 몽골인들에게 살맛 나는 세상을 살게 해줄 복음의 사역자로 황석어젓갈을 준 형제가 변화되기를 기도할 것이다.

1차 2-2
# 러시아
2004/05/31~2004/06/08

## 러시아(러시아 연방)

- 국가 일반 정보
  ① 면적 : 1,700만km²
  ② 인구 : 1억 4천만
  ③ 수도 : 모스크바(Moscow)
  ④ 언어 : 러시아어
  ⑤ 1인당 GDP : 15,800$
  ⑥ 화폐단위 : 루블(Ruble)
  ⑦ 종교 : 러시아정교 20%, 이슬람교 15%, 기독교 2%
  ⑧ 종족 : 러시아인 80%, 타타르인 3.8%, 우크라이나인 2%, 바슈키르인 1.2%, 추바슈인 1.1%, 체첸인 0.9%

- 세계에서 가장 영토가 넓은 공화국.
- 1990년 고르바초프의 냉전종식 정책으로 각 공화국들에 민족주의 운동이 일어나면서 1991년 12월 31일 소련이 해체되고 독립국가들이 됨.

## 정교회 · 사회주의 잔재가 복음화 장애

2004년 6월 25일 〈국민일보〉 보도자료

선교 팀은 제2차 세계일주 선교여행의 두 번째 행선지로 사회주의 종주국이자 세계에서 가장 큰 영토를 가진 러시아를 선택했다. 세계 최대의 석유 매장량에도 불구하고 경제대국으로 우뚝 서지 못한 나라. 그러나 잠자는 북극곰 러시아는 결코 만만한 나라가 아니었다.

우리는 북카프카스 지역에서 소수민족 사역을 하고 있는 장인관 선교사와 모스크바에서 사역 중인 이권덕 선교사의 따뜻한 영접을 받고 크리스천 선교사동맹(C&MA)의 게스트하우스에 여장을 풀었다. 몽골에서부터 겪은 백야현상은 모스크바에서 더욱 두드러졌다. 밤 12시 가까이 돼서야 어둠이 깔리기 시작했다.

첫날 선교 팀은 니콜라이 목사로부터 러시아의 기독교 역사, 현황 및 선교 역사에 대한 강의를 들었다. 988년 키예프 공국 브라지밀 공작이 정교회를 받아들이면서 기독교 역사가 시작됐다. 그 후 정교회는 러시아의 문화, 정치,

▲ 세계일주 선교여행 팀은 러시아정교회와 정부, 문화의 장벽을 뛰어넘기 위해서는 철저한 제자훈련과 초대교회와 같은 가정교회 운동이 무엇보다 필요하다는 것을 깨달았다고 고백했다. 사진은 신화석 목사가 러시아 교회 지도자들을 위해 세미나를 인도하고 있는 모습.

사회 전반에 걸쳐 막대한 영향을 미쳤다. 하지만 정치와 종교의 결탁으로 정교회는 물론 제정 러시아도 타락하게 됐다. 결국 레닌의 프롤레타리아 혁명의 단초를 제공, 사회주의 국가를 건설하게 됐고 기독교는 오랫동안 극심한 탄압을 받아야 했다.

그러다가 1980년대 말 서광이 비쳤다. 1989년 고르바초프 서기장의 페레스트로이카 정책으로 1991년 12월 25일 소련이 붕괴된 것. 민주주의와 시장경제제도를 추구하는 러시아 연방이 탄생하면서 정교회는 다시 민족종교로 부상했다. 러시아인들은 교회에 나가지 않으면서도 종교를 물으면 정교회 신도라고 말한다. 그만큼 명목상 신자가 많은 것이다. 정교회는 그러나 복음주의를 표방하는 기독교를 이단으로 몰아붙이며 방송 등 언론매체를 통해 공격하고 있다.

1991년 이후 많은 선교사가 러시아 선교를 위해 힘쓰고 있다. 한인 선교사들의 활약도 남달랐다. 그러나 외환위기 이후 한인 선교사들이 급격히 줄어

들면서 러시아 선교에 적신호가 켜졌다.

한인 선교사들은 한국 교회가 러시아 선교에 대해 새로운 인식을 가져야 하며 전략을 전면 수정할 필요가 있다고 입을 모았다. 한인 선교사들과의 좌담회를 통해 선교사들의 바람을 담아낼 수 있었다. 선교사들은 다음과 같은 점을 강조했다.

첫째, 러시아인들의 수동적이고 감성적인 신앙 문화를 한국 교회는 이해하고 인내할 줄 알아야 한다. 둘째, 팀 사역을 통해 공룡 같은 러시아정교회의 틈새를 노려야 한다. 셋째, 러시아인의 자존심을 건드리지 않고 우리가 섬겨야 할 영역에 대한 재인식이 필요하다. 넷째, 선교현장에서 일어나고 있는 돌발적인 문제에 대해 선교사에게만 책임을 묻지 말아야 한다. 선교비 단절 등 유아적인 대처에서 벗어나 선교사와 파송교회 및 선교단체가 공히 책임을 지는 태도가 필요하다는 지적이다.

선교 팀은 모스크바와 상트페테르부르크에서 사역했다. 먼저 현지인 교회를 가정교회로 전환한 젤레노그라드 교회에서 신화석 목사는 교회 지도자들을 위해 가정교회의 기원과 가정교회의 목적, 가정교회의 운영에 대해 강의했다.

선교 팀을 파송한 안디옥성결교회가 마침 1998년부터 가정교회 체제로 전환하고 세계일주 선교여행을 가능케 한 전력을 갖고 있었기 때문에 신 목사의 강의는 커다란 반향을 일으켰다. 집회 후 지도자들이 가정교회에 대한 강의를 더 해달라고 요청할 정도였다.

현지인 교회와 고려인 교회에서도 집회를 인도했다. 러시아정교회의 벽, 아직도 남아 있는 사회주의의 잔재, 정부의 기독교에 대한 압력을 뛰어넘을 수 있는 행동하는 신앙을 강조할 때 러시아인들은 눈물을 흘리며 각오를 새롭게 다졌다.

선교 팀은 상트페테르부르크 소명교회와 동역했다. 그 교회는 김신 선교사가 개척한 곳으로, 노벨 물리학상을 수상한 학자 등 저명한 기독 지도자들이 공동체적인 모임을 이끌고 있었다. 또 선교 팀은 장로교, 감리교, 성결교 선교사들이 주축이 돼 만든 미르 선교회의 팀 사역을 보면서 깊은 감명을 받았다. 8명의 미르 선교회 소속 한인 선교사들은 신학교, 한인교회, 고려인교회, 러시아인교회 사역을 공동으로 수행하고 있었다. 선교현장을 기름지게 하고 선교의 효과를 극대화하는 모습이었다.

선교 팀은 러시아 선교를 방해하는 러시아정교회와 러시아 정부, 뿌리 깊은 러시아 문화를 극복하기 위해서는 철저한 제자훈련과 초대교회와 같은 가정교회 운동만이 유효한 선교전략임을 깨달았다. 이에 따라 신 목사는 러시아 기독교 지도자들에게 영적 기초체력을 튼튼하게 한 뒤 목회방법을 습득하는 것이 필요하다고 강조했다. 한인 선교사들에게도 한국 교회의 고마움을 전달했다. 아울러 한국 교회가 선교 과부하 현상을 보이고 있다는 소식도 전했다. 한국 교회를 위한 기도도 부탁했다.

선교 팀은 러시아의 과거 수도 상트페테르부르크, 현재의 수도 모스크바에서의 사역을 통해 적잖은 도전도 받았다. 밀려드는 피곤에도 불구하고 선교 팀은 이슬람교를 믿고 있는 미전도 종족 체르케스족, 카바르딘족을 위한 사역을 위해 또다시 길을 재촉했다.

정리 = 함태경 기자

## 1.
## 나를 데려가 주오

젤레노그라드에서 이 선교사님이 세운 예배당 2곳을 방문한 후 6시부터 시작된 교회 지도자 세미나는 저녁 9시 30분이 되어서 끝이 났다.

젤레노그라드 교회는 가정교회를 시작했지만 어떻게 운영해야 할지 몰라서 방황하고 있다고 했다. 그래서 가정교회의 기원과 가정교회가 생길 수밖에 없었던 초대교회의 상황과 배경을 성경을 통해 가르쳤다. 가정교회의 장점과 아울러 가정교회를 통해 21세기 교회가 변화되어야 할 이유를 가르치고, 가정교회의 성공 여부는 가정교회 지도자에게 달려 있다는 것을 이야기했다.

"적어도 가정교회의 지도자는 빌립보 가정교회의 루디아와 같고, 에베

▲ 젤레노그라드 교회 저녁집회 후 감사를 표하는 성도.

소 가정교회와 로마 가정교회의 브리스길라, 아굴라와 같아야 합니다. 가정교회의 규모는 그 집의 규모와 같아야 하며, 성도 수가 늘어나면 제자에게 맡기고, 지도자는 다시 개척을 해야 하며, 더 많은 성도들이 모이게 하고 싶다면 더 큰 집을 사거나 임대해서 이사해야 합니다. 결국 가정교회는 지체들의 신앙과 삶을 세밀하게 알고 섬길 수 있어서 건강한 교회를 이루는 지름길이며, 21세기형 교회이고, 또한 가정교회 지도자는 성장에 따라 더 큰 집으로 이사하는 복도 누리게 됩니다.

지도자는 먼저 그리스도의 좋은 제자요, 담임목사의 손때 묻은 제자가 되어야 하며, 영적 기초체력을 튼튼히 해야 좋은 지도자입니다.

영적 기초체력은 성령으로 거듭나고, 고난을 이기는 훈련을 받고, 성경을 사랑하므로 많이 읽고 그대로 지키며 살고, 성전을 가까이하고, 가정경제를 책임지는 사람이 되고, 성령 세례를 받고, 목숨을 건 기도를 하고, 마귀의 시험에서 승리하는 훈련이 있어야 합니다. 이것이 바로 예수님께서 영적 기초체력을 준비하는 모습이었습니다. 하지만 영적 기초체력을 튼튼히 하는 일에는 조급해하지 말고 차분히 준비해야 합니다. 이후 사역의 기술을 배워서 효과적인 사역을 감당해야 합니다.

사역의 기술은 자신이 직접 전도자가 되어야 하고, 손쉬운 사람부터 전도하고, 내가 알고 있는 모든 사람을 기록해서 그들을 찾아가야 합니다. 전도는 입으로 하는 것이 아니라 발로 하는 것이라고 생각하면서 날마다 전도 대상자를 찾아가고, 십자가에 못 박히신 예수 그리스도를 전해야 합니다. 그리고 전도되어 거듭난 성도들 중에 제자를 선택해서 훈련시키되, 제자는 거듭난 경험이 분명한 사람, 성령 세례를 체험한 사람, 충성되어 변덕스럽지 않은 사람, 인색하지 않은 사람, 종교성이 뛰어난 사람 중에서 선택해야 합니다. 제자훈련은 꿰차고 다니는 것, 곧 함께 사는 것이고, 제자가 키워지면 사역을 위임해서 재생산하게 해야 합니다……."

내 강의에 대해 선교사님들은 연신 "아멘"을 하였다. 세미나를 마치자 교회 지도자들이 와서 악수를 하고, 볼을 비비며 입맞춤하는 등 다시 와서 강의를 해달라고 요구하였다.

나는 그들에게 평생에 200여 개 국가를 모두 다녀야 하기 때문에 이 나라에 다시 오기는 힘들 것 같다고 말했다. 그러자 할머니 지도자 한 분이 나를 끌어안고 "그러면 나를 한국으로 데려가 주오"라고 말씀하셨다. 할머니의 재치 있는 말에 예배당은 웃음바다가 되었다. 헤어지기 싫어하는 지도자들과 사진을 찍고 우리들은 떠나야만 했다.

러시아에서의 첫 사역은 감동의 연속이었다. 매주 인종과 문화와 언어가 다른 지역을 다니며 사역하면서 모든 것을 넉넉하고 세밀하게 준비하시는 하나님의 은총과 따뜻한 사람들을 통해 많은 사랑의 빚을 지고 있다. 몸은 힘들어도 나는 행복한 전도자이다.

## 2.
## 너무해

러시아와 중앙아시아 쪽에는 고려인들이 많이 살고 있다. 대체로 3~4대에 걸쳐 유랑민족처럼 살아왔다. 이들이 겪은 설움과 아픔은 국력이 약한 작은 나라에서 태어났기 때문이다. 이 지구촌에는 강대국들 틈바구니에서 우리들이 상상하기 힘든 고통의 삶을 살아가는 소수민족들이 많다. 과거 러시아의 수도 상트페테르부르크에도 고려인들이 꽤 많이 살고 있

▲ 러시아 고려인교회 주일예배 모습.

다. 지금은 러시아 국적을 가지고 있기에 구체적으로 몇 명인지 정확한 숫자 파악은 어렵고, 대체로 1만 5천 명 정도라고 한다.

이러한 고려인들이 모이는 교회가 있다. 상트페테르부르크에서는 유일한 고려인 교회이다. 고려인들의 신앙은 러시아 선교에 있어서 가장 중요한 몫을 담당하고 있다. 그것은 선교사님들의 사역에 길잡이 역할을 해주기 때문이다.

고려인들은 선교사님들의 설교나 강의를 통역해 주는 너무나 중요한 일을 맡고 있다. 선교 팀은 미르 선교회를 통해 개척해서 사역을 하고 있는 고려인교회 집회를 인도하기 위해 문화센터에 도착했다.

선교 팀이 도착하기 전부터 찬양 팀들이 찬양을 인도하고 있었다. 현장에 들어섰을 때 한국에 온 기분이었다. 모두 한국인의 모습이고, 가끔 러시아인이 보였기 때문이다. 그런데 부르는 찬양은 러시아 말이다. 우리들은 노랫말을 알아들을 수가 없었다. 얼굴은 같은데 언어는 전혀 달랐고, 환경이 매우 어색했다. 그러나 찬양을 통해 금세 하나님의 임재를 서로가 느끼며, 성령의 역사하심 속에서 동질감을 갖게 되었다. 예배는 한국인 선교사가 담임 사역자이기에 한국과 같았다. 단지 언어만 다를 뿐이었다.

고려인들은 거의 한국말을 모른다. 통역을 하는 고려인도 한국말을 잘하지 못했다. 듣기는 하는데 말은 서툴다고 한다. 설교가 시작되었다.

"여러분은 복음을 위한 디아스포라(흩어진 자)입니다. 기독교 초기 디아스포라가 된 유대인을 사용하셨던 하나님은 21세기에는 디아스포라가 된 한국인을 사용해서 온 천하에 복음을 전하고 계십니다. 그 한복판에 여러분이 있습니다. 하나님은 관념의 신앙인을 좋아하시지 않습니다. 입술의 신앙인도 좋아하시지 않습니다. 행동하는 신앙인을 좋아하시고, 사랑하십니다. 이런 신앙인을 사용하시기 원하십니다."

설교와 함께 안디옥 세계일주 선교여행 영상 두 편을 보여 주었다. 그리고 누리에 대한 간증도 하였다. 설교시간에도 기도시간에도 이곳저곳에서 눈물을 훔치며 조용히 흐느끼는 사람들이 보였다. 예배 후 뜨거운 포옹을 하면서 반가워했고, 받은 은혜에 감사했다. 간단한 한국말인 '반갑습니다', '감사합니다', '은혜 받았습니다' 정도는 대체로 할 줄 알았다. 그러나 대화는 통하지 않았다.

다음 스케줄 때문에 황급히 집회장소를 빠져나오는데, 서툰 말로 "다시 만날 수 있지요?"라고 묻는다. 내가 "천국에서 만납시다. 내가 다시 이곳에 오기는 힘들 것입니다"라고 대답하니까 한 자매가 "너무해!"라고 말하면서 아쉬워한다. 한국말을 잘 못하는 고려인들인데 "너무해!"라는 표현을 하는 것을 보면서 깜짝 놀랐다. 그리고 마음 한구석이 찡했다. 표현하기 힘든 아픔이 가슴을 찢는다.

'너무해!'

긴 여운을 안고 다음 장소를 찾아간다.

## 3.
## 러시아 선교여행기

칭기즈칸의 후예 몽골의 선교를 마친 안디옥성결교회 안디옥 세계일주 선교여행 팀은 사회주의 종주국이며 세계에서 가장 큰 영토를 소유한

▲ 러시아 교회 지도자 세미나.

군사대국 러시아를 방문하였다. 세계 최대의 석유 매장량을 갖고 있지만 현재 경제대국으로 서 있지 못한 나라, 잠자는 북극곰 러시아는 결코 만만하게 볼 나라가 아니었다.

선교 팀은 북카프카스 지역에서 소수민족 사역을 하고 있는 장인관 선교사님과 모스크바에서 사역을 하고 있는 이권덕 선교사님의 따뜻한 영접을 받고, C&MA 게스트하우스에 여장을 풀었다. 몽골에서부터 겪은 백야현상은 모스크바에서 더 두드러져서 밤 12시 가까이 되어서야 어두움이 깔리기 시작했다.

첫날 선교 팀은 니콜라이 목사를 통해 러시아의 기독교 역사와 현실 및 선교의 역사에 대한 강의를 들었다. A.D. 988년 키예프 공화국 브라지밀 공작에 의해 정교회를 받아들임으로 러시아의 기독교 역사는 시작되었다. 이후 러시아정교회는 러시아의 문화와 정치와 사회 전반에 걸쳐 지대한 영향을 끼쳤다. 그러나 정치와 종교가 연합하면서 러시아정교회와 제정 러시아도 타락하게 되었고, 결국은 레닌의 사회주의 혁명의 단초를 제공하여 사회주의 국가를 건설하게 되었다. 긴 세월 기독교는 극심한 탄압을 받았지만 1989년 고르바초프의 페레스트로이카 정책으로 1991

년 12월 25일에 소련연방 붕괴와 더불어 민주주의와 시장경제제도를 추구하는 러시아 연방이 탄생하였다. 아울러 러시아정교회는 다시 러시아 민족종교로 재등장하게 되었다. 러시아인들은 교회에 나가지 않으면서도 종교를 물어보면 러시아정교회 성도라고 말하는 사람들이 많다. 마치 한국에서 기독교인이 아닌 사람들이 절에 나가지 않으면서도 종교를 물으면 불교라고 대답하는 것과 같다.

러시아정교회는 복음주의를 표방하는 기독교를 이단으로 몰아세우며 방송과 언론매체를 통해 공격하고 있다. 1991년도 이후 많은 선교사들이 러시아 선교를 위해 이 땅에 들어오면서 복음은 활발하게 전파되고 있다. 러시아에서 한국인 선교사들의 역할 또한 매우 크다고 할 수 있다. 그러나 IMF 이후 한국인 선교사들은 급격히 줄어들었고, 러시아 선교의 적신호가 켜졌다. 한국 교회는 러시아 선교에 대한 재인식과 함께 새로운 전략이 필요하다고 일부에서 주장하였다.

한인 러시아 선교사님들을 초청해서 안디옥성결교회 선교 팀과 선교 좌담회를 하였다. 선교사님들은 한국 교회가 러시아인들의 수동적이며 감성적 신앙 문화를 이해하고 인내해야 하며, 팀 선교를 통해 공룡 같은 러시아정교회의 틈새를 노려야 한다고 말하였다. 그리고 러시아인의 자존심을 건드리지 않는 범위 안에서 우리가 섬겨야 할 영역에 대한 재인식이 필요하며, 선교현장에서 일어나고 있는 돌발적인 문제들을 선교사에게만 책임을 물어 선교비 지원을 중단하는 것과 같은 태도를 버리고 선교사와 파송교회, 단체와 선교지 현장의 공동책임을 구축하는 포괄적인 사고가 필요하다고 하였다.

선교 팀은 모스크바와 상트페테르부르크에서 선교사역을 하였다. 선교 팀을 파송한 안디옥성결교회는 1998년부터 교회를 가정교회 체제로 전환하여 안디옥 세계일주 선교여행을 실행한 저력을 갖고 있기 때문에 신화석 목사의 가정교회에 대한 강의는 교회 지도자들에게 큰 반응을 불러일으켰다.

현지인들이 모이는 교회와 고려인들이 모이는 교회에서 계속된 집회를 통해 러시아정교회의 벽, 아직도 남아 있는 사회주의 잔재로 인한 벽, 러시아 정부의 기독교에 대한 압력의 벽을 뛰어넘어 복음화된 러시아를 꿈꾸며 행동하는 신앙인이 될 것을 강조할 때 많은 이들이 눈물을 흘리며 큰 은혜를 받고 새로운 도전을 약속했다.

특히, 안디옥성결교회 선교 팀과 함께 선교사역을 한 상트페테르부르크 소명교회는 김신 선교사가 개척한 교회인데, 노벨 물리학상을 탄 그룹의 학자들과 유능한 지도자들이 공동체를 이루고 있으며, 장로교, 감리고, 성결교회 선교사들을 주축으로 만든 '미르 선교회'의 팀 선교는 선교 현장을 기름지게 하고, 선교 효과를 극대화하는 좋은 모델을 보여 주고 있었다. 미르 선교회는 8명의 선교사가 신학교사역, 한인교회사역, 고려인교회사역, 현지 러시아인 교회개척사역 등을 해나가고 있다.

아울러 한국 교회가 선교 과부하가 걸려 있음을 전달하고, 한국 교회의 성장과 선교의 기쁨을 위해 선교사님들이 기도하며 지속적으로 노력해 달라고 부탁하였다.

선교 팀은 과거 러시아의 수도였던 상트페테르부르크와 현재 수도인 모스크바에서의 사역의 기쁨을 안고, 소수민족으로 이슬람교를 믿고 있는 미전도종족 체르케스 민족과 카바르딘 민족의 사역을 위해 현지에서의 위험과 체력의 한계에 대한 부담을 안고 다시 선교의 발걸음을 옮겨야 했다.

1차 2- 3

# 카바르딘

2004/06/09~2004/06/13

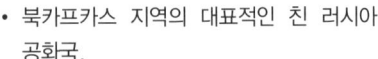
## 카바르딘(카바르디노발카리야 공화국)

- 국가 일반 정보
  ① 면적 : 12만km²
  ② 인구 : 90만
  ③ 수도 : 날치크(30만 명)
  ④ 언어 : 카바르딘어, 러시아어, 발카리아어
  ⑤ 화폐단위 : 루블
  ⑥ 종교 : 4세기경에 기독교가 전파. 15세기 말부터 이슬람으로 개종. 러시아 지배를 통해 정교회가 들어옴. 1760년 선교사에 의해 기독교가 전파(침례교회, 오순절 계통의 교회가 형성). 현지인 그리스도인은 30여 명 정도 있는 것으로 알려지고 있음(출처 : interCP 지역연구팀 2007년).
  ⑦ 종족 : 카바르딘인 60%, 발카리아인 12%, 기타 소수민족 28%(러시아인, 오세티아인, 우크라이나인, 고려인)

- 북카프카스 지역의 대표적인 친 러시아 공화국.

## 이슬람 박해 극심······전도 1수칙은 '보안'

2004년 7월 2일 〈국민일보〉 보도자료

선교 팀은 북카프카스 지역의 미전도종족인 카바르디노족 정탐여행을 떠났다. 러시아 154개 종족 중 105개의 소수민족이 북카프카스 지역에서 살고 있다. 흑해와 카스피해를 잇는 카프카스 산맥을 중심으로 북쪽은 러시아, 남쪽은 이란 및 터키, 서쪽은 그리스와 유럽, 동쪽은 몽골과 중국이 자리 잡고 있다. 그래서 이 지역은 열강들의 각축장이었다. 이 와중에 소수민족들은 살아남기 위해 깊은 산속으로 들어가야만 했다. 그들의 가슴속에는 풀어지지 않는 한이 서려 있는 듯했다.

안디옥성결교회는 앞서 장인관 선교사로부터 이 지역 소수민족들에 대해 상세한 정보를 전해들은 바 있다. 1998년 이 지역의 카바르디노 종족을 입양, A선교사를 파송하고 카바르디노 가정교회를 설립했다. 교회는 성장을 거듭, 카바르디노 제1, 2, 3교회까지 늘어났다. 카바르디노족이 조심스럽지만 자민족 복음화에 앞장서게 된 것이다.

▲ 신화석 목사를 중심으로 한 선교 팀은 지난달 12일 카바르디노발카리야 자치공화국을 방문, 조심스럽게 선교사역을 펼쳤다. 사진은 카바르디노족 사역자와 선교현황 등에 대해 의견을 나누고 있는 신 목사.

카바르디노족은 발카리야족 등과 연합해 카바르디노발카리야 자치공화국을 형성하고 있다. 면적은 12만 5,000km², 인구는 90만 명에 달한다. 그 중 카바르디노족은 50만 명, 발카리야족은 10만 명, 러시아인은 30만 명이다. 이들의 종교는 이슬람교로, 특히 급진 이슬람주의자들이 많기 때문에 복음을 전하는 것이 쉽지 않다. 많은 사람이 총기를 소지하고 있다. 범법자들과 경찰 간의 총격전이 심심찮게 벌어진다. 최근 기차, 버스, 비행장 등에서 폭탄 테러가 잇따를 정도로 치안이 좋지 않다.

이 지역에서의 선교는 철저히 비밀리에 진행되고 있다. 카바르디노발카리야 공화국 수도인 날치크에 도착했을 때 비밀경찰이 선교 팀을 따라붙었다. 긴장감이 감돌았다. 한인 선교사들은 철저히 위장을 하고 있다. 이름도 사역 활동도 비밀이다. 선교 팀과 협력사역을 하면서도 언론에는 신원을 밝히지 말도록 요청했다. 뿐만 아니라 우리와 만난 카바르디노족 기독인과 사역자들

역시 언론에 공개되는 것을 원치 않았다.

선교 팀은 날치크 대학 역사학 교수와 선교사들로부터 카바르디노의 역사, 문화, 정치, 경제, 교육, 종교, 사회는 물론 기독교 선교 현황에 대한 강의를 들었다. 이미 4세기께 기독교가 들어왔지만 16세기부터 19세기 초까지 이슬람 영향권에 놓였다. 일부 지역은 실제로 샤리아(이슬람법)에 의해 지배를 받았다. 1925년 이후 샤리아가 사라지고 사회주의국가가 형성됐다. 하지만 1989년 고르바초프의 페레스트로이카 이후 다시 이슬람을 민족 종교로 받아들이게 됐다.

현재 카바르디노에는 민족교회가 하나도 없다. 카바르디노 기독인들은 30여 명에 불과하다. 이들은 러시아 교회 또는 가정에서 예배를 드리고 있다.

선교 팀은 카바르디노 기독교 사역자들과 만남을 가졌다. 이들의 이름과 신분은 철저히 보안을 유지할 수밖에 없었다. 이들은 아주 작은 모임을 이끌고 있었다. 한 그룹이 가족을 포함해 5~10명 정도였다.

이들이 개종한 뒤 처음 부닥치는 것은 가족으로부터의 박해이다. '왜 이상한 종교를 믿느냐'면서 몰아붙이기 일쑤다. 그래도 주위의 협박과 위협에 비하면 가족에게 당하는 왕따는 참을 만하다. 하지만 카바르디노 기독인들은 신앙을 굳게 지키면서 가족 복음화를 위해 눈물로 기도하고 있다.

▲ 북카프카스 지역 사역자들과 기념촬영을 하고 있는 선교 팀.

▲ 북카프카스 소수민족 목회자 세미나를 인도하고 있는 신 목사.

선교 팀은 초대교회 형태인 가정교회가 이 지역 선교에 가장 효과적이라는 것을 깨닫게 됐다. 따라서 선교 팀은 카바르디노족의 기독교 지도자들에게 가정교회의 운영 및 재생산 방안에 대한 노하우를 전해주었다. 한국 교회가 이 지역 미전도종족 선교에 소홀하다고 생각하니 매우 안타까웠다. 세계의 미전도종족에 대한 한국 교회의 관심이 아직도 구호에만 그치고 있는 것 같아 마음이 무거웠다.

한국 교회가 진정 선교대국이 되기 위해서는 복음에 소외된 이들 소수민족을 품고 기도할 뿐 아니라 많은 선교사를 파송해야 한다. 비록 험난한 길이더라도 기독인들은 좀 더 사명감을 가져야 한다. 카바르디노족의 거주 지역을 방문하면서 많은 것을 느낄 수 있었다. 이슬람 지역이기 때문에 그 내용들을 구체적으로 공개할 수 없는 것이 안타깝다.

2001년에 만난 적이 있는 러시아인 사역자 파벨을 다시 만났다. 그가 일구고 있는 소수민족 사역을 돌아보면서 큰 도전도 받았다. 우리는 선교 동반자로서 계속해서 좋은 관계를 유지하기로 했다.

카바르디노족 정탐사역을 통해 지정학적 특수성으로 인해 형성된 문화와 민족성, 민족 종교를 뛰어넘어 복음을 전하는 것이 결코 쉽지 않다는 것을 깨달았다. 반드시 현장에서 희생의 밀알이 되고자 하는 선교사와 그를 절대적으로 신뢰하고 협력하는 선교 지향적인 교회들이 없다면 복음 전파는 요원하다는 사실을 절감했다.

선교 팀은 카바르디노족보다 복음을 전하기 더 어렵다는 체르케시야족 정탐사역을 위해서 카라차이체르케시야 자치공화국으로 발걸음을 옮겼다.

정리 = 함태경 기자

## 1.
### 누가

지난 6년간 안디옥성결교회는 미전도종족인 카바르딘 민족을 입양해서 섬겨 왔다. 먼저 기도로 섬겨 왔으며, 교회를 가정교회로 전환할 때 첫 번째 교회 이름이 '카바르딘'이었다. 이 카바르딘 가정교회는 현재 제1카바르딘, 제2카바르딘, 제3카바르딘까지 성장하고 확장되었다. 카바르딘 가정목장에서는 카바르딘 사역을 위해 임규영 선교사를 파송했지만 임 선교사는 사정상 영구 귀국하게 되었다. 안디옥성결교회로서는 선교의 아픔을 안게 되었고, 카바르딘 선교에 대한 차질이 생겼다.

카바르딘과 체르케스 미전도종족에 대해 소개를 받은 것은 장인관 선교사님을 통해서였다. 장 선교사는 이곳에서 10년 가까이 사역하고 있다. 안디옥성결교회는 체르케스에 예배당을 건축하는 헌금을 하고, 체르케스에서는 예배실을 아름답게 꾸며 입당식을 하기로 약속했고, 선교사역과 입당식을 위해 이곳 북카프카스 지역에 와서 2주간 미전도종족을 섬기고 있다.

먼저 스타브로폴에 도착하여 장인관 선교사님 댁에서 하루를 묵고, 곧바로 카바르딘 종족들이 살고 있는 카바르디노발카리야 공화국의 수도인 날칙으로 이동하였다. 이곳에서 몇몇 한국인 형제자매들의 따뜻한 영접을 받고 장 선교사와 선교 팀은 카바르딘 종족 사역에 들어갔다.

카바르딘 종족은 수도 날치크의 인구 66%에 달한다. 날치크의 인구는 30만 정도인데, 이곳에 카바르딘 종족 18만 명 정도가 살고 있는 것이다. 카바르딘 종족은 총 30~35만 명 정도라고 하니까 절반 정도의 인구는 지방에 흩어져 산다.

카바르딘 종족은 현재 30여 명 정도가 그리스도인이며 카바르딘 종족의 주 종교는 이슬람이다. 그래서 이 종족이 기독교인이 되는 데는 엄청난 장벽이 있는 것이다. 또한 이들만 모이는 교회가 아직 하나도 없다. 러시아인들이 모이는 교회에 출석하는 사람들이 대부분이고, 가정에서 식구들이 모여 예배드리는 가정교회가 있다고 한다.

선교 팀은 이 지역에서 소수민족 사역을 하고 있는 러시아인 목사 바울(파벨)을 만났다. 몇 년 전에 산악지역 카바르딘 종족 마을에서 이 형제를 만난 적이 있었다. 반갑게 만나서 사역에 대한 이야기를 전해 듣고, 이들이 선교의 일환으로 운영하는 사업체를 방문했다. 가구공장이었다. 여기서 카바르딘 종족 사역을 하면서 가구공장에서 일하는 누가를 만났다.

누가는 처음에 다소 경계하는 눈치였으나 장인관 선교사와 잘 아는 사이라서 우리에 대한 소개를 듣고 금세 표정이 밝아졌다. 나는 그에게 안

▲ 카바르딘 사역자 누가와 함께 은혜를 나누고 있는 신화석 목사.

디옥성결교회는 카바르딘 종족을 한 번도 본 적이 없지만 6년 전 입양을 해서 쉬지 않고 기도하고 있다고 소개하였더니 감격하면서 자신과 자신의 종족에 대해 이야기를 털어놓았다.

자신은 오래전에 이 지역에서 일어난 큰 사건에 연루되어 교도소에 가게 되었고, 그곳에서 예수님을 알게 되었다고 한다. 그는 예수님을 알고, 믿고, 변화되었지만 가족들은 왜 이상한 종교를 믿느냐면서 반대를 했고 왕따를 시켰다고 한다. 그러나 누가는 주님과 동행하는 삶이 너무나 행복해서 신앙인으로서 바른 삶을 살았고, 꾸준히 가족에게 예수님을 소개했다. 결국 어머니가 예수님을 영접했고, 지금은 누가의 편이라고 한다. 하지만 형제들은 아직 신앙인으로 돌아오지 않고 있다고 한다.

이렇게 말하는 그의 모습에서 얼마나 외로운 싸움이었겠는가 하는 애처로움을 갖게 되었다. 하지만 그는 너무나 행복하다고 했다. 그리고 자기 종족이 매우 위선적이라는 것이다. 이슬람 교도라고 하면서 코란을 읽는 것도 아니고, 대부분의 사람들이 기도하는 것도 아니면서 자신들은 이슬람이라고 주장한다고 말했다. 이슬람 교도로서 변화된 삶도 살지 못하면서 무조건 이슬람 교도라고 주장하며, 기독교를 거부하고 박해하는 것은 위선이라는 것이다.

너무나 적은 기독교인들이 있는 카바르딘! 이곳에 심겨진 작은 겨자씨는 아주 건강하게 싹이 나서 자라고 있었다. 반드시 큰 나무가 되어 그 가지에 새들이 깃들이리라 믿는다. 우리 안디옥성결교회는 이 나무들이 자라도록 물을 주고, 거름을 주고, 병충해를 막아 주는 일을 해야 한다.

누가와 헤어지는 순간에 서로 끌어안고 따뜻한 사랑을 나누었다. 떨어지기 싫어서 또 끌어안았다. 예수님의 사랑, 그리고 인간의 사랑이 전달되는 행복하면서도 가슴 아픈 시간들이었다.

누가, 꼭 복음의 큰 나무가 되세요!

## 2.
## 안디옥의 오네시보로

늙고 야윈 모습에 남루한 털외투를 입고 허름한 철창 안에 쭈그리고 앉아 있는 남자. 하지만 평온한 얼굴 속에는 잔잔한 미소가 흐르고, 스쳐가는 그리움의 흔적들……누구인지 아시죠? 로마 감옥에 있는 위대한 선교사 바울의 모습입니다.

안디옥 세계일주 선교여행을 떠나온 지 어느덧 7개월째로 접어들었습니다. 지난해 12월에 출발해서 올해 6월 중순이니까요. 매주 언어와 문화, 기후, 음식 등이 다른 나라를 찾아다니며 밤낮으로 쉬지 않고 복음을 전하는 일을 하면서 너무나 큰 은혜를 입었고, 감사와 감격을 누리고 있습니다. 하지만 지치고 피곤한 몸을 이끌고 잠자리에서 끙끙거리며 앓고 있을 때는 외로움과 그리움, 한편으로는 빨리 돌아가고 싶다는 생각도 합니다. 어젯밤에도 말라리아 걸렸을 때처럼 끙끙거렸다고 아내가 이야기하는데, 나는 전혀 느끼지 못했습니다. 아침에는 다리에 쥐가 나서 혼자서 애를 먹었습니다.

그런데 성경을 읽다가 가슴이 미어지는 감동을 받았습니다. 디모데후서 1장 16~18절 말씀입니다.

"원컨대 주께서 오네시보로의 집에 긍휼을 베푸시옵소서 저가 나를 자주 유쾌케 하고 나의 사슬에 매인 것을 부끄러워 아니하여 로마에 있을 때에 나를 부지런히 찾아 만났느니라 (원컨대 주께서 저로 하여금 그날에 주의 긍휼을 얻게 하여 주옵소서) 또 저가 에베소에서 얼마큼 나를 섬긴 것을 네가 잘 아느니라."

사람들은 어렵고 힘들 때 받은 작은 격려, 작은 도움, 작은 친절을 평생에 잊을 수 없는 감동과 흔적으로 마음속에 새깁니다. 외롭고 고독한 싸움을 싸우고 있는 사도 바울에게 오네시보로의 사랑은 뼛속 깊이 행복을 느끼게 했고, 그래서 그를 힘을 다해 축복했습니다.

사랑하는 안디옥 성도 여러분! 한국을 떠나 긴 선교여행을 다니면서 매주 바뀌는 환경과 많은 문제들을 안고서 기도하며 외로운 싸움을 하는 나에게 오네시보로들이 있어서 너무나 행복합니다.

안디옥의 오네시보로. 나는 결코 당신들의 따뜻한 사랑을 잊을 수가

▲ 한국에 있는 안디옥교회 성도들을 향해 영상설교를 하는 신화석 목사.

없습니다. 외롭고 지쳤지만 일주일에 한 번 정도 들여다보는 안디옥성결교회 홈페이지는 내가 유일하게 안디옥의 냄새를 맡고 안디옥의 체온을 느끼는 공간입니다. 설레는 마음으로 홈페이지를 열 때 화면 가득히 떠오르는 안디옥의 오네시보로들의 작은 정성, 작은 마음 씀씀이들이 나를 얼마나 유쾌하게 하며 나를 얼마나 행복하게 하는지요?

천만 마디 말보다 몇 자의 글에서 나는 당신들의 사랑을 느끼고, 당신들의 위로에 진한 감동을 받고 있습니다. 영원히 잊어버릴 수 없을 것입니다. 영원히 잊어버리지 않기 위해 선교여행의 책자를 만들 때 당신들의 이 따뜻한 위로와 격려와 사랑의 글들을 반드시 싣도록 할 것입니다.

매주 달라지는 환경에 적응하고 복음을 전하며, 선교현장과 한국의 안디옥성결교회 공동체들에 대한 부담을 안고 기도하며, 외로운 길을 가고 있는 나에게 당신들은 안디옥의 오네시보로입니다. 바울의 축복처럼, 아니 그보다 더 진한 감동을 담아 축복합니다.

"주여! 주의 종을 유쾌케 한 안디옥의 오네시보로들. 외로운 선교여행 길을 기름지게 하고 행복하게 하는 안디옥의 오네시보로들에게 긍휼과 은혜와 복을 내리시옵소서."

감사합니다.


## 3.
## 자하르의 헌아식

안디옥 세계일주 선교여행을 다니면서 설교와 강의, 구원 초청 사건들 외에 특별한 행사를 한 적이 있다. 인도에서 노수빌 목사가 양육한 성도들에게 세례를 주고, 성찬식을 거행한 일이다. 그런데 오늘 자하르의 헌아식을 주관하였다.

정말 특별한 헌아식이다. 이곳 목회자 파벨(바울), 라자 부부가 태어난 지 30일밖에 안 되는 아이를 입양해서 성도들과 주변 사람들을 초청하여 헌아식을 갖고 파티를 열었다. 내게 한국 식으로 알아서 헌아식을 인도해 달라고 부탁했다.

예배당에 가득 찬 성도들, 주민들, 목회자들이 헌아식에 참석해서 함께 기뻐하며 축하해 주는 모습이 참으로 아름답다. 나는 파벨, 라자 부부와 자하르를 앞으로 부른 뒤 문답을 하였다.

자하르를 입양할 부모로서의 자격을 갖췄는지, 그리고 하나님께 이 아이를 바칠 자격이 있는지를 질문했다.

"이 아이는 친부모가 낳아서 버린 자녀이지만 파벨, 라자 부부에게 주신 하나님의 자녀이며 선물입니다. 확실히 믿습니까? 자하르는 하나님의 자녀이므로 하나님의 말씀 가운데 양육하시겠습니까? 자하르의 부모로서 언제든지 어느 때든지 자하르에게 모범이 되겠습니까?"

파벨, 라자 부부는 그렇게 하겠다고 많은 증인들 앞에서 맹세하였다. 힘찬 박수가 터져 나왔다. 축복기도의 시간에는 한국에서 오신 두 분의 낯선 목사님들이 앞으로 나오셔서 함께 자하르의 머리에 손을 얹고 기도하였다. 그리고 디모데후서 1장 3~5절의 말씀을 읽고, 자하르가 디모데처럼 훌륭한 자녀로 성장하도록 파벨, 라자 부부가 신앙의 모범이 되고, 좋은 신앙을 유산으로 물려줄 것을 강조하며 권면했고, 자하르에게 특별한 축복의 말이나 축가를 세 사람만 해달라고 청했다.

신혜화 전도사가 삼행시를 낭송했다.

자 : 자하르, 오늘 네가 하나님께 드려지는 은총의 날이란다.

하 : 하나님이 기억하시는

르 : (잠언 31장에 나오는) 르므엘 왕처럼 지혜롭고, 똑똑한 하나님의 사람이 되어라.

환호하는 박수가 터졌다. 이때 러시아 최고의 복음가수 악사나가 나와서 자하르를 위한 축복의 노래를 불러 주었다. 또 다른 찬양 사역자들이 나와서 자하르를 위한 축복의 노래를 불러주었다. 이곳저곳에서 감격에 겨워 감동의 눈물을 흘리는 분들이 보였다.

러시아에도 버려진 아이들이 넘쳐난다고 한다. 파벨 목사의 형님은 3명의 아이를 입양해서 양육하고, 라자의 친척들도 그렇다고 한다. 한 집안이 축복받을 일들을 하고 있다. 파벨 목사는 "주님께서는 '내 이름으로

▲ 파벨 목사와 그의 아내 라자가 30일 된 아이를 입양해서 헌아식을 하는 모습.

어린아이 하나를 영접하는 것이 나를 영접하는 것'이라고 하셨는데, 자신은 오늘 자하르를 통해 예수님을 영접한 것"이라고 뜨거운 고백을 했다. 참으로 특별한 헌아식을 통해서 복음을 전했다.

"오늘 처음 이곳에 나온 주민 여러분, 자하르를 낳은 친부모는 이 아이를 버렸습니다. 그러나 러시아 최고의 크리스천 대학을 나온 엘리트이며 목사인 파벨과 그 아내 라자가 양부모로서 자하르를 입양하였습니다. 자하르는 새로운 부모님을 만났습니다. 그리고 최고의 축복을 받았습니다. 오늘 이곳에 오신 주민 여러분도 새로운 부모를 만나야 합니다. 그분들은 파벨, 라자 부부보다 훨씬 좋고, 위대한 부모입니다. 우리를 구원하기 위해 그의 독생자 예수 그리스도를 보내 주신 사랑의 아버지이신 하나님이십니다. 오늘 하나님 아버지를 부모님으로 모시는 영광을 누리시기 바랍니다. 그렇게 하시기를 원하시는 분들은 일어서십시오!"

100% 모두 일어서는 기적 같은 일들이 또 일어났다. 자하르! 너는 오늘 하나님의 자녀로 드려지면서 수많은 사람들을 주님 앞으로 인도했구나. 축복의 사람, 전도자가 되어라.

1차 2- 4

# 체르케스

2004/06/14~2004/06/20

## 체르케스(카라차이체르케시야 공화국)

- 국가 일반 정보
  ① 면적 : 14만km²
  ② 인구 : 44만
  ③ 수도 : 체르케스크(12만 명)
  ④ 언어 : 카라차이어, 러시아어
  ⑤ 화폐단위 : 루블
  ⑥ 종교 : 이슬람교 80%, 기독교 0.01%, 무신론 15%
  ⑦ 종족 : 러시아인(33.6%), 카라차이인(38.5%), 체르케스인(11.3%), 아바자인, 나가이인(3.4%), 우크라이나인(1.5%), 기타 5.4 %(대부분이 타타르족)

## "2명 기독인을 5만 명으로" 통성기도

2004년 7월 9일 〈국민일보〉 보도자료

카바르디노발카리야 자치공화국에서 사역을 마친 뒤 선교 팀은 장인관 선교사가 소수민족 사역을 하고 있는 카라차이체르케시야 자치공화국의 스타브로폴과 체르케스크로 이동했다.

공화국의 주요 종족으로 체르케스족과 카라차이족을 꼽을 수 있다. 면적은 14만 1,000km², 인구는 45만여 명이다. 체르케스족 5만 명, 카라차이족 16만 명, 아바진족 3만 5,000명, 나가이족 3만 명, 러시아인 17만 5,000명으로 구성돼 있다.

선교 팀의 사역 대상은 체르케스족이었다. 이들은 본래 아디게족으로 불렸다. 이들의 역사는 5,000년 전으로 거슬러 올라간다. B.C. 3000년 마이콥 문명을 일궜던 선진 종족이다. B.C. 6세기 한 로마 학자가 아디게족에 대한 역사를 기술한 바 있다. 이 종족은 문자가 없이 구전으로 역사를 지켜오다가 최근에야 문자를 갖게 됐다고 한다. 이 종족이 살고 있는 지역인 카프카스크

▲ 신화석 목사 선교 팀은 5만 명의 체르케스족 가운데 현재 기독인이 2명에 불과하지만 희생과 헌신의 땀을 통해 철옹성 같은 영적 불모지가 변화될 것이라는 확신을 갖게 됐다고 고백했다. 사진은 체르케스크 선교센터 앞에서 기념촬영한 선교 팀.

에는 A.D. 4세기쯤 기독교가 유입됐지만 16~19세기에 이슬람화됐다.

기독교의 흔적은 매우 희미했다. 복음이 이곳에서 힘을 잃어버린 이유는 기독인들이 제대로 된 삶을 살지 못했기 때문이다. 안디옥성결교회는 이들을 2001년 입양했다. 그리고 교회에 이들을 중보하기 위한 체르케스 가정교회를 설립하고 물심양면으로 돕고 있다. 아울러 장 선교사를 지원, 이번에 체르케스크 선교센터를 건립하고 입당예배를 드렸다.

선교 팀의 사역은 스타브로폴에서 시작됐다. 이 지역 교단의 목회자 및 교계 지도자들을 위해 세미나를 개최했다. 대부분 러시아인 목회자들이었다. 소수민족 기독지도자는 소수만이 참여했다. 빅토르 목사가 사역 중인 스타브로폴 교회에서 이틀간 세미나를 인도했다. 신 목사는 목회자의 자질, 목회 방법, 목회 열매 등에 대해 강의했다. 목회 컨설팅의 성격이 짙었다. 첫날 세미나 후 사역자들은 집으로 돌아가지 않고 여전도회를 중심으로 철야기도회를 가질 정도로 반응이 뜨거웠다.

이틀날 씨 뿌리는 비유 말씀을 통해 신 목사는 목회의 본질에 대해 강의했다. 특히 목회자 자신이 좋은 밭이 될 때 역동적인 사역을 펼칠 수 있다고 강조했다. 목회자가 먼저 좋은 마음 밭을 소유하고 열매를 맺을 때 성도들도 도전을 받아 마음의 옥토를 일굴 수 있으며 풍성한 열매를 보장받을 수 있다고 강조했다. 세미나가 끝나자 장 선교사는 울먹이면서 이번 목회자 세미나가 자신들의 모든 문제를 일거에 해소시켜 준 귀한 모임이었다며 감격해했다.

저녁에는 연합 부흥회를 인도했다. 러시아 최고의 복음성가 가수 악사나가 참석, 찬양 팀과 함께 감미로운 찬양으로 하나님께 영광을 돌렸다. 초청된 비신자들이 100% 주를 영접하는 기적이 일어났다. 악사나의 음색은 너무나 맑고 깨끗했다. 하나님을 향한 깊은 신앙이 찬양 속에 깊이 배어 있었다.

체르케스크 선교센터 입당예배도 감격적이었다. 체르케스크의 어떤 이슬람 사원보다 더 크고 아름다웠다. 러시아인 니콜라이 목사가 선교센터 사역을 감당하게 된다. 체르케스족을 위한 선교 전진기지가 될 것이라고 선교 팀은 확신할 수 있었다.

▲ 체르케스크 선교센터 입당예배에서 말씀을 선포하고 있는 신 목사.

▲ 러시아 최고의 복음성가 가수 악사나(가운데)와 함께한 신 목사 부부.

체르케스족 가운데 세례를 받은 기독인은 현재 고작 2명에 불과하다. 이들을 위해 갈리나 자매가 사역하고 있다. 갈리나 자매를 위해 안디옥성결교회 성도들이 늘 중보기도를 하고 있다.

이 자매는 매우 활달한 50대 중반의 기독인이다. 척박한 땅에 정말 작은 겨자씨이지만 이 자매를 통해 체르케스족 5만 명에게 복음의 씨앗이 뿌려지고 열매가 맺힐 것을 확신한다. 이 자매의 집에서 기거하면서 선교 팀은 사도 바울을 떠올렸다. 빌립보에서 루디아가 바울이 전하는 복음을 듣고 예수님을 구주로 영접한 뒤 "나를 주 믿는 자로 알거든 우리 집에 와서 유숙하라"고 했던 일이 생각났다. 갈리나 자매를 통해 모슬렘 체르케스족에게 복음이 널리 전파될 것이라고 믿었다.

체르케스크 선교센터 입당예배 후 집회를 가졌다. 또 악사나를 만나게 됐다. 집회 후 머릿돌 헌판식을 위해 급히 나가는데 악사나가 신 목사를 만나고 싶다고 했다. 강 알렉산드라 집사를 통해 신 목사는 그녀와 대화했다. 악사나는 자신이 집회에서 받은 은혜와 도전을 털어놓았다.

"이틀에 걸쳐 목사님의 말씀을 듣고 큰 은혜를 받았습니다. 특히 기도를 많이 해야겠다는 결심을 하게 됐어요. 특히 목사님의 손녀 누리에 대한 간증은 매우 큰 감동이었어요. 기도하면 무엇이든지 응답 받을 수 있다는 확신을 갖게 됐습니다. 아울러 목사님의 세계일주 선교사역에 대해 듣고 선교에 대한 강한 도전도 받았습니다."

신 목사는 악사나에게 "깊은 영성에서 나오는 찬양을 통해 큰 은혜를 받았다"며 러시아의 영혼 구원을 위해 힘쓰는 복음성가 가수이자 전도자가 되어 줄 것을 부탁했다.

우리 선교 팀에게 체르케스 역사를 강의하던 역사학 박사는 자신의 이름이 결코 영상에 나와서는 안 된다고 신신당부했다. 체르케스는 철옹성과 같았다. 하지만 복음은 희생과 눈물 위에 굳건히 교회를 세워 가는 밑거름이 될 것이라고 확신했다. 체르케스족 사역이 소수민족 선교의 모델이 될 수 있기를 선교 팀은 간절히 기도드렸다. 2명의 체르케스 기독인이 5만 명을 변화시켜 그리스도의 계절이 올 수 있도록 헌신하는 모습을 그려 보았다.

북카프카스 사역은 선교 팀에게 귀중한 교훈을 남겨 주었다. 1명이 1,000명을 이길 수 있다는 성경의 진리를 몸소 체험할 수 있었기 때문이다. 선교 팀은 중앙아시아 카자흐스탄으로 발걸음을 옮겼다.

정리 = 함태경 기자

## 1.
## 체르케스 선교센터 입당식

체르케스크(카라차이-체르케스 자치공화국 수도)에 지난 2001년 참좋은교회가 헌금을 해서 선교센터 부지를 매입했고, 기공식을 했다. 이때 체르케스 종족을 안디옥교회가 입양해서 선교센터 건물은 건평 150평으로 지어졌고, 3년여의 긴 시간에 걸쳐 공사가 이루어졌다.

한국의 상황으로는 너무나 길었다. 한국에서는 이 정도의 건물이면 6개월이면 충분하다. 그런데 이곳 체르케스크에서는 선교센터 옆에 사는 할아버지가 장인관 선교사님께 "너희들은 이렇게 큰 건물을 어떻게 이렇게 빨리 짓느냐?"고 반문하더란다. 이곳의 정서는 돈이 있으면 있는 만큼만 짓고 기다리다가 또 돈이 생기면 건물을 짓기 때문에 보통 10년이 걸려 짓는 건물들이 많다. 실제로 도시 곳곳에 짓다가 만 건물들이 보인다.

▲ 안디옥교회가 지원해서 완공된 체르케스크 선교센터에서의 집회 장면.

안디옥성결교회 체르케스 목장과 카바르딘 제1~3목장에서 마련한 헌금으로 체르케스크에 있는 선교센터 건물이 완공되었다. 장인관 선교사님과 현지 방주교회 담임목사 니콜라이 목사님, 사역자들이 모두 감격하고 감사하였다. 건축비만 1억여 원 들어갔다고 장인관 선교사가 말했다. 모든 것이 하나님의 은혜라고 덧붙였다.

선교 팀은 스타브로폴에서 아침 일찍 출발해서 체르케스크에 11시경에 도착했다. 니콜라이 목사님과 보고 싶던 갈리나 자매가 우리를 반갑게 맞이했다. 선교센터는 아름답고 웅장했고, 센터 지하식당에서 니콜라이 목사님의 사모님과 갈리나, 몇몇 교우들이 우리들을 위한 식사 준비에 바빴다.

한편에서는 방주교회 찬양 팀들이 찬양 연습에 여념이 없었다. 잠시 후 러시아 최고의 복음성가 가수인 악사나가 도착했다. 장인관 선교사께서 오늘 찬양을 부탁했다. 입당예배 시간에 사람들이 가득 찼고, 악사나와 우리 찬양 팀, 방주교회 찬양 팀이 예배의 분위기를 높였다.

내 옆에는 장애를 입은 한 자매가 아버지의 품에 안긴 채 자리에 앉았다. 꽤 나이가 많이 든 것 같다. 그런데 그 얼굴과 피부가 얼마나 곱고 예쁜지……더 감동이 된 것은 찬양시간에 눈을 감고 손을 들어 율동을 하는 모습이 천사와 같았다. 자매는 꼽추이고, 하반신 불구에 난쟁이였지만 깨끗하고 아름답고 성령에 이끌려 찬양하는 모습이 천사와 같았다. 그 옆에는 자매의 부모가 있었다. 자매를 쳐다보다가 그녀의 어머니와 눈이 마주쳤다. 눈인사로 나를 기쁘게 했다. 족히 60세는 넘어 보였지만 자매의 어머니의 모습은 아름다운 자태를 간직하며 늙어 가는 인텔리 여성과도 같았다. 나는 이 가족의 예배드리는 모습에서 얼마나 행복하던지……큰 감동과 기쁨을 맛보았다.

설교시간에 마태복음 16장 13~20절을 토대로 주님의 최대의 관심사는 건물이나 사람의 지식, 미모, 재산이 아니라 주님을 누구로 고백하느냐에 있다는 말씀을 전하였다. 베드로의 고백이 내 고백이 되어야 한다. 이런 사람에 대해 주님은 관심을 가지신다. 이런 사람을 통해 주님은 당신의 교회를 세우신다. 또한 바른 신앙고백을 하는 교회 공동체가 될 때 주님은 음부의 권세를 이길 능력을 주신다. 사탄으로부터 오는 모든 불행과 저주, 죄악을 이길 힘이 있다. 예수 그리스도의 이름으로 대적하라. 더 나아가 바른 신앙고백을 한 사람에게 천국의 열쇠를 주신다. 바로 예수 그리스도이다. 예수 그리스도를 부모, 형제, 친척, 친구, 이웃에게 전할 때 그들에게 천국 문이 열리는 것이다.

설교를 마치고 구원 초청을 할 때 100%가 예수님을 구주로 영접하겠다고 일어섰다. 물론 이중에는 교회 성도들이 있다. 하지만 초대받은 불신자들이 있었다. 스타브로폴에서의 전도집회 때도 100%가 구원받는 일이 일어났었다. 기적 같은 일들이 계속해서 일어나고 있다.

예배 후에 헌당식을 했다. 2004년 6월에 스테인리스 판에 한글과 영문으로 새겨진 교회 이름을 예배당 내부에 걸었다. 여러 교회와 개인들이 헌금을 하였고, 준공을 하도록 안디옥성결교회가 헌금한 것이다.

장인관 선교사께서 감사의 뜻을 안디옥성결교회와 체르케스, 카바르딘 제1, 2, 3목장에 전해 달라고 하였다. 이 선교센터는 이 지역에 있는 체르케스, 카라차이, 나가이, 아바진 종족과 주변에 있는 카바르딘 종족 외에 수많은 소수민족 선교를 위한 공간으로 활용될 것이다.

특히 5만 명의 체르케스 종족 중 2명의 그리스도인이 있다. 그중 첫 번째 그리스도인이 된 갈리나 자매를 2001년도에 만나 함께 종족을 선교하자고 약속하고, 종족을 입양했다. 갈리나는 50대 후반의 자매이다. 우리는 많은 이야기를 나누었다. 그리고 종족 선교를 위해 기도하며 함께 노력하자고 다짐했다.

하나님은 안디옥성결교회를 선교의 도구로 값지게 사용하고 계셨다. 하나님께 모든 영광을 돌린다.

## 2.
## 울먹이는 선교사

스타브로폴에서 하루 종일 목회자 세미나와 성도들을 위한 집회가 있

▲ 신화석 목사의 강의 후 받은 은혜를 성도들과 나누는 장인관 선교사.

었다. 여러 지역에서 모여든 지도자들과 성도들이 있었지만 이 상황을 한국적 신앙문화로 이해해서는 안 된다.

러시아에 복음주의 선교사들이 들어오기 시작한 것은 고르바초프의 페레스트로이카 정책 이후라서 역사가 짧다. 러시아정교회와 특히 북카프카스 지역은 이슬람교가 강하다. 그리고 무신론이 강한 사회주의국가의 때를 아직 벗지 못했다.

이곳에서 한 사람의 교회 지도자는 정말 보석 같은 존재이다. 한 사람의 성도는 정말 진주 같은 존재이다. 계속되는 집회와 강의 중에도 흩어지지 않고 함께 숙식하며 은혜를 받고 있다.

오늘은 스타브로폴에서 목회자 세미나 마지막 날이다. 오전 9시부터 오후 1시까지 계속되는 세미나에서 예수님의 씨 뿌리는 비유를 내용으로 강의하였다.

먼저 목회자들이 착하고 좋은 마음으로 하나님의 말씀을 듣고 새겨 인내로써 결실하는 사람이 되자고 하였다. 100배, 60배, 최소한 30배의 변화된 삶과 전도의 열매를 맺기 위해서는 길바닥 같은 마음, 돌밭 같은 마음, 가시떨기 같은 마음을 좋은 마음, 옥토의 마음으로 바꾸자. 그러기 위해서는 기도하는 목회자, 성경을 읽고 지키는 목회자, 성령 충만한 목회자, 예수 그리스도의 피가 가슴에 흐르는 목회자가 되어야 한다고 강조했다. 아울러 예배당에 나오는 성도들의 마음 밭을 좋은 밭으로 만드는 일부터 하고, 복음의 씨를 뿌리는 것이 바른 목회라는 것을 강조하였다.

강의와 통성기도를 마친 후 장인관 선교사께서 나와서 러시아 말로 목회자들에게 이야기를 하는데 무슨 소리인지 알 수가 없다. 그런데 문제는 목이 메어 말을 이어가지 못하고 있다. 눈에 눈물이 가득히 고인 장 선교사의 울먹이는 언어 속에 진한 감동이 흘렀다. 목회자들이 숙연해지고 이곳저곳에서 눈물을 훔치는 이들이 있다.

무슨 소리일까? 무엇 때문에 저렇게 울먹이고 있을까? 나와 눈이 마주치면 어색할까 봐 고개를 숙이고 숨었다. 한참 동안 울먹이며 말을 이어가던 장인관 선교사가 갑자기 한국말로 이야기한다. "신 목사님, 감사합니다. 우리들이 가장 고민하고 힘들어하던 문제들을 말씀을 통해 치유해주시고 해결받게 해주셨습니다. 감사합니다." 이때 박수가 터져 나왔다. 무슨 말인지 모르는 목회자들이 이미 러시아 말로 한 말을 우리말로 통역한 것을 눈치로 알고 치는 박수였다.

선교현장에 어떤 문제가 있었을까? 이곳의 교회와 목회자들, 선교사에게 어떤 고민과 문제들이 있었을까? 나는 도무지 알 수 없다. 지금도 알 수 없다. 그러나 하나님께서는 아시고 내 입술을 열어 이들의 문제와 아품을 터치해 주신 것이다.

감격해서 울먹이는 목회자들과 선교사를 보면서 하나님이 하시는 위대한 사역을 다시 깊이 체험하였다. 그분은 우리 모두의 삶과 고민을 알고 계신다. 그래서 사람을 통해 그분의 말씀을 대언케 하시고 말씀으로 치유해 주신다.

"저를 도구로 사용해 주신 하나님을 찬양합니다. 나와 선교 팀을 통해 세계 교회 지도자들을 치유하시고 회복시키시고 새롭게 하여 주신 것을 감사합니다." 머리 숙여 감사의 기도를 드렸다. 피곤에 지친 몸에 다시 생기가 돈다. 이래서 세계일주 선교여행을 하나님께서 보내셨나보다. 할렐루야!

## 3.
### 체르케스 선교여행기

안디옥성결교회 선교 팀의 선교대상은 체르케스 종족이다. 체르케스 종족은 본래 아디게이다. 그래서 아디게 종족으로 불리기를 원한다. 아디게 종족의 역사는 5,000년이나 된다. 고고학적으로 B.C. 3000년 전 마이콥 문명을 이루고 살아온 종족이다. B.C. 6세기 로마 학자에 의해 아디게 이 민족의 생존이 기록되었다. 이 종족은 문자가 없이 구전으로 역사를 지켜오다가 최근에 문자가 생겼다.

이 종족이 살고 있는 지역인 카프카스에는 4세기경 기독교가 들어왔으나 16~19세기 이슬람이 들어와서 대부분 이슬람인들이 되어 버렸다.

기독교가 들어온 흔적들은 극히 일부만 남아 있다. 복음이 힘을 잃어버리는 것은 복음이 힘이 없기 때문이 아니라 기독교인이 그리스도인답지 못했기 때문이다. 이 안타까운 지역에 살고 있는 소수민족 체르케스, 이들을 안디옥성결교회는 2001년 입양했다.

선교 팀은 먼저 선교의 본거지로 삼고 있는 스타브로폴에서 사역을 시작하였다. 이 지역 ECMU 교단의 목회자들과 교회 지도자들을 모아 목회자 세미나를 가졌다. 대부분 러시아인들이 목회자, 교회 지도자이며, 극소수만이 소수민족 사람들이었다. 스타브로폴에서 목회사역을 잘하고 있는 빅토르 목사가 섬기는 스타브로폴 교회에서 목회자 세미나를 이틀에 걸쳐 진행하였다. 목회자의 자질, 목회의 방법, 목회의 열매에 대해서 강의를 하였다. 일종의 목회 컨설팅 성격이었다. 첫날 세미나 후 사역자들은 집으로 돌아가지 않고 예배당에서 여전도회를 중심으로 철야기도회를 가졌다. 좀처럼 이곳에서 찾아보기 힘든 기도운동이 일어난 것이다.

이튿날 씨 뿌리는 비유를 통해 목회의 본질을 강의했다. 목회의 본질은 목회자 자신이 좋은 밭이 되어야 함을 강조했다. 세미나를 마친 뒤 장인관 선교사님이 나와서 울먹이면서 이번 목회자 세미나는 우리들이 안고 있는 모든 문제를 한 번에 해소한 귀한 모임이었다고 고백하였다. 여러 목회자들과 함께 눈물을 흘린 은혜로운 시간이었다.

저녁에는 연합으로 성도들과 부흥회를 가졌다. 저녁집회에는 러시아 최고의 복음성가 가수인 악사나가 찬양 팀과 함께 와서 선교사역을 도왔다. 초청된 불신자들과 성도들이 2곳의 장소에서 세 번의 구원 초청 때 100%가 일어서서 영접하는 기적 같은 일들이 일어났다.

선교 팀은 체르케스크에서 선교센터 입당식을 가졌다. 체르케스크에 있는 이슬람 사원보다 더 크게 짓자고 했고, 아름답게 지어진 건물에서 감격스러운 예배를 드렸다. 특히, 이 지역은 체르케스 종족이 모여 사는 지역이다. 그런데 체르케스 종족 중 예수님을 구주로 영접하고 세례 받은 사람은 두 사람이고, 사역을 하고 있는 사람은 갈리나 자매이다.

이 자매는 안디옥성결교회가 늘 기도하며 체르케스 종족의 선교사역을 하도록 섬기는 자매이다. 매우 활달한 50대 중반의 자매인데, 이 척박한 땅에 정말 작은 겨자씨를 통해 5만 명의 체르케스 소수민족 가운데 복음의 씨가 심겨진 것이다. 2001년도에 입양할 때에는 갈리나 자매 1명이었는데, 지금은 2명으로 늘어난 것이다. 우리 선교 팀은 방이 2칸뿐인 갈리나의 간절한 요청에 따라 그녀의 집에서 두 부부가 숙식을 하였다. 빌립보에서 루디아가 바울이 전하는 복음을 듣고 예수님을 구주로 영접한 뒤, 자신을 주 믿는 자로 알거든 자신의 집에 와서 유숙하라고 했던 일이 생각이 났다. 갈리나를 통해 회교도인 체르케스 민족 가운데 복음의 씨가 심겨져 연한 순처럼 이 땅을 덮을 것이다.

우리 선교 팀에게 체르케스 역사를 강의하던 역사학 교수는 자신의 이름도 영상으로 절대로 내서는 안 된다고 하였다. 이처럼 철옹성 같은 회교권인 체르케스에 안디옥성결교회는 갈리나와 함께 인내하며 복음의 씨를 심고 가꾸며, 열매를 맺어 갈 것이다. 체르케스크에 있는 선교센터는 러시아인 니콜라이 목사가 담임을 하고 있다. 여러 종족이 연합해서 이룬 이곳 카라차이-체르케스 자치공화국에 세워진 선교센터를 통해 소수민족 사역의 좋은 열매를 맺을 것이다. 그리고 5만 명의 체르케스 종족에 2명의 그리스도인이 언젠가는 이들을 복음화시켜 그리스도의 계절이 돌아오게 할 것이다.

차2-5

# 카자흐스탄

2004/06/21~2004/06/27

## 카자흐스탄(카자흐스탄 공화국)

- 국가 일반 정보
  ① 면적 : 271만km²
  ② 인구 : 1,550만
  ③ 수도 : 아스타나(Astana)
  ④ 언어 : 카자흐어, 러시아어
  ⑤ 1인당 GDP : 11,500$
  ⑥ 화폐단위 : 텡게(Tenge)
  ⑦ 종교 : 이슬람교 47%, 러시아정교 44%, 기독교 2%
  ⑧ 종족 : 카자흐인 53.4%, 러시아인 30%, 우크라이나인 3.7%, 우즈베크인 2.5%, 독일인 2.4%

- 세계에서 아홉 번째로 큰 나라, 가장 큰 내륙국.
- 1936년 카자흐스탄 소비에트 사회주의 공화국이 됨.
- 1991년 12월 16일 구소련의 해체와 함께 카자흐스탄 공화국으로 독립.

AWMJ 팀의 방문으로 카작에 기념교회가 개척되며, 선교사의 제자가 목사 안수를 받았습니다. 지금은 든든한 자립교회로 성장한 교회가 되었습니다. 또한 선교사와 지역교회는 선교에 도전을 받았습니다. 복음의 도전에 쉼이 없으신 신화석 목사님의 선교열정에 열방이 어둠에서 다시 일어나는 하나님의 강한 나라가 세워지길 소원합니다.

2010년 7월 9일
김영준·심석윤 선교사

## 살인더위 속에도 치유자 간증 '만발'

2004년 7월 16일 〈국민일보〉 보도자료

선교 팀은 중앙 아시아 5개국(카자흐스탄, 키르기스스탄, 우즈베키스탄, 타지키스탄, 투르크메니스탄) 중 가장 복음에 대해 열려 있는 카자흐스탄에서 먼저 사역을 시작했다. 조심스럽게 사역을 펼친 러시아 자치공화국과는 달리 침켄트와 우스치에서 대형 전도집회를 인도했다.

카자흐스탄의 면적은 남한의 27배이지만 인구는 1,700여 만 명에 불과하다. 석유, 구리 등 지하자원이 풍부한 이 나라의 주된 종족은 카자흐인(53%)과 러시아인(30%)이다. 그 밖에 130여 개의 종족들이 있다. 그중 고려인도 10만여 명에 이른다. 종교 분포는 이슬람교 40%, 러시아정교회 25.2%, 복음주의기독교가 1%를 차지하고 있다. 정부는 이슬람을 국교로 하지 않고 다민족·다종교 사회를 유지하고 있다.

선교 팀은 침켄트에서 2박 3일간 집회 5차례, 선교 좌담회를 1차례 갖는 등 바쁜 일정을 보냈다. 예수교대한성결교회에서 파송한 김바나바 선교사와

▲ 신화석 목사 일행의 카자흐스탄 전도·치유집회에서 수많은 기적이 일어났다. 병 고침의 은사가 나타났으며, 마약중독자가 눈물을 흘리며 새 사람으로 거듭나기도 했다. 사진은 카자흐스탄 우스치 문화회관에서 열린 대규모 집회에서 말씀을 전하고 있는 신 목사.

함께 활동했다. 침켄트 갈보리 교회 앞 넓은 숲속에서 지역 교회들과 연합, 전도집회와 치유사역을 펼쳤다.

섭씨 45도의 살인적인 더위가 큰 변수였다. 팀장 신화석 목사는 탈진 상태였지만 집회를 계속 인도해야 했다. 많은 사람이 하나님을 믿기로 결단했다. 치유기도를 통해 병 고침을 받은 사람들의 간증이 이어졌다. 어느 할머니는 "걸어서 예배당에 올 수 없는 환자였는데 치유받고 이렇게 걸을 수 있게 됐다"며 손수 만든 토마토 통조림을 가져오기도 했다.

선교 팀은 알마티에서도 선교 좌담회를 가졌다. 한인 선교사 대부분이 알마티에서 사역을 하고 있기 때문이다. 침켄트, 알마티에서 가진 선교 좌담회 내용은 다음과 같다.

첫째, 한국 교회가 현지 선교사협의회를 인정해 주기 바란다. 선교사협의회

전 임원이 참석, 카자흐스탄 성경번역을 둘러싸고 받은 상처를 털어놓았다. 선교사협의회가 반대한 성경번역이 이루어졌으며 현지 교회는 문제의 성경이 배포되지 못하게 해달라고 기도하고 있다고 전했다. 번역에 심각한 오류가 너무나 많다는 것이다. 카자흐스탄 기독교 역사에 너무나 부끄러운 일을 저지른 것이라며 선교사들은 흥분을 감추지 못했다. 둘째, 다민족 사회에서 선교의 방향성이 분명해야 한다. 셋째, 선교사가 있는 한 계속 지원을 해야 한다. 넷째, 실크로드의 중심지로서 복음에 개방적인 카자흐스탄에 더 많은 선교사를 보내야 한다. 다섯째, 한국 교회의 영성 회복과 큰 부흥의 소식을 듣고 싶다.

침켄트에서 사역을 마친 선교 팀은 우스치로 이동했다. 침례교해외선교위원회 파송 선교사인 김홍배, 김정순 선교사의 따뜻한 영접을 받았다. 신 목사는 "전도사 시절 김정순 선교사가 학생회 임원을 맡았었다"고 과거를 회상하며, "선교사역을 잘 감당하는 것을 보니 무척 든든하다"고 말했다.

카자흐스탄 동북부 도시인 우스치에는 러시아인이 많이 살고 있다. 따라서 러시아정교회와 복음주의기독교 신자들이 모슬렘보다 많은 곳이다. 김 선교사가 개척한 라드닉 교회는 현지에서 가장 큰 교회로 성장했다. 현지인 제자 3명이 목사안수를 받았고 지교회를 세워 나가고 있었다.

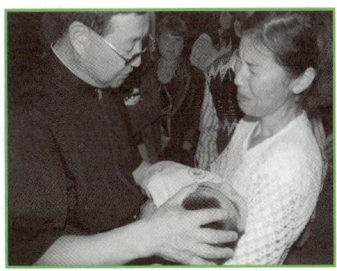
▲ 집회 후 한 어린이를 위해 간절히 안수기도 하고 있는 신 목사.

▲ 꽃다발을 들고 신 목사 일행을 찾아온 마약 중독자 출신 기독인(오른쪽).

선교 팀은 우스치에서도 현지 대학교수 및 목회자를 초청해 역사, 문화, 정치, 경제, 교육, 사회, 종교, 기독교 현황에 대해 종일 강의를 들었다. 이어 라드닉 교회에서 영성회복 및 신유집회를 인도했다. 목회자 세미나도 가졌다.

집회에서 기적이 일어났다. 많은 이가 예수님을 구주로 영접했을 뿐 아니라 질병을 치유받고 금식기도를 하겠다고 했다. 특히 15세 때부터 10년간 마약에 중독됐던 한 형제가 성령 세례를 받고 완전히 새 삶을 살겠다고 결단했다.

주일에는 문화회관을 빌려 대형 전도·신유집회를 가졌다. 문화회관은 발 디딜 틈도 없었다. 라드닉 교회 워십 팀의 은혜로운 찬양과 공연에 이어 선교 팀도 악기를 연주하며 하나님을 찬양했다. 신 목사는 드러머, 김연혜 사모는 싱어, 큰딸 신혜화 전도사는 신시사이저와 소프라노, 둘째딸 신빛나 사모는 신시사이저와 알토, 큰 사위 홍석영 목사는 베이스기타와 싱어, 둘째 사위 박신영 전도사는 기타와 싱어로 찬양했다.

이날 집회에서 신 목사는 "온전한 삶으로"라는 제목으로 90분 동안 설교했다. 많은 사람이 구원에 대한 초청에 응답했다. 설교 후에도 청중의 박수 소리가 그치지 않았다. 순간 당황한 신 목사가 무대에 올라가서 그만 멈추라고 했지만 박수는 계속됐다. 감동적인 순간이었다.

한 형제가 꽃다발을 들고 선교 팀을 찾아왔다. 며칠 전 라드닉 교회 집회에서 성령 세례를 받은 마약 중독자 출신 형제였다. 완전히 변화된 그의 얼굴을 보며 선교 팀과 선교사는 하나님의 신실하심을 다시 한 번 느꼈다. 카자흐스탄에서의 사역은 감격 그 자체였다. 다음 사역지 터키로 떠나는 선교 팀의 발걸음은 그 어느 때보다 가벼웠다.

정리 = 함태경 기자

## 1.
## 비즈니스 클래스

러시아, 카바르딘, 체르케스 선교사역을 모두 마쳤다. 선교의 현장마다 우리를 행복하게 하는 하나님의 선물들이 언제나 있었다. 선교여행을 계속하며 측량할 수 없는 하나님의 은혜를 경험한다. 하지만 육체는 여전히 피곤하다. 그리고 두고 온 안디옥 지체들과 1004번지 건축문제는 큰 기도 제목이며, 항상 마음의 방에 무겁게 자리 잡고 있는 문제들이다.

피곤한 몸을 이끌고 공항에 도착했다. 그런데 하나님께서 또다시 선교팀에게 좋은 선물을 준비해 두셨다. 모스크바에서 카자흐스탄 침켄트까지 5시간 정도 걸리는데, 그 시간 동안 편안히 수면을 취할 수 있게 해주신 것이다. '여호와 이레'의 은총으로 선교 현장마다 우리들을 감동시키셨다.

오늘 여호와 이레의 은총은 비즈니스 클래스였다. 우리 비행기 표는 이코노미 좌석이었다. 그런데 직원이 우리 비행기 표와 여권을 가지고 직급이 높은 사람에게 가서 무슨 대화를 나누고 오더니 비즈니스 클래스 표를 주는 것이었다.

예전부터 여행을 하면서 한두 번 겪어 본 일이었다. 비즈니스 클래스 좌석이 비어 있을 때 이코노미 좌석 표를 가지고 있는 사람에게 주는 경우는 있지만, 오늘은 그 경우와 다른 것 같았다. 이코노미 좌석이 다 채워진 것도 아니었다. 비즈니스 클래스 좌석에는 아무도 없었다. 오직 우리 선교 팀만이 타게 된 것이다. 좁고 불편한 좌석이 아니라 넓고 편안한 좌석에, 식사도 특별했다. 품위 있는 레스토랑에 온 것 같았다. 비즈니스 클래스 좌석 값은 이코노미 좌석의 곱절이다. 하나님께서는 선교 팀을 위해 이코노미 좌석 표를 비즈니스 클래스 좌석 표로 준비시키시고, 좋은 음식을 주시며 왕처럼 대우해 주셨다.

정말 특별한 경험이었다. 하나님의 멋지고 세심한 배려와 은총 때문에 선교 팀은 입이 귀에 붙었다. 육체가 지나치게 피곤할 때 피곤을 풀어 주는 편안한 환경이 이렇게 좋은 것을 새삼스럽게 느꼈다. 정말 오랜만에 맛보는 편안함과 행복한 휴식이었다. 영혼을 담고 있는 그릇이 육체이기에 육체가 지나치게 피곤할 때 정신도 몽롱해지고, 영도 매우 피곤해진다. 3시간 동안 깊은 잠에 빠졌다.

## 2.
## 하나님, 감사합니다!

　김영준 선교사님이 사역하는 카자흐스탄 침켄트에서의 2박 3일간의 사역은 다섯 번의 설교와 한 번의 선교사 좌담회, 그리고 노마 목사 안수식과 타라스 안디옥교회 방문 등으로 쉴 틈이 없었다. 그런 와중에 섭씨 45도에 이르는 살인적인 더위와 계속되는 선교사역으로 인해 더 이상 사역이 곤란할 정도로 내 몸은 지쳤다. 몸이 떨리고, 손이 떨려서 음식 먹을 힘도 없었다. 하지만 특유의 열심이 나로 하여금 사역을 계속하게 하였다. 미련한 일인지, 사명에 충실한 것인지……탈진된 상태에서 나도 혼란스러웠다.

　모스크바에서 침켄트를 향해 갈 때 하나님께서 신기하게 비즈니스 클래스를 준비해 주셨지만 그것만으로 몸이 회복되지 않았다. 알마티에서 한인 선교사님들과 선교 좌담회를 마치고 1박을 한 뒤 5일간 사역할 우스치를 향해 프로펠러 비행기에 몸을 실었다. 과연 사역을 계속할 수 있을까? 주님께 기도했다.

　"기다리는 모든 이들에게 주님의 뜻을 성실하게 전달하는 전령이 되게 하소서. 주님의 사신이 되어 저들에게 하실 말씀을 종을 통해 하소서."

　기도할 힘도 없다. 뱃가죽이 아프다. 벌써 4일째 증상이 계속되고, 기운이 떨어져서 아무것도 들 수 없다. 아이들이 내 휴대용 가방까지 메고 맨몸으로 공항으로 향하는 내 마음이 착잡하다. 김홍배 선교사님께 내 상태를 말씀드릴 수가 없다. '탈진된 상태에서도 표정관리를 해야 하는 내 모습이 이중적인가?' 하는 씁쓸한 생각도 들었다. 있는 그대로 보이는 것

▲ 선교팀의 특별 찬양의 시간.

이 내 장점이자 단점인데 지금은 그럴 수가 없다. 나를 맞이하기 위해 비행기 타고 이틀 전에 와서 알마티에서 더위와 싸워가며 더위 때문에 잠을 제대로 자지 못했다는 김 선교사님께 지금의 내 모습을 드러내 보인다면 얼마나 실망할 것인가?

비행기에 탑승한 후 곧바로 잠을 청했다. 수면을 취해 조금이라도 회복되기를 바랐다. 프로펠러 비행기는 작은 비행기이지만 소음이 대단하다. 동체도 많이 흔들린다. 그래도 잠을 청해야 한다. 반드시 기력을 회복해야 하기 때문이다.

우스치 공항에 내렸다. 김정순 선교사와 현지인 목회자들이 공항까지 나와서 우리 팀을 영접했다. 그런데 이게 웬일인가? 밖에 비가 내리고 있었다. 이곳 우스치는 어제까지 불볕더위였다고 한다. 그런데 오늘부터 비가 와서 날씨가 너무 좋다고 한다. 나는 비를 몰고온 손님이라고 현지인 목회자가 이야기한다. 공항을 빠져나오는데 시원하고 상쾌한 바람이 우리 팀을 맞이했다. 이렇게 시원한 날씨와 적당한 비는 종일 계속되었다. 그리고 이튿날인 오늘까지 계속되고 있다. 현재 이곳은 건기이다. 들판의 곡초들이 누렇게 말라 가는 계절이다. 그런데 이틀을 계속해서 비가 내리고 있다. 이것도 기적이다. 하나님께서 나를 위해 준비하신 선물이 또 기다리고 있었던 것이다. 비즈니스 클래스로도 해결되지 않자 하나님은 뜻밖에도 비를 이틀간이나 내리시며 온 대지를 시원하게 적셔 주셨다. 시원한 날씨가 탈진된 내 몸을 서서히 회복시켜 주고 있다.

　도착하자 곧바로 저녁집회를 하였다. 그리고 오늘은 종일토록 카자흐스탄의 역사, 문화, 정치, 교육, 종교, 기독교 역사, 선교 현황에 대한 강의를 들었다. 그리고 우리 선교 팀에게 집회 때마다 특송을 요청해서 6개월 만에 처음으로 드럼을 치기 위해 스틱을 잡았다. 잠시 찬양 연습을 하면서 내 몸이 어느새 80% 정도 회복이 되어 있음을 깨닫게 되었다. 우리 아버지 하나님이 세심한 배려와 준비된 이틀간의 비로 내 몸을 소생시켜 주셨다. 하나님, 감사합니다!

## 3.
### 토마토 통조림

　찌는 듯한 무더위는 사람을 무기력하게 만든다. 침켄트에서 계속되는

▲ 저녁집회 후 안수기도 하는 모습.

집회로 탈진한 상태로 교회 사무실에 앉아 있는데 이곳까지 찾아와서 안수기도를 해달라고 한다. 집사람과 아이들이 접근을 막고 나를 쉬게 했다. 그럼에도 불구하고 한 할머니가 들어오셨다. 손에는 무거운 가방을 들고, 나를 꼭 만나야겠다고 하신다. 그 할머니를 거절할 수 없어서 들어오시라고 했다.

할머니는 자리에 앉으시더니 나를 만나자고 한 사연을 말씀하셨다. 자신은 다리가 아파서 예배당에 제대로 나오지 못했단다. 예배당에 나오려면 다리가 너무 아파서 힘들었는데, 이번에 한국에서 세계일주 선교사역을 하는 목사님과 그 일행이 와서 집회를 한다고 해서 첫날인 어제 참석을 했다. 예배를 드리면서 하나님의 말씀으로 은혜를 받고 신유의 기도시간에 그 아프던 다리가 깨끗이 나아 하나님의 은혜에 감사하고, 말씀과 기도를 해주신 한국의 신 목사님이 너무나 감사해 자신이 손수 만든 토마토 통조림을 큰 병에 담아 오셨다는 것이다. 그 무거운 통조림 병을 가방에서 꺼내 놓으시면서 할머니는 자신의 두 다리를 보여 주시며 손으로 두드려 보였고, 하나님의 능력으로 치유받은 것에 대해 감격하셨다.

이틀간의 집회에서 병 고침을 받은 사람들은 손을 들어 보라고 김영준 선교사가 말하자 이곳저곳에서 많은 사람들이 손을 들고 하나님께 감사함으로 찬양하며 아멘을 연발하였다.

피곤에 지쳐 있는 나에게 할머니가 나간 뒤에도 계속해서 안수를 받으려고 하는 사람들이 있었다. 이 교회 청년들 수십 명이 남아서 목사님의 특별기도를 받고 싶다고 했다. 그러나 내 몸이 탈진한 상태라서 아이들과 아내가 가로막고 나섰다. 선교사님은 내 사정을 정확하게 알지 못하기 때문에 안수를 해주었으면 하는 표정이었다.

"거룩한 종 예수의 이름으로 표적과 기사가 나타나게 하소서"라고 기도했던 초대 예루살렘 교회 성도들의 기도가 오늘 우리들의 기도여야 한다. 우리의 삶의 현장에서 이런 기도의 응답이 매일 일어나야 한다. 그것은 살아 계신 하나님을 드러내는 소중한 일들이기 때문이다.

우스치에서는 선교사역 중 처음으로 신유집회를 갖기 위해 준비하고 있다고 김홍배 선교사님이 김승호 선교국장에게 메일을 보내서 나에게 부탁을 했다고 한다. 내 몸이 탈진상태를 벗어나 하나님의 복음과 능력의 위대함을 드러내는 사신의 역할을 잘하였으면 좋겠다.

할머니의 토마토 통조림은 지쳐 있는 나에게 큰 위로와 생기를 주었다. 내가 왜 선교사역을 계속해야만 하는지, 하나님은 러시아에서도 수없이 깨우쳐 주시고 격려하시더니, 이곳 침켄트에서 탈진한 나에게 할머니의 토마토 통조림을 통해 거듭 격려하시며, 생기를 주셨다. 정말 나는 행복한 전도자이다.

## 4. 사랑은 이런 것일까?

하나님을 사랑하고, 사람을 사랑하고, 자연을 사랑하는 것은 살아 있다는 증거이고, 사랑하며 살아가므로 최고의 행복을 누릴 수 있다. 하나님의 형상이 사랑이며, 사람은 하나님의 형상으로 창조되었기 때문에 사랑해야 그 존재의 의미가 있다.

하나님께서는 사랑의 실존을 우리들에게 친히 보내 주셨다. 아담과 하와를 통해서는 가죽옷으로, 아브라함을 통해서는 약속의 실천으로, 예수 그리스도를 통해서는 구원의 은총으로이다.

그런데 하나님께서 사람의 사랑에 대해 확인을 하고 싶어 하신다. 하나님께서 사람이 하나님을 사랑하는 것을 모르셔서 확인하고 싶어 하실까? 아니다. 사람에게 하나님에 대한 사랑을 스스로 확인하시고, 하나님을 더 사랑하게 하여 더 행복한 사람이 되게 하기 위한 계획 때문이다. 이것이 하나님의 사랑이고, 그 모델이 아브라함이다.

하나님께서는 아브라함이 하나님을 사랑하는 것을 알고 계셨다. 그러나 그 사랑을 확인하고 싶으셨다. 그래서 네 아들, 독자 이삭을 제물로 바치라고 요구하셨다. 아브라함은 입으로 고백하는 사랑이 아닌 행동으로써 하나님에 대한 사랑을 보여드려야 했다. 사랑을 위해 가장 값비싼 대가를 지불하지만 그가 고민한 흔적이 성경 어디를 보아도 없다. 하나님께

▲ 우스카메나볼스크를 한눈에 내려다볼 수 있는 언덕에서 말씀을 묵상하는 신화석 목사.

서는 사랑을 위해 가장 값비싼 대가를 지불하는 아브라함, 입술의 사랑이 아닌 행동하는 사랑을 보여드린 아브라함을 위해서 '여호와 이레'의 복을 준비해 놓고 계셨다. 아울러 아브라함이 하나님에 대한 사랑을 행동으로 보일 때 네가 나를 경외하는 줄 이제야 알았노라고 말씀하셨다.

하나님께서는 사람이 하나님을 얼마나 사랑하는가에 대해서 확인하고 싶어 하신다. 사람을 위해서이다. 그래서일까, 사람들도 사랑을 확인하고 싶어 한다. 못 믿어서라기보다는 서로의 더 큰 행복을 위해서이다. 입술의 사랑이 아닌 행동의 사랑을 확인할 때 서로가 느끼는 사랑의 깊이와 넓이는 더 확장되고 행복해진다.

목사로서 나는 성도를 사랑한다. 또한 성도가 목사를 사랑하는 것이 말뿐인지, 행동으로 하는 것인지에 대해서도 확인하고 싶다. 그래서 여러 가지 모양으로 확인을 해볼 때가 있다.

변명은 부족한 사랑의 모습이다. 무반응은 사랑이 없다는 증거다. 행동은 사랑하고 있다는 분명한 증거이다. 믿음이 없기 때문에 확인하는 것은 참사랑이 아니다. 믿기 때문에 확인하며 상대가 나를 사랑하고 있음을 더 깊이 깨닫고 더 행복해하기 위해서, 이로 인해 나 또한 행복해하는 것, 이것이 바로 참사랑의 모습이다.

긴 선교여행을 하면서 사랑을 확인하고, 그 사랑 때문에 행복하고 살맛나며, 목사 된 것에 대한 기쁨이 충만한 것도 내가 받은 은총이다. 물론 확인하다가 서운할 때도 있다. 그러나 나를 바라볼 수 있는 기회가 되는 것도 은총이다.

탈진한 몸이 회복이 되면서 나를 위해 눈물로 기도하고, 행동으로 사랑을 실천하는 안디옥의 식구들이 그리워진다. 만나고 싶고, 마주 앉아 사랑의 대화를 나누고 싶고, 함께 팥칼국수를 먹고 싶다. 사랑은 이런 것인가 보다.

## 5.
## 카자흐스탄 선교여행기

러시아의 자치공화국인 미전도종족 지역에서의 긴장된 선교사역은 다소 복음에 개방적인 카자흐스탄에 와서 편안함으로 바뀌었다. 그러나 이곳도 대형 전도집회를 잘 허용하지 않는 나라이다. 하나님의 은혜로 안디옥성결교회 안디옥 세계일주 선교여행 팀은 카자흐스탄의 두 도시 침켄트와 우스카메나볼스크(우스치)에서 대형 전도집회를 할 수 있었다.

카자흐스탄은 서쪽으로는 우랄 산맥, 동쪽으로는 알타이가 자리 잡은 두 지역 사이의 대평원을 이루고 있다. 남한의 27배나 되는 광활한 땅이다. 인구는 현재 1,700여만 명에 이르고, GNP는 3,000달러에 육박하고 있다. 석유와 구리 등 지하자원이 풍부한 나라이다. 종족은 카자흐인이 53%, 러시아인이 30%, 그 외 130개가 넘는 다민족들이 살고 있고, 특히 고려인이 10만 명 정도 살고 있다. 카자흐스탄은 중앙아시아 5개국(카자흐스탄, 키르기스스탄, 우즈베키스탄, 타지키스탄, 투르크메니스탄) 중 경제성장이 가장 빠른 나라이다. 이곳의 종교 분포는 이슬람이 40%, 러시아정교회 25.2%, 복음적인 기독교가 1%이다. 이슬람을 국교로 삼기를 거부하고 다민족·다종교 사회를 유지하려고 노력하고 있다. 그래서 중앙아시아의 다른 어느 나라보다 복음에 대한 문이 열려 있는 나라이다.

안디옥 성결교회 안디옥 세계일주 선교여행 팀은 침켄트에서 2박 3일 동안 다섯 번의 설교와 한 번의 선교 좌담회를 갖는 바쁜 일정을 보냈다. 선교 팀은 예수교대한성결교회 파송 선교사인 김바나바 선교사와 사역을 하였다. 침켄트 갈보리 교회 마당에 있는 넓은 숲속에서 이 지역 교회들과 연합해서 대형 전도집회와 치유사역을 하였다. 섭씨 45도의 살인적인 더위에 팀장 신화석 목사는 탈진 상태였지만 계속되는 집회를 인도하였다. 많은 사람들이 구원 초청에 응답했고, 치유시간 병 고침을 받은 사람들의 간증과 감사의 표현들이 여러 모양으로 나타났다.

선교 팀은 알마티에서 1박을 하면서 선교 좌담회를 가졌다. 대부분의 한국 선교사들이 알마티에서 사역을 하고 있기 때문이다. 침켄트에서도 선교 좌담회를 가졌는데, 좌담회의 내용은 다른 나라나 지역과 중복된 결론이 많았다.

▲ 우스카메나볼스크에 있는 라드닉 교회에서의 저녁 집회 모습.

이곳에서의 특별한 내용은 첫째, 한국 교회가 현지 선교사협의회를 인정해 달라는 것이었다. 선교사협의회 임원들 전원이 참석해서 카자흐스탄 성경번역에 대한 깊은 상처를 이야기하면서, 현지 선교사협의회에서 반대한 성경번역이 이루어져서 현지 교회에서는 그 성경이 배포되지 못하게 해달라고 기도한다고 하였다. 번역 내용에 심각한 문제들이 너무나 많다는 것이다. 카자흐스탄 기독교 역사에 너무나 부끄러운 일을 한 것이라며 흥분을 감추지 못했다. 둘째, 다민족 사회에서 선교의 방향성이 분명해야 한다는 것이고, 셋째, 선교사가 있는 한 계속적인 지원을 해야 한다고 했다. 넷째, 실크로드의 중심에 있고 복음에 개방적인 카자흐스탄에 더 많은 선교사를 보내 달라고 했다. 다섯째, 한국 교회의 영성이 회복되고 큰 부흥이 일어난다는 소식을 듣고 싶다고 했다.

짧은 시간을 아쉬워하며 선교 팀은 다시 우스카메나볼스크에 도착했다. 침례교해외선교위원회 파송 선교사인 김홍배, 김정순 선교사의 따뜻한 영접을 받았다. 김정순 선교사는 신 목사가 전도사 시절에 학생회에서 임원을 맡아 사역하던 분이라서 이들과의 만남은 큰 기쁨이었다. 이곳 우스치는 카자흐스탄 동북부 도시로서 러시아인이 많이 살고 있다. 종교 분포도 러시아 정교회와 복음적인 기독교(범기독교)가 이슬람보다 앞서 가고 있는 특별한 지역이다. 김 선교사님이 개척한 라드닉 교회는 이곳 우스치에서 가장 큰 교회로 성장했다. 제자를 키워 세 사람에게 목사 안수를 하였고, 지교회들을 세워 가고 있다.

선교 팀은 우스치에서도 대학교수를 초청하고 현지 목회자를 초청해서 역사, 문화, 정치, 경제, 교육, 사회, 종교, 기독교, 선교 현황에 대해 하루 종일 강의를 듣고 비디오에 담아서 선교 기본자료를 준비하였다.

이곳에 머무는 동안 라드닉 교회에서 영성회복을 위한 집회, 신유집회와 목회자 세미나도 계속하였다. 예수님을 구주로 영접한 사람들, 육체의 질병을 치유받은 사람들, 영적 도전을 받고 금식기도를 시작하는 헌신자도 있었다. 10년 이상 된 마약중독자가 기도와 성령 세례를 받은 후 그 눈빛과 행동이 달라지는 일도 있었다.

우스치에서 중요한 사역은 주일에 이곳에서 임대공간으로서는 제일 큰 문화회관을 빌려서 대형 전도 · 신유집회를 한 것이다. 선교사님은 TV와 라디오에 이 전도 · 신유집회 광고를 했다. 라드닉 교회에서는 찬양대, 찬양 팀, 워십 팀 등이 많은 준비를 했다.

대형 전도 · 신유집회 시간이 되자 넓은 문화회관은 사람들로 가득 찼다. 은혜로운 찬양과 공연, 특히 안디옥성결교회 안디옥 세계일주 선교여행 팀의 공연은 큰 박수를 받았다. 팀장 신화석 목사는 드럼 연주, 김연혜 사모는 싱어, 큰딸 신혜화 전도사는 신시사이저와 소프라노, 둘째딸 신빛나 사모는 신시사이저와 알토, 큰사위 홍석영 목사는 베이스기타와 싱어, 둘째사위 박신영 전도사는 기타와 싱어로 문화회관 강당을 압도하였다.

이어서 신화석 목사는 90분간 요한복음 5장 1~18절의 말씀을 중심으로 "온전한 삶으로"라는 제목의 뜨거운 설교를 하였다. "예수 그리스도는 우리의 구원자, 예수 그리스도는 우리의 치료자, 예수 그리스도는 우리를 온전하게 하시는 분이시다. 예수 그리스도에게 오라. 그분만이 구원자이며 치료자이신 것을 믿으라. 그리고 성령의 소리에 순종하라."

설교 후에 구원 초청과 신유 초청의 시간에 사람들이 100% 응답했고, 엄청난 수의 구원받은 사람과 치유자가 일어났다. 이슬람이 강한 카자흐스탄에서 일어난 새로운 영적 바람이었다.

집회 후 청중들은 일어서서 박수를 치기 시작했다. 끝날 줄 모르는 박수에 당황한 신 목사가 무대 위로 올라가서 그만 치라고 유도해도 박수는 계속되었다. 감동적인 선교현장이었다.

꽃다발을 들고 선교 팀을 찾아온 형제가 있었다. 며칠 전 라드닉 교회 집회 후 안수시간에 성령 세례를 받은, 10년 이상 마약중독자로 살았던 형제였다. 열다섯 살에 중독되어 지금 스물다섯 살인데, 이제 완전히 회복된 밝고 건강한 모습이 선교사님과 선교 팀을 감동시켰다.

이제 선교 팀은 복음의 문이 막혀 있는 우리의 성지 터키를 향해 발걸음을 옮긴다.

1차 2- 6

# 터키

2004/06/28~2004/07/04

# 터키 (터키 공화국)

- 국가 일반 정보
  ① 면적 : 78만km²
  ② 인구 : 7,200만
  ③ 수도 : 앙카라(Ankara)
  ④ 언어 : 터키어, 쿠르드어, 아랍어
  ⑤ 1인당 GDP : 12,000$
  ⑥ 화폐단위 : 터키 리라(YTL)
  ⑦ 종교 : 이슬람교 99.8%
  ⑧ 종족 : 터키인 80%, 쿠르드인 20%

- 1923년 10월 공화국 수립 선언, 1924년 칼리프제 폐지와 함께 근대화 정책을 추진함.

## 이슬람의 땅······선교 밑불 타올라

2004년 7월 23일〈국민일보〉보도자료

안디옥성결교회의 개척 모델인 수리아 안디옥교회가 있는 터키로 향했다. 선교 팀장 신화석 목사는 세 번째 수리아 안디옥교회를 방문하는 것이다. 과거 신 목사는 세계선교란 사치스런 것이라고 생각했던 적이 있었다. 이 관점이 여지없이 깨진 곳이 터키였다.

섬 출신인 신 목사는 섬이라는 프리즘으로 세계를 보며 낙도 및 농어촌 선교를 꿈꿨었다. 그 길만이 선한 것이라고 여기고 목회했다. 아직 복음이 들어가지 않은 우리나라의 낙도 및 농어촌을 버려두고 해외에 눈을 돌리는 것을 이해하지 못했었다. 그때 신 목사는 터키를 방문, 바울의 선교현장을 직접 보면서 눈물로 회개했다. 목회 초년기의 세계관 및 선교관을 완전히 바꾼 것이다.

터키의 면적은 한반도의 8배, 인구는 7,500만 명에 달하며 99%가 이슬람 수니파다. 그 외 정교회 0.23%, 천주교 0.22%, 개신교 0.03% 순이다. 기독

▲ 신화석 목사 등 선교 팀은 이슬람 세속 국가 터키에서도 복음이 전파될 수 있는 여지가 넓어지고 있음을 확인했다. 선교사들은 "한국 교회가 조기 유학 등을 통해 미래 선교사 후보생들을 키우는 것도 중요한 선교전략이 될 수 있다"고 조언했다. 사진은 갑바도기아 데린구유 지하도시의 십자가교회에서 찬양하고 있는 선교 팀.

교인 분포는 아르메니아인 70%, 터키인 20%, 수리아 및 외국인 10%다. 기독교 라디오방송국은 열악하지만 방송 중이다. 종족은 투르크인이 최대 다수(90%)를 차지한다. 이밖에 쿠르드족, 아랍족, 아르메니아족 등이 있다.

터키는 동서양을 잇는 길목에 자리 잡고 있어 일찍부터 세계 역사의 중심축에 놓일 수밖에 없었다. 특히 초기 기독교 확산에 결정적 역할을 한 세계선교의 요람지 안디옥 교회는 감동을 주기에 충분한 곳이다. 안디옥 교회는 최초라는 말을 많이 양산했다. 최초로 '그리스도인'이라는 이름을 만들어내고 최초의 선교사 바나바 및 바울을 파송했으며, 최초의 이방인 중심 교회였다.

터키는 동방교회의 중심지로 초기 기독교를 이끌었다. 그런데 10~11세기 투르크족이 아나톨리아 반도로 내려오면서 셀주크 제국을 건설, 이슬람을 깊이 뿌리내리게 했다. 반면 기독교는 점차 힘을 잃었다. 동방교회의 주된 세력

▲ 수리아 안디옥 베드로 기념 동굴교회에서 설교하고 있는 신 목사.

이었던 그리스인들은 그리스와 해변으로, 수리아인들은 시리아로, 아르메니아인들은 아나톨리아 반도 동북쪽으로 쫓겨났다.

13세기 오스만 제국이 들어서자 기독교는 터키에서 발붙이기 더욱 힘들어졌다. 오스만 제국에 이어 등장한 터키 공화국은 '샤리아'(이슬람법)로 통치되는 나라가 아닌 세속 정치를 표방했다. 최근 유럽 연합(EU)에 가입, 기독교에 대해 호의적으로 변해 가는 등 선교에 틈새가 보이기 시작하고 있다.

터키에는 많은 한국 선교사가 사역하고 있다. 목회자 선교사는 35%쯤이며 주로 평신도 선교사다.

선교 팀은 터키 선교사협의회 A회장 및 선교사들과 함께 선교 좌담회를 가졌다. 선교사들은 "대체로 신분을 드러내지 않고 사역하고 있기 때문에 선교사의 숫자를 정확히 파악하기 힘들다"고 토로했다. 교회개척 사역 또는 문화 활동을 하고 있는 사역자들은 신분을 드러내놓고 활동하고 있다. 그러나 선교사 대부분의 이름이 공개될 수 없는 곳이다.

선교 좌담회에서 도출해낸 결론은 여타 이슬람권과 대동소이했다. 색다른 점은 첫째, 철저한 제자훈련과 영성회복운동에 따른 1대 1 개인 전도가 중요하다는 것이다. 선교사들은 "다른 아랍권에 비해 1대 1 개인전도가 가능한 곳"이라고 전했다. 둘째, 지금이야말로 교회 및 신학교를 세우는 절호의 기회라는 것. EU 가입을 위해 유럽 국가들에 종교의 자유가 있음을 보여 주려 하기 때문이다. 선교 팀이 모슬렘들을 자극하지 않겠느냐고 묻자 "큰 문제가 되지 않을 것"이라고 자신했다. 셋째, 조기 유학을 통해 미래 선교사 후보군을 육성할 필요가 있다. 선교사들은 한국 교회가 성지 순례에만 신경 쓸 것이 아니라 성지의 명예가 회복되도록 터키 선교에 힘을 실어 줘야 한다고 요청했다. 그리고 선교지 사정에 대해 아직 무지한 것 같다고 우려했다. 선교지에 대한 올바른 지식이 없는 선교는 해가 될 수 있다는 지적이었다.

선교 팀은 이스탄불 대 역사학 교수 2명을 초청, 터키 역사와 중동의 정치적 현실에 대한 강의를 듣고 질의응답 시간도 가졌다. 아울러 터키 최대의 교회인 게릭파샤 교회 킬콜 목사와 대담했다. 그로부터 터키 기독교의 현황과 선교 현황, 효과적인 터키 선교방법론에 대해 들었다.

킬콜 목사는 "터키는 현재 10여 명 이상 모이는 복음주의 기독교회는 25개지만 가정교회를 포함하면 70개에 달할 것"이라고 추정했다. 그는 터키에는 500여 명의 선교사들이 있는 것으로 추정되고 기독교인은 2,000명쯤 된다고 덧붙였다. 킬콜 목사는 "기독교 TV 방송국을 설립할 수 있도록 세계 교회가 돕기를 바란다"며 "교회당이 이슬람 사원에 비해 너무나 열악하므로 교회 건축을 도와주어야 한다"고 말했다.

선교 팀은 열악한 기독교 현실과 이슬람이 지배하고 있는 환경적 요인 등 선교적 난제를 보고 들으면서 무척 안타까웠다. 또 보안 때문에 선교 활동을 구체적으로 밝힐 수 없어 답답했다. 그러나 한편으로 선교란 그런 것이 아닌가라는 생각이 들었다. 이름도 없이, 빛도 없이 사역하는 것이 주님을 따르는 길이기 때문이다.

선교 팀은 수리아 안디옥 교회, 갑바도기아 등을 방문하면서 그 땅에 뿌려진 순교의 피와 복음이 거룩한 그루터기가 되고 있음을 확인할 수 있었다. 잃어버린 시간, 1,000년을 뛰어넘어 복음의 영광을 되찾을 날이 오기를 기도하면서 선교 팀은 그리스로 발길을 옮겼다.

정리 = 함태경 기자

## 1.
### 나를 새롭게 한 땅

나는 섬에서 태어났다. 그래서 섬의 프리즘으로 세계를 보는 세계관을 갖고 자라났다. 그 결과 낙도와 농어촌선교가 내 눈에 들어왔고 세계선교는 사치스럽게 느껴졌다. 나의 목회 초년의 모습을 사전과 기록 문서들을 통해 보면 낙도와 농어촌선교로 가득하다. 그때는 그 길만이 하나님의 뜻을 이루는 길이고, 선한 목자가 가야 하는 길이며, 건강한 그리스도인이 해야 할 사역이라고 생각했다.

안디옥성결교회를 개척하고 1년 만에 청장년 성도가 100여 명이 넘어섰다. 가족이 모여 예배드리면서 일어난 기적 같은 일이었다. 어디서 유입된 성도가 아니라 개인전도, 노방전도, 축호전도 등을 통해 그리스도를 영접한 새 신자가 90% 이상이었다. 이때 성지순례를 가자는 제안을 받았다.

▲ 바울의 선교지.

  성지순례를 가는 분들을 보니까 2층 개척교회에서 성도들이 20~30명 정도밖에 안 되는 분들이 대부분이었다. 나는 단호히 거부했다. 그 막대한 비용을 들여 놀러 가는 것은 죄악이라고 생각했기 때문이다. 성지순례를 가는 목사들이 삯꾼같이 보였다. 그리고 낙도와 농어촌교회 교역자를 섬기고 교회를 섬기면서 성지순례 갈 돈이 있으면 가난한 낙도와 농어촌교회를 섬기는 것이 가장 바른 길이라고 생각했다. 내가 그래도 양심적인 목회자이고, 성령의 인도를 받는 괜찮은 목회자라는 자부심이 있었다.

  교회는 지속적으로 성장했고, 발산성전을 건축하였다. 그때 내 나이가 36세였다. 성전 건축을 하고 교회는 계속해서 부흥했고, 서울신대에서 신설한 첫 성지순례 팀에 합류했다. 40일간 계속되는 성지순례였다. 공부한 것을 현장에서 체험하는 정말 좋은 성지순례였다. 예루살렘에서 2주간 이상 머물면서 고고학을 배우고, 현장을 느끼는 좋은 시간들이었다.

그때 나는 이곳 터키를 방문해서 1주간을 보냈다. 초대교회의 현장, 사도 바울의 선교지 터키에 대한 기대는 컸다. 그런데 와서 보니 이슬람화된 터키에 있는 옛 교회의 흔적들은 돌덩어리 몇 개뿐이었다. 어떤 곳은 아예 흔적도 없었다. 이슬람 국가이기에 기독교 성지에 대해 관심도 없고 관리도 하지 않을 때였다.

그런데 이 땅이 나를 새롭게 하였다. 나는 터키 성지순례를 하면서 날마다 눈물을 흘렸다. 부끄러워서 버스 맨 뒷좌석에 앉아 흐르는 눈물을 훔쳐야 했다. 사도 바울이 사랑스러웠다. 애처로웠다.

사도 바울의 선교지에서 다른 선교지로 이동할 때 나는 에어컨이 장착된 버스로 몇 시간씩 이동을 했다. 그런데 2,000년 전 사도 바울은 이 길을 터벅터벅 걸으면서 강의 위험, 강도의 위험, 동족의 위험이 있었고, 많이 굶고, 많이 춥고, 많이 잠을 자지 못했다고 고린도후서 11장에서 고백하고 있다. 그 힘한 길 가면서 복음의 씨를 뿌렸기 때문에 한국의 작은 섬에서 태어난 내가 예수를 믿고, 목사가 되어 현장을 방문한다고 생각하니까 감동과 감격의 눈물, 감사의 눈물이 앞을 가렸다.

하나님께서는 섬의 세계관을 갖고 있는 나를 깨뜨리셨다. 그리고 세계선교가 사치스런 사람들이 하는 것이 아니다, 이 땅에 아직도 복음을 접하지 못한 수십억의 사람들을 구원하는 가장 시급한 일이라는 사실을 깨우쳐 주셨다. 또한 선교는 교통의 요충지, 문화의 중심지, 정치와 경제의 중심지에서 시작해서 퍼져나가게 하는 것이 성경적이라는 사실을 깨우쳐 주셨다.

소외된 지역, 소외된 사람을 위해 사는 것만이 참다운 목회자의 길이라고 생각하고 살았고, 그렇지 못한 사람들에 대해 곱지 않은 시선을 가지고 있던 나에게 하나님은 엄청난 변화를 가져다주셨다.

그 후 나의 세계관은 더 이상 섬의 세계관이 아니었다. 안디옥을 통해 전 세계를 선교하겠다는 새로운 세계관이 열렸다. 그리고 세계선교를 위한 기도를 하게 되었고, 세계선교의 발을 내딛게 되었다. 그것이 발전하여 지난 15년 동안 안디옥의 선교에 많은 영향을 끼쳤고, 결국은 안디옥 세계일주 선교여행을 하게 된 것이다.

200개 국가 1천만 영혼 구원의 꿈을 갖게 하셨고, 그 첫 일을 지금 시작하여 엄청난 복음운동이 일어나고 있다. 터키를 제1차 안디옥 세계일주 선교여행 국가에 포함시킨 것도 이 땅이 나를 변화시켰기 때문이다.

## 2.
## 터키 선교여행기

기독교의 영원한 성지, 안디옥성결교회의 개척 모델이 된 수리아 안디옥교회가 있는 땅 터키를 팀장 신화석 목사는 세 번째 방문하였다. 신 목사는 섬에서 태어나 섬의 프리즘으로 세계를 바라보며 낙도와 농어촌 선교에 대한 꿈을 실현하기 위해 노력했고, 그 길만이 선한 길이라고 생각하며 목회를 하였다. 아직도 복음이 들어가지 않은 한국의 낙도와 농어촌을 버려두고 세계선교를 하는 것은 사치스런 일이라고 생각했던 목회 초년기의 세계관과 선교관을 완전히 바꾸어 놓은 땅 터키를 첫 번째 방문했을 때 매일 눈물로 바울의 선교현장을 밟으며 회개하고 세계선교의 꿈을 꾸게 한 땅으로 선교 팀을 이끌고 제1차 안디옥 세계일주 선교여행 스물

▲ 안디옥성결교회의 모델인 수리아 안디옥 베드로 기념 동굴 교회에서 영상 설교를 하고 있는 신화석 목사.

한 번째 나라를 찾게 되었다.

터키는 면적이 남한의 18배나 되는 아나톨리아 반도이며, 인구가 7,500만 명에 이른다. 동서양을 이어 주는 중요한 길목인 아나톨리아 반도는 세계역사의 중심축에 놓일 수밖에 없는 지정학적 위치에 있는 중요한 나라이다. 초기 기독교의 확산에 결정적인 역할을 한 세계선교의 요람 안디옥 교회가 있고, 기독교 최초의 그리스도인이라는 아름다운 이름을 만들어낸 최초의 세계선교사 바나바와 바울을 파송했으며, 이방인의 교회 중 최초 교회였던 안디옥 교회가 있다. 그리고 예수님이 보내신 요한계시록의 일곱 교회에 대한 편지에 나오는 교회들이 있던 땅이 터키이다.

터키는 동방교회의 중심지였으며, 초기 기독교를 이끌었던 기독교의 영원한 성지이다. 그런데 10~11세기에 투르크(돌궐)족이 아나톨리아 반도로 내려오면서 셀주크 제국을 건설하였고, 이슬람이 뿌리를 내리게 되었으며, 기독교는 그 힘을 잃게 되었다. 결국 동방교회를 이루고 있던 그리스인들은 그리스 땅과 해변 쪽으로, 수리아인들은 시리아 쪽으로, 아르메니아인들은 아나톨리아반도 동북쪽으로 쫓겨나게 되고, 투르크족이 지배하게 되었다. 오스만 제국이 13세기부터 세계를 정복하면서 기독교는 이 땅에 발붙이기가 더욱 힘들어졌다. 오스만 제국이 무너지고 터키 공화국이 수립되어 이슬람의 법(샤리아)이 통치하는 나라가 아닌 세속 정치를 표방하고 있는 공화국이 되었지만 터키는 여전히 이슬람이 지배하는 나라이다.

요즈음은 EU에 가입하기 위해 기독교에 대해 호의적인 태도를 보이고 있기 때문에 선교에 틈새가 열려 있는 호기를 맞이하고 있다고 생각된다.

인구의 99%가 이슬람(수니파)이고, 정교회가 국민의 0.23%, 천주교가 0.22%, 기독교는 0.03% 정도이다. 투르크족이 90%, 쿠르드족과 아랍족, 아르메니아족이 주 종족을 이루고 있다.

터키 선교사역은 ITC 선교단체 형제들과 협력사역을 하게 되었다. 현재 터키에는 한국 선교사가 ○○명이 사역을 하고 있다. 대체로 평신도 선교사들이 주종을 이루고 있고, 목회자들은 35% 정도라고 한다. 터키 선교사협의회 ○○○회장과 선교사님들이 모여 함께 선교 좌담회를 가졌다.

터키에서는 대체로 숨어서 선교사역을 하고 있다. 신분을 숨기고 사역을 하고 있기에 정확하게 선교사의 숫자를 파악하기가 힘들다. 그러나 교회개척사역이나 문화사역을 하고 있는 분들은 드러내놓고 사역을 하고 있다.

선교 좌담회에서는 신분 노출을 염려해서 TV에는 모자이크 처리를,

신문이나 라디오 방송에는 약자를 쓰기로 했다. 선교 좌담회에서의 결론은 다른 이슬람권 나라와 중복되는 것들이 많았다. 그러나 색다른 것을 소개하면 터키 선교에 효과적인 방법은 첫째, 내적인 것이 있다고 했다. 그것은 철저한 제자훈련과 영성회복운동을 통한 1대 1 개인전도라고 했다. 1대 1 개인전도가 다른 아랍권보다 가능하다고 했다. 둘째, 외적인 것이 있다고 했다. 그것은 예배당을 세워 주고 신학교 건물을 세워 주는 것이라고 했다. 지금 터키가 EU 가입을 위해 유럽 국가들에게 종교의 자유가 있음을 보여 주려고 할 때 해야 한다고 했다. 이슬람을 자극하는 것이 아니냐고 질문했더니 그렇게 큰 문제가 되지 않을 것이라고 했다. 셋째, 터키나 이슬람권 선교를 위해서는 어린 학생 시절부터 터키에 유학을 보내서 선교사를 육성해야 한다고 했다. 한국 교회에 바라는 것은 기독교 성지순례에만 신경 쓸 것이 아니라 기독교 성지의 명예가 회복되도록 터키 선교에 힘을 실어 달라고 했다. 그리고 선교사에 대한 관심은 있으나 선교지에 대해서는 무지한 것 같으니 선교지에 대한 바른 지식을 가졌으면 좋겠다고 했다. 선교 팀은 이스탄불 대학의 역사학 교수 두 분을 초청해서 터키 역사에 대한 강의를 들었고, 중동의 정치적 현실에 대한 강의를 듣고 질의응답하는 시간을 가졌다.

그리고 터키 최대의 교회인 게릭파샤 교회의 킬콜 목사와 대담을 하고, 그에게서 터키 기독교의 현황과 선교 현황, 터키 선교의 효과적인 방법에 대해 듣고 토론도 하였다. 터키는 현재 10여 명 이상 모이는 복음주의 기독교회가 25개, 가정에서 모이는 가정교회까지 합하면 70개 정도가 될 것이라고 했다. 터키에는 500여 명의 선교사들이 있는 것으로 추정되며, 기독교인은 2,000여 명 정도 된다고 한다. 선교사 한 사람이 4명의 성도를 양육한다는 수치가 나온다. 교회는 150명 정도가 회집하고, 아르메니아인이 70%, 터키인이 20%, 수리아 및 외국인이 10% 정도 된다고 했다.

그는 이제는 터키에 기독교 TV 방송국을 설립할 수 있도록 세계 교회가 도와야 한다고 했다. 현재 기독교 라디오 방송국은 열악하지만 허가를 받아 방송을 하고 있다. 그 밖에 교회당이 이슬람 사원에 비해 너무나 열악하다. 교회당 건축을 할 수 있도록 도와 달라는 요청도 하였다. 물론 이슬람이 지배하는 이곳에 어려움도 있지만 터키는 자신이 요청하는 일들이 진행될 수 있는 환경이고, 이것이 안 되면 유럽 인권위원회에 제소할 수도 있다고 했다.

터키 선교사역은 열악한 기독교 현실과 이슬람이 지배하고 있는 환경적 요인 때문에 많은 제약이 있었다. 그리고 선교사역에 관계된 사람들과 일들을 구체적으로 밝힐 수 없는 한계 상황 때문에 많이 답답하였다. 글을 쓰면서도 역시 답답한 마음이다.

그러나 안디옥 교회와 고난의 현장 갑바도기아를 방문하면서 이 땅에 뿌려진 순교의 피와 복음의 거룩한 그루터기가 복음의 영광을 회복할 수 있다는 희망을 갖게 되었다. 잃어버린 시간, 천 년을 뛰어넘어 이제 복음의 영광을 되찾을 날이 오기를 기도하면서 안디옥성결교회 안디옥 세계 일주 선교여행 팀은 그리스 땅을 향해 발걸음을 옮긴다.

> 판 권
> 소 유

### 기독교 2천 년 역사 초유의 선교 사건
## 땅 끝까지 가는 교회(상)

2010년 10월 15일 인쇄
2010년 10월 20일 발행

지은이 | 신화석
발행인 | 이형규
발행처 | 쿰란출판사

주소 | 서울 종로구 이화동 184-3
TEL | 02-745-1007, 745-1301~2, 747-1212, 743-1300
영업부 | 02-747-1004, FAX / 02-745-8490
본사평생전화번호 | 0502-756-1004
홈페이지 | http://www.qumran.co.kr
E-mail | qumran@hitel.net
　　　　qumran@paran.com
한글인터넷주소 | 쿰란, 쿰란출판사

등록 | 제1-670호(1988.2.27)

책임교열 | 오완 · 박은아
문의 | 안디옥성결교회 031-970-0191
　　　(선교국 김승호 목사 010-3633-8244)

값 12,000원

ISBN 978-89-6562-002-0  04230
　　　978-89-6562-004-4 (세트)

* 이 출판물은 저작권법에 의해 보호를 받는 저작물이므로 무단 복제할 수 없습니다.
　잘못된 책은 교환해 드립니다.